Portugal

Auteurs :
Gabriel Calvo,
Sabine Tzschaschel,
Robin Daniel Frommer

LISTE DES CARTES

SPAIN
OCEANO
LISBOA
SEVILLA
BADAJOZ
HUELVA
SETÚBAL
ALMADA
AMADORA
CASCAIS
DOS HERMANAS
Évora
Beja
Faro
Portalegre
Cáceres
Mérida
Elvas
Olivenza
Almendralejo
Zafra
Villafranca de los Barros
Don Benito
Villanueva de la Serena
Trujillo
Miajadas
Montijo
Santarém
Abrantes
Peniche
Torres Vedras
Mafra
Sesimbra
Barreiro
Montemor o-Novo
Estremoz
Moura
Serpa
Mértola
Vila Real de Santo António
Ayamonte
Tavira
Loulé
Albufeira
Portimão
Lagos
Sagres
Monchique
Silves
Sines
Grândola
Alcácer do Sal
Santiago do Cacém
Ferreira do Alentejo
Aljustrel
Reguengos de Monsaraz
Vidigueira
Jerez de los Caballeros
Fregenal de la Sierra
Aracena
Valverde del Camino
La Palma del Condado
Gibraleón
Punta Umbría
Carmona
Alcalá de Guadaira
Utrera
Cantillana
Llerena
Azuaga
Fuente Obejuna
Alanís
Cabo da Roca
Cabo Espichel
Cabo de Sines
Cabo de São Vicente
Baía de Setúbal
ALENTEJO
ALGARVE
ESTREMADURA
RIBATEJO
0
25
50 km
72
51
93
132
91
113

LÉGENDE

Chère lectrice, cher lecteur,

Être constamment à jour est l'objectif principal des Guides Nelles. Afin d'y parvenir, nos correspondants nous informent continuellement des dernières nouveautés dans le domaine du voyage et nos cartographes réactualisent nos cartes en permanence. Le monde du voyage évoluant sans cesse, les erreurs ou omissions involontaires qui auraient pu subsister dans cet ouvrage ne sauraient engager la responsabilité de l'éditeur. Nous vous serions toutefois reconnaissants de bien vouloir nous faire part de vos remarques à l'adresse suivante : Nelles Verlag, Schleißheimer Str. 371 b, D-80935 Munich, tél. : (089) 357 194-0, fax : (089) 357 194 30, e-mail : info@nelles-verlag.de, internet : www.nelles-verlag.de

LÉGENDE

- ★★ À ne pas manquer (sur la carte) / (dans le texte)
- ★ Très intéressant (sur la carte) / (dans le texte)
- 8 Numéro correspondant dans le texte et sur la carte
- Bâtiment public ou important
- Hôtel, parking
- Marché, centre commercial
- Église
- Monastère, cimetière
- Hôpital, bureau de poste
- Zone piétonne
- Peniche (Lieu) Mosteiro (curiosité, monument) — Lieu mentionné dans le texte
- Aéroport international / Aéroport national
- Morofa 977 — Sommet (altitude en mètres)
- 849 — Col (altitude en mètres)
- Plage
- Parc national
- Lieu antique, caverne
- Château-fort, ruine
- Phare, point de vue
- Office de tourisme
- Frontière d'Etat avec poste frontière
- Autoroute avec accès
- Voie rapide avec accès
- Grand itinéraire
- Route principale
- Route secondaire
- Piste, voie carossable
- Chemin de fer
- 18 — Distance en kilomètres
- 2 114 — Numérotation des routes
- Rossio — Métro avec station
- Ferry-boat

PORTUGAL
© Nelles Verlag GmbH, 80935 München
All rights reserved
ISBN 3-88618-908-2
Printed in Germany

Édition 2005
Distributeur exclusif pour la France :
EDITOUR
Z.I. Bois des Lots
26130 Saint-Paul-Trois-Châteaux

Éditeur : Günter Nelles
Rédacteur en chef : Berthold Schwarz
Rédaction : Jürgen Bergmann
Iconographie : K. Bärmann-Thümmel
Version française : Catherine Marsaud
Lithos : Schimann, Pfaffenhofen
Cartographie : Nelles Verlag GmbH
Impression : Farbdrucke Bayerlein

6 LES RIVES DU TAGE

7 COSTA DE PRATA

8 PORTO ET LA VALLÉE DU DOURO

9 LES MASSIFS DU CENTRE

10 ENTRE-OS-RIOS ET TRAS-OS-MONTES

11 THÈMES

12 GUIDE PRATIQUE

AL395L
CÉLIA MARIA

LES TRÉSORS DU PORTUGAL

Lisbonne

Alfama et Mouraria : le quartier le plus ancien de Lisbonne abrite le Castelo de São Jorge et la cathédrale au sein d'une multitude de ruelles.

Bairro Alto : vie nocturne animée – cafés, restaurants, bars à fado.

Museu Nacional de Arte Antigua : chefs-d'œuvre de la peinture, de la sculpture et de l'artisanat d'art européens et internationaux.

Chiado : le quartier traditionnel des artistes, des écrivains et des libraires.

Belém : le Mosteiro dos Jeronímos et la Torre de Belém sont les points forts du style manuélin.

Oceanário de Lisboa : immense aquarium construit pour l'EXPO 98, abritant près de 15 000 animaux marins.

Museu Nacional do Azulejo : excellente présentation de l'art de la mosaïque portugaise dans un ancien monastère.

Museu de Calouste Gulbenkian : l'une des plus belles collections d'art d'Europe, due au magnat arménien du pétrole éponyme.

Palácio Nacional de Queluz : splendide palais rococo du XVIIIe siècle, salles de parade et beaux jardins.

Environs de Lisbonne

Óbidos : ville médiévale excellemment conservée, que l'on peut contourner le long de ses remparts intacts.

Sintra : résidence d'été des rois du Portugal, au milieu de la Serra de Sintra, avec le Palácio Nacional de Sintra et le Palácio da Pena.

Mafra : imposant palais monacal royal du XVIIIe siècle, avec environ 800 pièces et salles, ainsi qu'une impressionnante bibliothèque.

Alentejo

Mértola : cité médiévale très bien conservée, comprenant une forteresse

Pages précédentes : pêche traditionnelle sur la côte de l'Algarve (Albufeira). Ci-dessus : le Palácio Nacional de Sintra.

mauresque et une ancienne mosquée transformée en église à cinq vaisseaux, l'Igreja Matriz.

Évora : ce chef-lieu de province au charmant centre historique possède un temple romain bien conservé.

Cabo Sardão : falaises abruptes, baies sableuses, dunes, phare.

Algarve

Albufeira : station balnéaire, vieille ville de charme et jolies plages (Praia da Falésia, Praia da Oura...).

Cabo de São Vicente : impressionnantes falaises à l'extrémité sud-ouest de la péninsule ibérique, le phare est le plus puissant d'Europe.

Faro : vieille ville historique toute proche du Parque Natural da Ria Formosa, belles plages telles la Praia de Faro.

Lagos : ancien centre du trafic d'esclaves africains ; église baroque de Santo António et ses décors abondants, plages attrayantes comme par ex. la Praia de Dona Ana.

Sur les rives du Tage

Tomar : agréable vieille ville, important château des Templiers, le Convento de Cristo, et ses divers cloîtres.

Castelo de Vide : pittoresque village de montagne, quartier juif médiéval et Castelo de São Roque.

Costa de Prata – Côte d'Argent

Batalha : avec le Claustro Real, le Mosteiro de Santa Maria da Vitória s'enorgueillit de posséder un vrai chef-d'œuvre de style manuélin et l'un des plus beaux cloîtres du monde.

Figueira da Foz : station balnéaire mondaine, festival du cinéma en automne.

Coimbra : la plus vieille ville universitaire du pays, située sur le rio Mondego ; nombreuses et belles églises, jolis parcs et l'illustre Biblioteca Ioanina.

Praia de Mira : l'une des plus belles et des plus longues plages d'Europe.

Alcobaça : le Mosteiro de Santa Maria, gothique, est le modèle idéal d'édifice cistercien : une église monumentale, un beau puits et une cuisine de 18 m de plafond.

Conimbriga : la cité romaine la mieux conservée du Portugal ; thermes, forum, portes et mosaïques dans plusieurs villas de maîtres.

Porto et la vallée du Douro

Porto : centre économique prospère, la seconde ville du pays, vieille ville classée, beau quartier portuaire et caves de porto aux environs.

Vallée du Douro : berceau du célèbre porto ; intéressant contraste entre les vignobles en terrasses et le paysage naturel du haut Douro.

Vale do Côa : peintures rupestres de plus de 30 000 ans, représentant des animaux, styles de gravure divers.

Massifs du centre du Portugal

Serra da Estrela : gorges profondes, forêts encore à l'état de nature, villages pittoresques, étranges formations rocheuses et torrents dans les "monts des étoiles".

Entre-os-Rios et Tras-os-Montes

Braga : le centre religieux du pays, siège épiscopal, nombreux couvents, monastères et églises, dont l'unique Bom Jesús do Monte.

Parque Nacional da Peneda-Gerês : plusieurs chaînes de montagnes à la végétation diversifiée, les forêts y sont denses, les vallées, plus que romantiques, on y trouve des zones climatiques différentes.

Guimarães : la première capitale du royaume du Portugal ; un château, des palais, des places où il fait bon s'arrêter et des églises au cœur d'un centre historique.

30 000 av. J.-C. Des chasseurs vivent dès l'Âge de la Pierre sur le territoire portugais.
700-600 av. J.-C. La civilisation celtique des *castros* s'implante au nord du Portugal avec ses cités de montagne fortifiées (*citânias*).
À partir du VIIIe s. Les Phéniciens, puis les Carthaginois fondent des comptoirs de commerce sur la côte Atlantique.
218-201 av. J.-C. Lors de la seconde guerre punique, Carthage cède une grande partie de son territoire à Rome ; le Portugal est rattaché à la province romaine d'Hispania Ulterior.
711-718 Les Maures (Berbères musulmans d'Afrique du Nord et Arabes) font la conquête de la péninsule ibérique.
IXe s. Al-Gharb, l'actuelle Algarve, devient une province mauresque, sa capitale est Silves.
868 Pendant la Reconquista, le territoire situé entre la rive nord du Minho et la ville de Porto est repris par les chevaliers chrétiens.
1094 Première évocation écrite du nom "Portugal". La province de Portucale (d'après Porto Calem, l'actuelle Porto) est confiée par le roi Afonso VI de Castille-León à son gendre, Henri de Bourgogne.
1139 Afonso Henriques, le fils d'Henri de Bourgogne, est vainqueur des Maures près de Ourique (Alentejo).
1143 Afonso Henriques est reconnu roi du Portugal par la Castille-León. La capitale du nouveau royaume est Guimarães.
1250 Afonso III chasse définitivement les Maures du Portugal.
1385 Lors de la bataille d'Aljubarrota, les Portugais, menés par Nuno Álvares Pereira, écrasent les Castillans, trop puissants, et scellent l'indépendance de leur pays.
1394 Naissance du prince Henri le Navigateur, Infante Henrique, le troisième fils du roi João.
1415 La prise de Ceuta (Maroc) par le prince Henri marque le début de l'ère des grandes découvertes.
1418/19 Découverte de Madère, puis des îles des Açores (1427) et des îles du Cap-Vert (1456).
1488 Bartolomeu Dias franchit l'extrémité sud de l'Afrique, le cap de Bonne Espérance.
1498 Vasco de Gama et sa flotte atteignent pour la première fois Calicut, en Inde.
1500 Pedro Álvares Cabral découvre le Brésil, qui devient la plus grande colonie portugaise.
1543 Fernão Mendes Pinto est l'un des premiers Européens à fouler le sol japonais.
XVIe s. Grâce aux grandes découvertes et au commerce avec l'Afrique, l'Amérique et l'Asie, le Portugal, dont la capitale est Lisbonne, est l'un des pays les plus riches d'Europe.
1557-78 Début du déclin économique sous le roi Sebastien : le Portugal, ne comptant qu'un million d'âmes, ne peut plus faire face au coût de ses nombreuses conquêtes.
1580 Le roi Philippe II d'Espagne profite de la faiblesse intérieure du Portugal après la mort de Sebastien pour réunir les deux pays jusqu'en 1640.

Vasco de Gama, peinture de G. Lopes (1524, The Morgan Library, New York).

1640 Après s'être battu pour l'indépendance, João IV est sacré roi du Portugal ; avec lui, la dynastie des Bragance parvient au pouvoir (jusqu'en 1910).
1698 Découverte d'importants gisements d'or au Brésil ; assainissement de la dette publique.
1703 Le traité de Methuen autorise l'importation massive de textiles anglais, en échange de vins portugais.

1750 Le Marquis de Pombal est nommé ministre des Affaires étrangères et de la Guerre. Ce disciple de l'absolutisme éclairé impose de vastes réformes : abolition de nombreux privilèges de l'Église et de la noblesse, soutien au développement de l'agriculture dans tout le pays.
1755 Le 1er novembre, un gigantesque tremblement de terre détruit Lisbonne et les villes de la côte Algarve.
1807-1810 Pendant l'occupation napoléonienne, qui prend fin grâce à l'intervention an-

L'union des soldats et des travailleurs agricoles - la Révolution des œillets (1974).

glaise, la famille royale du Portugal est en résidence à Rio de Janeiro.
1821 En l'absence du roi João VI, parti au Brésil, les représentants des divers états déclarent une constitution libérale à Lisbonne.
1822 Le fils du roi João, Pierre Ier, se fait sacrer empereur du Brésil et déclare l'indépendance du pays.
1823 Dom Miguel, le fils du roi João VI, abolit la constitution libérale. Les partisans de la constitution se retirent aux Açores et y forment une armée.
1832-1834 La guerre civile entre les "Miguelistes" et les libéraux se termine par la victoire des réformateurs. Dom Miguel s'exile.
1892 Banqueroute sous le règne de Carlos Ier.
1908 Manuel II accède au trône après l'assassinat de Carlos Ier, mais il ne parvient plus à sauver la monarchie.
1910 Proclamation de la république le 5 octobre. Le roi Manuel II s'exile en Angleterre.
1916 Le Portugal participe à la Première Guerre mondiale aux côtés de la Grande-Bretagne.
1926 Début d'une période dictatorale de 48 ans après le putsch du Gal Gomes da Costa.
1932 António de Oliveira Salazar élu ministre-président. Ses réformes permettent d'assainir les caisses de l'État. Une nouvelle constitution met l'*Estado Novo* (nouvel État) en place.
1939-45 Neutralité pendant la Seconde Guerre mondiale, mais opposition des fascistes portugais à la politique allemande.
À partir de 1961 Perte des colonies : l'Inde occupe Goa, Diu et Daman ; l'Angola proclame son indépendance, suivi du Mozambique.
1970 Mort du dictateur Salazar.
1974 Des militaires de gauche (MFA) entrent dans Lisbonne le 25 avril. Ce putsch peu violent, la "Révolution des œillets", est reconnu par la majorité de la population.
1974 Indépendance du Timor oriental.
1975 Échec de la tentative de putsch du général Spinola pendant le *verão quente* (été chaud). Dans le cadre de la réforme agraire, env. un million d'hectares est distribué aux coopératives agricoles.
1986 Entrée dans la Communauté Européenne.
1996 Élection du socialiste Jorge Sampaio à la présidence du pays (réélu en 2001).
1999 Macão, la dernière colonie portugaise, est restituée à la République Populaire de Chine le 20 décembre.
2002 Introduction de l'euro.
2004 Le Portugal accueille le championnat d'Europe de football (9 juin-4 juillet). En novembre, le juriste José Manuel Barroso est élu à la présidence de la Commission Européenne.
2005 Le 20 février, José Sócrates, du PSP, remporte les élections présidentielles et remplace Pedro Santana Lopes, du PSD.

HISTOIRE

En 1995, la compagnie générale électrique EDP dut arrêter définitivement les travaux entrepris sur le barrage de la Côa : en effet, des archéologues avaient découvert dans le lit du fleuve Côa, un affluent du Douro, plusieurs milliers de dessins préhistoriques représentant des animaux. Les scientifiques de nombreux pays s'accordèrent d'emblée pour qualifier cette découverte comme étant non seulement le plus grand site à ciel ouvert, mais aussi la collection la plus complète des différents styles de peintures pariétales de l'Europe préhistorique. Depuis l'été 1996, le Parc archéologique de *Vale do Côa*, dans le nord-est du Portugal, est également ouvert aux visiteurs.

On trouve des témoignages plus récents du peuplement protohistorique du Portugal dans l'ensemble du pays : alignements mégalithiques, menhirs et dolmens. Certains dolmens furent transformés en chapelles durant la Renaissance, comme c'est le cas à Pavía et à Brissos. La visite des alignements mégalithiques d'Almendres et des dolmens de Zambujeira près d'Évora est inoubliable.

Les Phéniciens atteignirent la côte atlantique du Portugal vers la fin du deuxième millénaire avant J.-C. ; ils s'établirent dans ce qui correspond à Lisbonne aujourd'hui ainsi qu'à Nazaré et Aveiro, et firent le commerce de l'étain et de l'ambre.

Les Carthaginois, leurs successeurs, s'installèrent dès le IVe siècle avant J.-C. sur la côte de l'Algarve. À cette époque, les terres intérieures de la partie sud de la Péninsule étaient habitées par les Ibères d'origine celte, les Celtibères, eux-mêmes descendants de tribus berbères d'Afrique du Nord ; ceux-ci s'étaient mélangés à la population celte venue du nord vers 600 avant J.-C. Dans le nord du Portugal, on a trouvé des vestiges de villages celtes avec leurs habitations typiques proches des *bories* provençales et leurs remparts solides, appelés *castros* ou *citânias*, dans des lieux comme Póvoa de Lanhoso et Briteiros près de Guimarães. C'est de cette même époque que datent les sangliers et taureaux de pierre, symboles culturels à signification magique. "La Laie de Murça" a même donné son nom au vin local.

À l'aube de notre ère, le Portugal se situait aux confins du monde chrétien tel qu'on le concevait alors. Le géographe grec Strabo décrit les Lusitaniens comme étant un peuple en rien semblable aux autres peuples méditerranéens ; ils ne boivent pas de vin mais une sorte de bière, n'utilisent pas d'huile mais du saindoux, se nourrissent de glands et vivent, qu'ils soient bergers ou même brigands, dans les montagnes.

Ci-contre : le regard optimiste d'une jeune Portugaise vers l'avenir.

Viriathe contre les Romains

C'est au cours de la deuxième guerre punique, en 218 avant J.-C., que les Romains envahirent la péninsule Ibérique. Après la victoire sur Carthage, la devise était de conquérir les Celtibères. Le berger Viriathe, natif de la Serra da Estrela, entra dans l'histoire en résistant aux colonisateurs : il organisa les premières rébellions de l'histoire et remporta plusieurs victoires contre les Romains avant de finir assassiné par la main d'un traître. Un monument en sa mémoire fut érigé à Viseu.

Les Romains encouragèrent l'agriculture dans leur nouvelle province *Hispania ulterior* (Hispanie ultérieure). Ils introduisirent la culture de l'olivier, du blé et de la vigne et fondèrent des villages dans les plaines. La ferme typique, appelée *vila rústica,* était généralement située au bord d'un fleuve ou d'un port pour faciliter le transport des récoltes vers Rome. Le propriétaire, *do-*

minus, était originaire de Rome, les ouvriers, eux, étaient tous des esclaves natifs de la région.

On trouve des vestiges de l'époque romaine dans tout le Portugal. Certains reposent ensevelis dans le sous-sol des villes modernes. Dans les musées de Coimbra et de Mértola, les fouilles font partie intégrante des étages souterrains. Il existe des sites romains dans de nombreux endroits, entre autres à Milreu et près de Vilamouria dans l'Algarve, à Pisões près de Beja, à Miróbriga près de Santiago do Cacém, à Cucufate près de Vidigueira, à Torres Novas et surtout à Conimbriga près de Condeixa. Dans tout le pays, du Minho septentrionnal jusqu'à l'Algarve méridionale, on trouve nombre de ponts, de routes et de vestiges d'aqueducs.

À l'époque où Pline l'Ancien était le fonctionnaire romain en poste en Ibérie, de 69 à 73 après J.-C., le Portugal appartenait à la province de Lusitanie avec *Augusta Emerita* comme capitale (aujourd'hui Mérida), *Pacensis* (Beja), *Scalibitanus* (Santarém) et *Bracarensis* (Braga) comme préfectures. Ces régions comprenaient en tout 45 localités, dont cinq colonies et trois villes libres : Évora, Beja et Alcácer do Sal, et une municipalité de citoyens romains : le port Olisipo, l'actuelle Lisbonne. Les 36 localités restantes devaient, elles, s'acquitter de l'impôt, le *stipendium*, auprès de Rome.

Ci-dessus : gravures préhistoriques au parc archéologique Vale do Côa. Ci-contre : mosaïques romaines à Conimbriga.

Les barbares venus du nord

Au IVe siècle, les Huns envahirent l'Europe centrale et chassèrent les tribus germaniques vers l'ouest. Les Alains et les Suèves s'implantèrent dans le nord-ouest de la péninsule Ibérique, et Braga en devint la capitale. Ils conservèrent l'infrastructure romaine et introduisirent leur foi chrétienne. Le Portugal fut ainsi l'un des premiers pays d'Europe méridionale à être christianisé.

En 416, les Wisigoths s'allièrent aux Romains et régnèrent à leur tour sur

l'Ibérie, faisant de Tolède leur capitale. Étant Ariens, ils durent attendre le concile de l'année 586 pour pouvoir se mêler à la population romaine catholique de la péninsule. Quant à l'empire suève, dans le nord-ouest, il subsista également jusqu'en 586.

Les conciles constituaient l'organe législatif des Wisigoths. Les communes, elles, formaient des unités civiles ; le prêtre de la commune reprenait le rôle tenu jusqu'alors par le *dominus* et la paroisse, *freguesia*, devenait l'unité administrative la plus petite, ce qui est toujours le cas aujourd'hui. Le nom attribué aux jours de la semaine fut conservé, mais on adopta une numérotation permettant de les distinguer de leur désignation latine, autrement dit païenne.

La culture des Wisigoths ne différait qu'insensiblement de celle des Romains dont ils reprirent la langue, les formes architecturales, préférant toutefois le bois comme matériau de construction. Seuls les monuments sacrés furent construits en pierre. Il en reste peu : São Pedro de Balsemão près de Lamego, Santo Amaro à Beja et São Frutuoso à Braga. Leurs petites constructions compactes, d'un classicisme tardif, aux arcs élégamment tracés, illustrent à la perfection à quel point les Wisigoths, venus du nord de la Méditerranée, ont apporté un style architectural très proche de celui des Maures arrivés du sud peu après.

Les Arabes et les Berbères

Les disciples de Mohammed avaient entrepris dès 640 une avancée les amenant de la Syrie vers l'ouest. Les Berbères et les Arabes profitèrent des faiblesses de l'empire wisigoth pour accoster à Gibraltar en 711 et partir à la conquête de la péninsule Ibérique. En 732, à Poitiers, Charles Martell put les stopper.

Ce qui retenait l'attention des Arabes était plus l'agriculture que les ressources naturelles. Ils introduisirent entre autres le coton, le riz et la canne à sucre. Or le climat régnant au nord du Tage était peu propice à ce type de cultures ; il leur fallut donc se limiter au sud pour l'aménagement de jardins potagers

équipés d'un système d'irrigation ingénieux. Les *vilas* du nord restèrent intactes, et furent entretenues par la population romanisée.

La suprématie arabe, dans son influence et sa durée au Portugal, se fit sentir de façon différenciée ; elle ne laissa pratiquement aucune trace au nord du Douro, Porto et Braga ayant été reconquis par les chrétiens en 868 ; en revanche, elle dura 400 ans dans la région de l'Estrémadure. Coimbra fut rechristianisée en 1064, Lisbonne, elle, seulement en 1147. C'est sur la côte de l'Algarve que la domination arabe se fit sentir le plus, puisqu'elle y persista jusqu'au milieu du XIIIe siècle.

De certains quartiers de Lisbonne, comme l'Alfama et Mouraria, ou même dans de nombreuses villes de l'Alentejo telles Mértola ou Castelo de Vide, se dégage encore comme un souffle de ce passé maure. La plupart des châteaux forts sont d'origine mauresque et constituaient autant de vastes abris aux quartiers délimités par des parois épaisses, au centre desquelles les guerriers, souvent nomades à l'origine, pouvaient installer leur campement. Ce n'est que bien plus tard que les chrétiens construisirent des donjons ainsi que des chapelles à l'intérieur même des châteaux. Les mosquées de la population musulmane ont aujourd'hui toutes disparu.

Ci-dessus : arcs mauresques au musée d'Évora. Ci-contre : les chevaliers chrétiens attaquent une forteresse maure (fresques, Torres Novas).

Portucale

Les nouveaux royaumes chrétiens commencèrent leur avancée contre l'empire des Maures à partir de trois noyaux de résistance, localisés dans les régions du Nord : les Asturies-León, la Navarre pyrénéenne et la Catalogne. À l'époque d'Afonso III, dit le Grand (866-910), la *Reconquista* avait déjà atteint le Mondego.

Portucale, un village à l'embouchure du Douro, fut conquis par le comte Vimara Peres et devint le centre de son domaine qui s'étendait du Minho au Douro. L'épouse d'un de ses descendants, la jeune Mumadona, veuve très tôt, fit construire le château fort de São Mamede et fit de Guimarães la capitale du comté. Ses héritiers régnèrent avec une relative indépendance et eurent, en outre, une grande influence sur le roi de León.

Plus au sud, certains nobles de Portucale avaient fondé un autre comté dont la capitale était alors Coimbra ; les Almoravides, cavaliers émérites berbères venus du sud du Maroc et qui avaient fait de Séville leur capitale, reconquirent ce comté. En 1064, Fernando, roi de León, put définitivement chasser les musulmans de Coimbra.

L'indépendance du Portugal

C'est grâce au comte Raymond et au comte Henri de Bourgogne que le souverain de Castille et de León s'empara de Tolède en 1085. En guise de remer-

ciement, il donna ses filles, Urraca et Teresa, en mariage. Raymond et Urraca obtinrent la Galice, Henri et Teresa, quant à eux, reçurent Portucale, comté accolé à la Galice en sa frontière méridionale. Ces derniers s'installèrent à Guimarães où naquit leur fils Afonso Ier Henriques, baptisé en la chapelle São Miguel, que l'on peut encore visiter de nos jours.

À la mort d'Henri de Bourgogne en 1114, Teresa assura la régence et le jeune héritier, à trois ans à peine, fut élevé en futur chevalier par Egas Moniz. Teresa entreprit avec succès la défense de son territoire contre les Maures, mais dut se soumettre à la suzeraineté de sa sœur aînée, Urraca, entre temps régente du royaume de Castille et de León. Teresa donna en fief les comtés de Coimbra et Porto à son amant, Peres de Trava. La ligue des chevaliers, scandalisée par ce geste, apporta son soutien à Afonso Henriques, craignant pour son héritage.

Lorsqu'Afonso VII envahit le Portugal à la mort de sa mère Urraca, et qu'il fit valoir son droit de régence sur les territoires galiciens annexés par Teresa, eut lieu la bataille de São Mamede, en 1128. Afonso Henriques bannit alors sa mère du royaume ainsi que son amant. En 1139, il l'emporta enfin définitivement sur Afonso VII. Sans plus attendre, ses chevaliers le proclamèrent roi du Portugal sur le champ de bataille. (La bataille est magnifiquement représenté sur les céramiques bleues de l'église de N. Sra. Da Conceição, à Castro Verde). Mais ce ne fut qu'après de longues négociations qu'Afonso Henriques obtint le titre, reconnu par le pape, de souverain légitime du Portugal.

Le premier roi du Portugal mourut à l'âge de 76 ans, à Coimbra. Il avait obtenu l'indépendance du Portugal, assuré la succession de la Maison des Bourgogne au trône du Portugal dans le nouveau royaume, et réussi à reprendre aux Maures sept des forteresses les plus importantes du pays. Celles-ci figurent aujourd'hui sur les armoiries du Portugal.

Afonso VII avait en fin de compte libéré pas moins de 17 villes, dont Lisbonne et Évora, et fait élever les gran-

des cathédrales de Porto, Lisbonne, Coimbra, Braga et Évora.

La dynastie des Bourgogne

Au grand dam de son fils Afonso II (1211-1223), successeur au trône, Sancho Ier (1185-1211) légua les villes d'Alenquer et Montemor-o-Velho à ses filles Sancha et Urraca. Afonso II leur déclara la guerre. Il était soutenu par le roi de León et les nobles portugais, qui désiraient un pays fort et unifié, alors que la Castille, séparée du León, prenait le parti des deux sœurs. Le pape Innocent III dut intervenir, et Alfonso II mourut excommunié, n'eut pas d'obsèques religieuses, alors que ses sœurs furent canonisées et inhumées dans la chapelle du cloître de Lorvão.

Sancho II (1123-1248) était encore enfant à la mort de son père. Les affaires de l'Etat gérées, par des nobles, aboutirent à un tel désordre que le pape Innocent IV retira sa confiance au monarque portugais, favorisant le frère de Sancho II, Afonso. Ce fut le début d'une guerre civile qui devait durer deux ans, et qui opposa les partisans des deux frères répartis en deux camps, ce qui donna naissance à toutes sortes de légendes encore bien vivantes aujourd'hui. On raconte ainsi que le bourgmestre de Coimbra refusa de céder le château fort à Alfonso tant que Sancho était encore en vie, ou encore que le moine de Gil de Santarém avait prié le diable en personne de remettre à Sancho le document le détrônant.

Afonso III régna jusqu'en 1279, conquit l'Algarve et mit en place les frontières encore en vigueur aujourd'hui entre le Portugal et l'Espagne. Il fit construire des chantiers navals dans les ports de Lisbonne, Lagos et Porto, installa définitivement la capitale à Lisbonne et remit la défense du pays entre les mains de l'autorité militaire. L'Ordre du Temple résidait à Tomar, l'Ordre des Baptistes (Johannites) à Crato et celui de Santiago, à Évora.

Le successeur au trône était Dom Dinis (1279-1325). Il fut le premier à se soucier d'abord du bien de son peuple, avant même d'aller livrer bataille aux Maures. Il encouragea l'agriculture et fit reboiser les territoires entre le Douro et le Tage d'immenses pinèdes, dont le bois devait servir à la construction navale ; il favorisa la pêche, surtout celle du thon pour laquelle il mit en place de grandes flottes. Lui-même poète, il était le mécène des beaux-arts. C'est sous son règne que le latin céda la place au portugais comme langue officielle. Il fonda l'université de Lisbonne en 1228.

Dom Dinis intensifia la défense du pays en construisant de nombreuses forteresses et châteaux forts, et il renforça le rôle des chevaliers. Afin d'amoindrir l'influence espagnole, il transforma le nom de l'Ordre des Calatravas en Ordre d'Avis. En 1312, à la dissolution de l'Ordre du Temple par le pape, qui fit emprisonner tous les che-

Ci-dessus : fresques gothiques à l'église de Vila Marim. Ci-contre : le tombeau de Pedro Ier dans l'église cistercienne d'Alcobaça.

valiers et confisqua leurs immenses fortunes, leurs biens et leurs terres, Dom Dinis "nationalisa" l'Ordre des Templiers portugais, le rebaptisa Ordre du Christ, ce qui lui permit d'obtenir que les biens de l'Ordre restent à l'intérieur des frontières portugaises.

Henri le Navigateur devint ultérieurement le grand maître de cet Ordre. Dom Dinis épousa la princesse d'Aragon, par la suite canonisée, devenant Sainte Isabelle, dont la bonté et la générosité sont devenues légendaires. On parle encore des pièces de monnaie qu'elle distribuait en secret aux pauvres et qui se transformaient en roses à l'apparition inattendue de son mari ; ou bien encore, des roses offertes aux maçons pour les remercier de la construction du cloître Santa Clara-o-Velha à Coimbra et qui, elles, se changèrent en or.

Dom Dinis mourut en 1324 et fut enterré à Odivelas, près de Lisbonne. Son fils Afonso IV (1325-1357), allié de la Castille, prit part à la bataille qui eut lieu près du fleuve Salado et qui lui valut le surnom d'"Alphonse le Courageux". Les Maures furent définitivement repoussés jusqu'au royaume de Grenade.

La légende d'Inés de Castro

Le prince héritier Pedro Ier était l'époux de Constance de Navarre. Elle avait dans sa suite une noble originaire de Galice, du nom d'Inés de Castro. Une liaison amoureuse s'installa entre le prince et Inés ; l'épouse délaissée mourut en donnant naissance à leur premier enfant, Fernão Ier. Le pape refusa le remariage du prince Pedro avec Inés, car il redoutait l'influence espagnole à la cour portugaise. Pour mettre fin à cette liaison, le roi Afonso IV fit assassiner Inés de Castro à Coimbra. Lorsque Pedro Ier monta sur le trône deux ans plus tard, il condamna à mort les conseillers de son père qui avaient ordonné le meurtre d'Inés. Il fit savoir qu'il avait épousé Inés de Castro en cachette dans l'église San Vicente à Bragance et fit faire les fameux tombeaux d'Alcobaça ; ces tombeaux de style gothique sont les monuments funéraires les plus connus du Portugal. Aujourd'hui, ces deux tombeaux sont disposés face à face, de part et d'autre du transept, de sorte que leurs regards se rencontreront lorsqu'ils se lèveront à l'instant du Jugement Dernier.

La légende d'Inés de Castro est encore vivante et connaît de nombreuses variantes. Les variations littéraires qui voient le malheureux amant en train de déterrer Inés, de la parer de bijoux puis de la couronner, a donné à cette légende un caractère apocryphe. C'est le thème d'une strophe dans les Lusiades de Camões (*en fr.* Camoens) et de nombreuses pièces de théâtre portugaises, espagnoles et françaises. Au début du XXe siècle, en Italie, 127 compositions musicales ont été inspirées de cette légende.

La bataille d'Aljubarrota

Pedro Ier mourut en 1371. La régence de son fils Fernão Ier (1371-1383) est marquée par des guerres ruineuses contre la Castille. Fernão Ier avait conclu un pacte avec son gendre, Juan Ier de Castille, selon lequel le survivant des deux accèderait au trône si le défunt n'avait pas de fils comme héritier. Fernão mourut sans laisser de fils. Sa veuve, l'Espagnole Eléonore Teles, reprit la régence avec son amant, le comte d'Ourém. La cour portugaise et les nobles firent front contre la régente et favorisèrent le demi-frère naturel du défunt roi, le grand maître de l'Ordre d'Aviz, João, ou Jean Ier, comme unique successeur au trône.

Sur ces entrefaites, Eléonore désigna sa fille Béatrice, l'épouse du roi castillan, comme reine du Portugal. Le pays était alors sur le point de tomber sous le joug castillan ; le Portugal était en pleine effervescence. Jean Le Grand supprima quant à lui de sa main le comte d'Ourém. Eléonore s'insurgea contre son propre peuple, appela son gendre à la rescousse, et c'est ainsi qu'eut lieu la bataille d'Aljubarrota. Les archers britanniques apportèrent

leur support au grand maître de l'Ordre d'Aviz et contribuèrent à sa victoire. En remerciement, il fit construire le cloître de Batalha et épousa deux ans plus tard Felipa de Lancaster, fille de son allié anglais et petite-fille du roi d'Angleterre. Une année auparavant, le Portugal avait signé un contrat d'alliance avec l'Angleterre toujours en vigueur de nos jours.

Les grandes découvertes

Le fils naturel du roi Pedro, João Ier, inaugurait la dynastie d'Aviz. Sa régence, qui devait durer un demi-siècle, amena la prospérité, et Lisbonne devint le port le plus important d'Europe. Les six enfants issus de son mariage avec

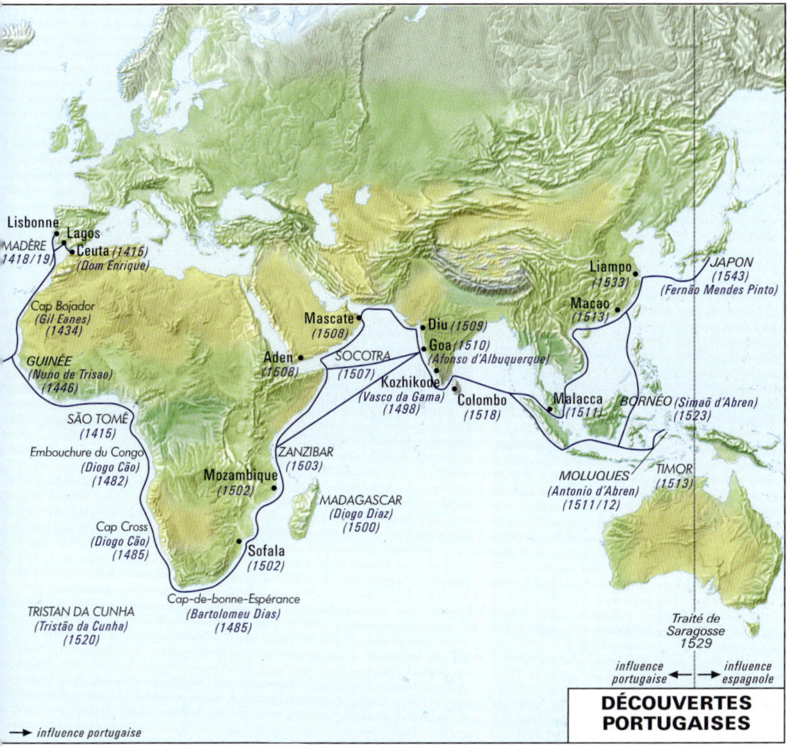

Filipa de Lancaster furent surnommés "l'illustre génération ". Le troisième fils, le célèbre "Henri le Navigateur", né en 1394, n'effectua en fait qu'un seul voyage en mer pour Ceuta en Afrique du Nord ; il doit son surnom à ses recherches sur les routes maritimes d'Asie menant aux îles riches en épices. Son titre de grand maître de l'Ordre du Christ lui ouvrit les portes de l'immense savoir du Temple, dont l'Ordre du Christ était issu.

Henri rassemblait les journaux de bord des capitaines venant de tous les pays et des cartes maritimes d'astronomes arabes et juifs ; il mit au point, avec l'aide des meilleurs ouvriers de l'Algarve, la caravelle, une nouvelle forme de navire qui pouvait tenir bon contre vents et marées, et qui était suffisamment solide pour transporter des canons.

La fameuse école de navigation de Sagres, dont la création est attribuée à Henri, était conçue comme un centre d'échanges où pensées, idées et expériences étaient rassemblées, évaluées et appliquées. Un bâtiment construit à cet effet n'a jamais existé, et rien ne dit que le prince Henri ait vraiment vécu à Sagres. Il sut avec talent convaincre ses capitaines que la terre était ronde, opinion qui allait à l'encontre du dogme de l'Église catholique qui, elle, proclamait que la terre était un disque. Henri incita ses marins à franchir avec leurs navires le "bout" du monde, au-delà des limites connues.

Ses capitaines découvrirent alors les îles de Madère et les Açores ; Gil Eanes venant de Lagos, sur l'Algarve, se risqua à aller au-delà du "bord" du monde connu et contourna le cap Bojador (Sahara occidental).

Le prince Henri mourut en 1460. Le roi João II poursuivit le chemin des grandes découvertes. En 1486, Diogo Cão et Martin Behaim atteignaient l'Angola et le Congo, et Bartholomeu Dias contournait le cap de Bonne Espérance. Dans l'édit de Tordesillas en 1494, le pape fit le partage arbitraire du monde encore inexploré entre l'Espagne et le Portugal.

À chaque printemps, des flottes bien équipées quittaient Lisbonne et prenaient la mer. L'appellation "Indes" recouvrait tous les territoires situés à l'est du cap de Bonne Espérance, jusqu'au Japon. Goa était la capitale et le centre du commerce oriental et du missionnarisme ; elle resta une colonie portugaise jusqu'en 1961.

Ci-dessus : Henri le Navigateur, peinture de A. de Sousa Lopes (1940). Ci-contre : le monument des grandes découvertes (Padrão dos Descobrimentos) à Belém (1960).

Les navires ramenaient de leurs expéditions en Extrême-Orient de la soie, de la porcelaine et des condiments rares comme la cannelle, le clou de girofle, le poivre, la noix de muscade, ainsi que du thé et de la coriandre. Le transport par mer était plus sûr et plus rapide que l'ancienne Route de la Soie, ce qui ruina définitivement le monopole commercial des Arabes, Génois et Vénitiens.

Dès le milieu du XVe siècle, on commença à transporter les habitants du continent africain et à les vendre comme esclaves dans les nouvelles colonies. Lagos, sur la côte Algarve, devint la plaque tournante de l'"ivoire noir".

Le règne de Manuel Ier

Manuel Ier (1495-1521), dit "Le Fortuné", tient une place capitale dans l'histoire portugaise. Son règne fut marqué par une grande prospérité et une renommée internationale telles que le

Portugal n'en a plus connu depuis. Il épousa successivement trois princesses espagnoles : les deux premières étaient les filles des rois catholiques, et la troisième, la sœur de Charles Quint.

D'autres découvertes devaient apporter au pays gloire et richesse. Vasco de Gama atteignit Calcutta en 1498. Après la découverte de l'Amérique par Christophe Colomb, les Espagnols s'étaient mis à conquérir l'Amérique Centrale et le nord de l'Amérique du Sud ; cela incita le Portugal à constituer une flotte de 13 navires sous le commandement de Pedro Alavares de Cabrel ; le 8 mars 1500, l'expédition partait de l'embouchure du Tage et suivait la route prise par Vasco de Gama jusqu'au Cap Vert pour ensuite chercher l'itinéraire de la route Sud-Atlantique vers l'Ouest. Les navires atteignirent Monte Pascoal le 22 avril et jetèrent l'ancre à Porto Seguro, le "port sûr". La richesse principale de ce territoire donna son nom au nouveau pays : le bois du Brésil, apprécié autant pour ses qualités de teinture que pour sa stabilité en temps que matériau.

Les richesses en provenance du Brésil influencèrent les mœurs au Portugal. La noblesse et la royauté quittèrent les forteresses et emménagèrent dans de nouveaux palais Renaissance richement décorés d'un style artistique qualifié plus tard de "manuelin". On construisit une grande place autour du nouveau palais royal de Lisbonne, avec ouverture sur la mer, tout comme la place Saint-Marc à Venise. Le pays profita aussi de réformes culturelles, des écoles furent construites et de nouvelles lois entrèrent en vigueur, les *Ordenações Manuelinas*.

C'est également à l'époque de João II et Manuel Ier que commença le bannissement des juifs d'Espagne. Ils avaient jusqu'alors joui d'un grand prestige et beaucoup occupaient des postes importants à la cour. En Espagne, les rois catholiques firent expulser tous les juifs refusant le baptême. Plus de 100 000 d'entre eux fuirent vers le Portugal.

Lors de son mariage avec la fille des rois catholiques, Manuel Ier dut promettre à son tour d'expulser tous les juifs hors de son territoire. Mais il était bien conscient qu'un maintien de la communauté juive au Portugal serait à son avantage. Il força donc des milliers de juifs à se faire baptiser, et l'Inquisition se chargea de leur faire respecter leur nouvelle foi.

Le Sébastianisme

La succession de João III (1521-1557) fut reprise par son petit-fils Sébastien, âgé de 3 ans, et sa veuve Catherine d'Autriche, sœur de Charles Ier, assura la régence. En 1568, à 14 ans, le successeur au trône prit en main les affaires de l'État avec une seule idée en tête : la lutte contre les infidèles. En 1572, il lança une flotte contre les Turcs, qui fit naufrage avant même d'avoir quitté l'embouchure du Tage. Six ans plus tard, il devait périr à 24 ans dans la bataille d'Alcácer-Kébir au Maroc ; un grand nombre de ses 17 000 soldats y furent aussi décimés.

La mort de Sébastien concorda avec une période d'incertitude nationale, atteignant son comble dans ce qu'on appela "le Sébastianisme". Personne ne voulait avoir vu mourir le roi, car le code d'honneur des chevaliers exigeait de mourir pour le roi. Quel déshonneur de rapporter sa mort alors qu'on était soi-même encore en vie. Les gens croyaient fermement que Dom Sébastien allait revenir en bienfaiteur.

En 1530, un simple cordonnier du nom de Bandarra avait écrit des vers quelque peu confus et prophétiques sur un messie portugais. La mort du jeune roi donna une ampleur toute nouvelle à ces versets. 60 ans plus tard, le premier roi de la dynastie des Bragance, João IV, devait encore prêter serment qu'il céderait le trône si Dom Sébastien revenait. Cette attitude ouvra la porte aux imposteurs qui tentèrent d'usurper le trône, et l'on retrouve des traces de cette attente messianique dans la littérature portugaise jusqu'à nos jours.

Ci-dessus : le jeune roi Sébastien Ier, tombé à 24 ans au Maroc (monument à Lagos). Ci-contre : retour des navires chargés de richesses (gravure sur cuivre de 1547).

Le règne des rois Philippe

Après la "disparition" du roi Sébastien, Philippe II d'Espagne, petit-fils de Manuel Ier et fils de Charles Quint, fit valoir ses droits sur la couronne. Le Portugal souffrit durant 60 ans sous le joug de l'occupation espagnole ; lorsque Philippe II d'Espagne monta sur le trône en 1580 (couronné Philippe Ier du Portugal), le poète portugais Camões mourut en prononçant les mots suivants : "je meurs à la même heure que mon pays".

Philippe Ier avait tout d'abord promulgué des lois garantissant une certaine autonomie et visant surtout à apaiser la noblesse. Philippe II augmenta de façon draconienne les impôts dus à l'occupant. Avec Philippe III, son successeur, le Portugal fut mêlé aux conflits qui opposaient l'Espagne à l'Angleterre protestante et à la Hollande ; c'est à cette occasion que Francis Drake fit couler la flotte espagnole,

et avec elle, la flotte portugaise. Pour finir, il pilla et détruisit entièrement Faro, Lagos et Sagres. Les colonies portugaises en Afrique, au Brésil et en Asie passèrent aux mains du vainqueur, tout comme les colonies espagnoles. Seule Macao put refouler les Hollandais.

Lorsque Philippe III écrasa le pays d'impôts de plus en plus lourds, les Portugais profitèrent d'une émeute en Catalogne pour répudier la princesse Margareth, représentante de Philippe III à Lisbonne, et couronnèrent le duc de Bragance en 1640 comme roi João IV. L'Espagne provoqua la guerre de la Restauration, qui ne se termina qu'en 1668, avec la restitution de Ceutas à la couronne espagnole. Le monument de la place des *Restauradores* à Lisbonne commémore le jour de l'indépendance retrouvée (1er décembre 1668) qui est aussi jour de fête nationale au Portugal.

L'absolutisme de la dynastie des Bragance

Le roi João IV ne pouvait pas résoudre les problèmes économiques dont il avait hérité. C'est seulement sous Pierre II (1683-1706) que l'on trouva de l'or au Brésil et que l'on en intensifia l'exploitation. Les 500 premiers kilos d'or arrivèrent à Lisbonne en 1699. En 1720, la production annuelle atteignait 25 000 kilos. Le port d'exportation de Rio de Janeiro devint la capitale brésilienne. En 1730, on y découvrit des mines de diamant, d'où l'on put extraire jusqu'à la fin du XVIIIe siècle plus de 2 millions de carats.

L'importation de ces richesses se fit sous le règne de João V (1706-1750), qui ne laissa aucune trace significative de son passage dans l'histoire. 20% des revenus issus de l'or, des diamants, du bois brésilien, du tabac, du sucre, du porto et du sel ainsi que de la vente d'esclaves africains allaient à l'État. Le roi dépensait tout pour entretenir le faste de sa cour et pour la construction du cloître de Mafra.

Pendant ce temps, le commerce international stagnait, et une grande partie de la population émigra au Brésil. Il existait bien un traité de commerce avec l'Angleterre, le traité de lord Methuen de 1703, qui encourageait l'exportation du porto, mais exigeait en contrepartie d'importer de la laine britannique, qui faisait concurrence à la production locale. C'est à cette époque que le Portugal aurait dû entreprendre une première industrialisation pour valoriser toutes les richesses affluant dans le pays.

Le successeur de João V, José Ier (1750-1777), remit les affaires étrangères aux mains de Sebastião José Carvalho e Melo, qui fut nommé duc d'Oeiras en 1759 et marquis de Pombal en 1770. Il fut un premier ministre avant l'heure. Pendant que le roi s'adonnait aux plaisirs du luxe, le marquis de Pombal dirigeait l'État.

Le 1er novembre 1775, à 11 heures du matin, un terrible tremblement de terre secoua Lisbonne. Des milliers de personnes périrent et 10 000 bâtiments du centre ville s'effondrèrent, entre autres de nombreuses églises abritant le simple peuple écoutant la messe, la noblesse ayant un service religieux plus tard dans la matinée. Le marquis de Pombal prit des mesures immédiates contre les voleurs et les pilleurs et rassembla des troupes pour ramener la population fugitive vers la ville. Après ces mesures de première nécessité, il ordonna la reconstruction de la ville. Chaque propriétaire avait 5 ans pour reconstruire sa propriété sur sa parcelle de terre, faute de quoi il perdait son droit sur ce terrain. Cette loi incita de nombreux nobles à vendre leurs biens qui furent pour la plupart transformés en appartements pour les simples citoyens.

La reconstruction de Lisbonne était sous la supervision des architectes Eugenio dos Santos, Manuel da Maia et puis de Carlos Mardel. Les quartiers de Baixa et Bairro Alto font apparaître un alignement géométrique et des façades classiques. Pour sauvegarder l'homogénéité de l'ensemble, on interdit même les pots de fleurs sur les rebords de fenêtres. Les secrétaires d'État résidaient autour de la Praça do Comerçio, ancien emplacement du palais royal ; des boutiquiers s'installèrent dans les rez-de-chaussée surmontés de colonnades.

Au centre de cette même place, on érigea la statue équestre du roi José Ier dont la monture écrase “les vipères réactionnaires” de ses sabots.

En 1759, un attentat contre le roi échoua et donna l'occasion au marquis de Pombal de prendre des mesures répressives et sévères contre la noblesse et le clergé. Il fit exécuter les responsables et tous les conspirateurs furent condamnés à des peines de prison, même les évêques. Accusés de collaboration, les jésuites durent quitter le royaume et les colonies. Pombal pouvait enfin briser le pouvoir et l'influence de cet ordre particulièrement sensible dans les colonies. Il fut interdit de mettre les hérétiques sur le bûcher, et l'Inquisition devint affaire d'État, jusqu'à son abolition totale 60 ans plus tard.

Au cours de ses vingt années de pouvoir, le marquis de Pombal modernisa le pays en suivant l'exemple du despotisme éclairé : des réformes libérales, l'abolition de l'esclavage (excepté au Brésil), de nouvelles réglementations fiscales, des salaires fixes pour les travailleurs agricoles et la création du premier domaine officiel pour l'exploitation du vin de Douro. Il fonda des manufactures de verre, de laine, de textile et de porcelaine (Vista Alegre) et réforma le système scolaire.

La Viradeira

À la mort de José Ier en 1777, sa fille Maria, épouse de Pedro, lui succéda sur le trône (1777-1816). Mais Maria et Pedro préférèrent laisser les affaires d'État au soin de la veuve de José Ier, qui, n'ayant jamais soutenu Pombal, s'empressa d'annuler nombre de ses réformes. Mais ce retour des choses appelé

Ci-contre : la Praça do Comerçio après la reconstruction.

viradeira n'était pas assez radical aux yeux des adversaires de Pombal, et ce, malgré la libération de plus de 800 prisonniers politiques et nobles. La veuve du roi fit un procès à Pombal qui dut s'exiler sur ses terres où il mourut, amer et désabusé, en 1782.

L'invasion française

10 ans plus tard, en 1792, Maria Ire sombra dans la folie ; son deuxième fils João exerça la régence. Il s'allia en 1793 avec l'Espagne contre la France mais dut se rendre compte par la suite que son allié avait fait la paix de son côté avec l'adversaire et même signé un traité instituant le partage du Portugal. Le Portugal ayant refusé les négociations engagées par les Français, l'Angleterre vint à la rescousse des Portugais et envoya le prince de Waldeck à la tête d'une forte armée.

Les Français envahirent le Portugal en 1807 sous le commandement du général Junot. À leur arrivée dans Lisbonne, la famille royale prit la fuite pour le Brésil. Ce n'est qu'en 1810 que les Français purent être définitivement vaincus, avec l'aide des troupes anglaises sous Wellington, lors de la bataille de Buçaco.

En 1816, Maria Ire mourut au Brésil et João VI fut couronné roi du Portugal, du Brésil et de l'Algarve. En l'absence de la famille royale, une révolution avait éclaté, amenant avec elle une nouvelle constitution : élections, nouveau droit de vote et abolition de l'Inquisition. Le régent Miguel, deuxième fils du roi, s'opposait à toutes ces réformes, et João VI dut revenir au Portugal. Le Brésil profita de ce départ pour proclamer son indépendance et nomma le prince héritier Dom Pedro comme empereur du Brésil.

Au Portugal, João VI n'avait d'autre solution que de se plier à la nouvelle constitution, ce qui révolta sa femme Carlota et leur fils commun Miguel. Miguel lutta contre son père de toutes ses forces et avec tous les moyens en sa possession, si bien que celui-ci dut prendre la fuite pour le Brésil où il mourut deux ans plus tard. Il s'ensuivit une période de chaos total jusqu'à ce que les

ambassadeurs d'Angleterre, de Russie, de Prusse et d'Autriche rétablissent l'ordre royal. Ils bannirent le prince Miguel, firent arrêter tous les *Miguelistes* et nommèrent Dom Pedro comme le véritable successeur au trône. Dom Pedro ne voulant pas perdre le royaume brésilien, il céda ses droits au trône portugais à sa fille Maria, alors âgée de 8 ans, à condition que son frère Miguel accepte la nouvelle constitution, reprenne provisoirement la régence à sa charge et épouse Maria en temps voulu. Miguel accepta la proposition de son frère, mais à peine Dom Pedro parti, il fit revenir les jésuites au Portugal, emprisonna le gouvernement et se fit proclamer nouveau roi en 1828. Dom Pedro dut donc abdiquer au Brésil pour rentrer au pays et y mettre bon ordre. Il força son frère à renoncer définitivement à la couronne et assura la régence pour sa fille encore en bas âge, jusqu'à sa mort en 1834.

Ci-dessus : machines agricoles en plein ouvrage (gare de Azambuja). Ci-contre : la terrasse d'un café au doca de Santo Amaro, près du Ponte 25 de Abril ; en arrière-plan, le monument Christo Rei domine le Tage.

La reine Maria II da Gloria eut comme deuxième époux le prince Ferdinand de Saxe-Cobourg-Gotha. À la mort de Maria en 1853, c'est lui qui reprit la régence ; il fit de même plus tard, lorsque son fils, le roi Pedro qui détenait le trône, sa femme et ses deux frères moururent au cours d'une épidémie de choléra qui ravageait Lisbonne.

C'est ensuite Louis Ier, dit le Bon, le plus jeune de ses fils, qui succéda à Ferdinand de Saxe-Cobourg. Il essaya en vain de résoudre les conflits opposant les libéraux, les *progressistas*, et les conservateurs, les *regeneradores.* Son fils Carlos Ier lui succéda en 1889. Lorsque la république fut proclamée au Brésil, les républicains déclenchèrent une révolte à Porto. Le roi passa à l'action immédiatement et dota son premier ministre de pouvoirs dictatoriaux. En 1908, le roi Carlos Ier et le prince héritier périrent dans un attentat. Le jeune frère Manuel reprit la succession. Mais le temps de la monarchie était révolu et la République portugaise fut proclamée

en octobre 1910, poussant la famille royale à l'exil vers l'Angleterre.

République et dictature

La République amena avec elle des changements fondamentaux en abolissant les privilèges de la noblesse, séparant l'Église et l'État, introduisant l'enseignement obligatoire pour tous, le droit de grève et le divorce. Lors de la Première guerre mondial, le parti démocrate incita le pays à s'allier aux puissances occidentales en 1916 afin de défendre les possessions portugaises en Afrique. Mais le mécontentement des ouvriers et des travailleurs agricoles prenait de l'ampleur et les rangs anarchistes et communistes rassemblaient toujours plus de partisans. La période d'après-guerre fut des plus mouvementées, avec 44 changements gouvernementaux, 15 putschs et la mise en place d'un régime militaire, qui se maintint de 1926 à 1933.

On nomma Oliveria Salazar comme ministre des affaires économiques en 1928, pour sortir le pays de la crise économique. Salazar devint premier ministre quatre ans plus tard et conserva le pouvoir suprême pendant 30 années. Il abrogea le droit de grève et la liberté de la presse, réorganisa les syndicats ainsi que le parlement et mit en place une police secrète.

Salazar réussit à tenir le Portugal à l'écart de la guerre civile espagnole, ainsi que de la deuxième guerre mondiale pendant laquelle il opta pour la neutralité ; le Portugal entra dans l'Otan en 1949.

Cependant, les problèmes économiques subsistaient. L'agriculture ne suffisait pas à nourrir toute la population rurale. Dans la première moitié du XXe siècle, près de deux millions de Portugais émigrèrent outre-mer, en particulier vers le Brésil et le Canada. Les années d'après-guerre amenant le boom économique en Europe centrale, environ 1,5 million de Portugais quittèrent le pays pour d'autres nations européennes. De nos jours, ces émigrants ou leurs enfants rentrent au pays, se font construire leur maison de rêve et créent leur propre société.

Salazar se retira des affaires gouvernementales en 1968 pour des raisons de santé et Marcelo Caetano, professeur de droit à l'université de Lisbonne, prit la relève. Alors que l'ère Salazar avait été marquée par la sclérose économique, la dictature militaire, l'ordre intérieur respecté en imposant à la population pauvreté et ignorance, le gouvernement de Caetano s'ouvrit, lui, vers l'extérieur. Les premières organisations de résistance virent le jour et le chanteur José Afonso devint célèbre grâce à ses textes pacifiques, mais déterminés.

La Révolution des œillets

Le chef du gouvernement de Caetano était le général Américo Tomás, amiral de marine, qui voulait garder à tout prix les colonies de l'Angola et du Mozambique. Mais au sein du pays, la rébellion contre les actions militaires en Afrique se faisait toujours plus forte, et le général Spinola pressentait que la majorité de la population soutiendrait un putsch militaire.

Le 25 avril 1974, la radio retransmit la chanson interdite de José Afonso "Grandola, vila morena" qui était le code secret convenu pour passer à l'action ; les officiers occupèrent les points stratégiques dans la totalité du pays. La population stupéfaite mais enthousiaste accueillit partout les soldats et planta des œillets rouges dans leurs fusils pour souligner ses intentions pacifiques. Le général Spinola devint le nouveau chef d'État, mais pour cinq mois seulement, au bout desquels il démissionna. La lutte pour le pouvoir dans les rangées démocratiques et communistes provoqua des émeutes telles que l'armée dut intervenir.

Enfin, en 1976, le socialiste modéré Eanes fut élu président, le socialiste Soares fut nommé chef du gouvernement et le Portugal obtint une constitution démocratique.

Ci-contre : nombreux sont ceux qui émigrent des anciennes colonies vers l'ancienne "nation-mère" portugaise.

Une ère nouvelle

Jusqu'en 1975, les colonies du Cap Vert, du Mozambique, de l'Angola et de Guinée-Bissau devinrent indépendantes. L'armée indonésienne annexa le Timor portugais en 1976, peu de temps après que ce dernier ait obtenu sa souveraineté. Plus de 800 000 citoyens des anciennes colonies, surtout des Africains, émigrèrent vers le Portugal. Le voyage était gratuit, et on créa un système administratif chargé de l'intégration des nouveaux arrivés, souvent en vain car beaucoup d'entre eux finirent dans les bidonvilles de Lisbonne.

C'est le parti socialiste PSP qui remporta les élections législatives de 1976, mais entre 1975 et 1986, dix gouvernements se succédèrent ; les clauses révolutionnaires furent effacées petit à petit de la constitution, les réformes agraires durent être quasiment abandonnées. Le nouvel État démocratique instaura un système scolaire et de santé publique incluant des prestations sociales élémentaires.

En 1986, le Portugal devint membre à part entière de la Communauté européenne. Cela signifiait que la population portugaise pouvait enfin bénéficier des ressources financières européennes et ne devait pas se limiter au rôle de travailleurs immigrés. Le niveau salarial étant très inférieur à celui de nombreux pays de l'Union, maintes sociétés étrangères installèrent (et installent encore) leur production au Portugal, d'où une croissance économique importante. Le réseau de transport fut élargi, aménagé et restructuré pour permettre et faciliter les rapports au sein du marché européen. Lisbonne en est l'exemple le plus frappant.

La capitale portugaise a accueilli en 1998 la dernière EXPO du XXe siècle ; les bâtiments créés à cet effet sur la rive Est du Tage ont été transformés depuis

en Parque das Naçoes, un domaine multifonctionnel et moderne qui comprend un palais des médias et des congrès, des bureaux et des grands magasins, des hôtels, des cabarets et des restaurants. Enjambant le Tage, le nouveau pont Vasco de Gama facilite le drainage du trafic nord-sud par le Ponte 25 de Abril.

Si l'infrastructure de Lisbonne a été l'objet d'importants investissements au cours de dernières années, comme par exemple pour les championnats d'Europe de football en 2004, il reste encore beaucoup à faire dans bien des domaines : plus de 15% de la population active vit de l'agriculture, mais ne gagne que 5% du revenu national ; la flotte de pêche est vétuste et non compétitive ; la majorité des ressources pécuniaires proviennent du tourisme et des travailleurs émigrés dans d'autres pays européens.

En outre, la quasi totalité de l'énergie nécessaire, pratiquement toutes les machines et tous les équipements techniques ainsi que la moitié des denrées alimentaires doivent être importées. Environ 10% de la population portugaise est analphabète, et le travail des enfants est encore pratiqué malgré sa stricte interdiction.

En 1999, lorsqu'il s'est vu obligé de restituer Macao à la Chine, le Portugal a tiré un trait définitif sur un passé colonial long de plus de cinq siècles.

En 2004, le Portugal s'est montré à la hauteur de son surnom de "Sportugal" : en dehors du championnat d'Europe de football (9 juin au 4 juillet), la nation la plus occidentale d'Europe a procédé pour la première fois à la remise du *Laureus World Sports Award* ; d'importantes compétitions de golf et de sports nautiques y ont également eu lieu. Même le festival Rock à Rio a été transféré pour la première fois en 2004 du Pain de Sucre aux rives du Tage !

En novembre 2004, le juriste José Manuel Barroso a été élu président de la Commission Européenne.

Les éléctions présidentielles du 20 février 2005 ont été remportées à la majorité absolue par José Socrates, du Parti socialiste portugais (PSP), qui succède ainsi à Pedro Santana Lopes, du Parti conservateur social-démocrate (PSD).

Restaurante Sinal Vermelho
ABERTO
OPEN

MACHADO
Restaurante
FLORESTA DA CIDADE
3460621

LISBONNE – LA VILLE BLANCHE

LES QUARTIERS DU CENTRE
LA BANLIEUE
QUELUZ
AJUDA ET BELÉM

**LISBONNE

****Lisbonne** est considérée comme l'une des plus belles villes du monde. Du haut du *Castelo* aux remparts crénelés, le regard se perd dans un océan de maisons dont les toits aux tuiles rouges sont coiffés d'antennes. D'innombrables *miradouros,* points de vue, invitent le promeneur à poursuivre sa flânerie à travers les ruelles de la vieille ville et à contempler à loisir la vue superbe sur cette cité au relief vallonné. Une légère brise marine parcourt la ville ; l'animation presque effervescente des rues de la Baixa est en opposition complète avec l'aimable douceur qui règne dans les ruelles de Lapa et Graça ; l'odeur des sardines grillées qui embaume les rues escarpées de l'Alfama signale l'heure du déjeuner.

"Visiter Lisbonne", c'est prendre un café, *uma bica,* au Brasilera ou bien un kirsch avec des cerises, *uma ginjinha com elas,* dans les bars, les *tascas* de la vieille ville, s'offrir un verre de porto à Solar do Porto ou un fado au beau milieu de la nuit dans le Bairro Alto. À ne manquer sous aucun prétexte, le tour de la ville en tramway, ligne 28, la visite du Castelo São Jorge, celle du musée de la Fondation Calouste Gulbenkian, ou enfin, une excursion du côté des villes balnéaires de Cascais et Estoril. Mais Lisbonne a d'autres facettes, moins romantiques : les cités dortoirs des banlieues et les embouteillages quotidiens sur les grands axes routiers.

Pages précédentes : le Bairro Alto réserve aux noctambules une pléiade de restaurants, de cafés et de bars à fado. Ci-contre : le Rossio (Praça Dom Pedro IV) est le centre névralgique de Lisbonne.

Histoire de la ville

Selon la légende, Lisbonne aurait été fondée par Ulysse. Les Phéniciens la baptisèrent *Alis Ubbo* (la douce baie), les Grecs et les Carthaginois en firent *Olissipo*, Jules César la nomma *Felicitas Julia,* les Wisigoths *Olissabona,* et les Maures *Al-Usbuna* ; ce n'est qu'en 1147 que le premier roi du Portugal, Afonso Henriques (Alphonse Enriquez), baptisa la ville *Lisboa*. Le port protégé à l'embouchure du Tage est depuis 3000 ans le principal centre commercial de la côte ouest de la péninsule Ibérique ; il devint la capitale du jeune Portugal en 1256.

Au XIIIe siècle, Dom Dinis fit assécher la baie du Tage qui allait jusqu'à l'actuelle place Rossio, acheva la construction de la cathédrale et fonda en 1290 la première université ; celle-ci fut transférée peu après vers Coimbra, à la suite de conflits entre le peuple et les étudiants, population privilégiée. Le

Plan p. 40-41 et p. 50-51, Fiche pratique p. 66-69

premier séisme qui ébranla Lisbonne eut lieu en l'an 1344. Après la reconstruction de la cité, l'enceinte en était devenue trop étroite. Dans la deuxième moitié du XIVe siècle, Fernão Ier fit construire le "rempart de Ferdinand" comprenant 77 tours et 34 portes, et qui couvrait entre le château et la cathédrale une surface d'un km^2.

Sous la dynastie des Aviz, le Portugal connut son apogée, devenant une puissance internationale. Les découvertes et conquêtes portugaises en Afrique et aux Indes amenèrent d'immenses richesses. Manuel Ier construisit une nouvelle résidence royale au bord du Tage et transforma le port en nouveau centre-ville ; à cet emplacement ne se trouvaient jusqu'alors que de vastes hangars et des marchés. La prospérité toucha à sa fin en 1580 lorsque Philippe II d'Espagne reprit la couronne portugaise. Libéré de la suzeraineté espagnole en 1640, le Portugal connut un nouvel essor économique grâce à l'exploitation des mines de diamants du Brésil. Le roi João, Jean V (1706-1750) investit une grande partie de cette fortune dans la construction du cloître de Mafra, alors que les impôts des Lisboètes servaient à financer la construction de l'aqueduc. La noblesse de son côté se fit construire des palais, des théâtres et un opéra.

Après le tremblement de terre

Le 1er novembre 1755, un tremblement de terre dont on sentit les ondes sismiques jusqu'à Dakar, secoua Lisbonne ; le triste bilan se montait à plus de 60 000 morts, et 17 000 des 20 000 bâtiments existants furent détruits. Le roi Joseph Ier et son premier ministre, le futur marquis de Pombal, entamèrent la reconstruction de la ville. À l'emplacement du palais royal, on redessina les rues selon un quadrillage qui donna naissance au quartier de Baixa, la ville basse. L'ancienne place bordant les rives du Tage devint la Praça do Comércio et fut ouverte sur le fleuve. Pombal introduisit des réformes profondes : on déposséda les jésuites et les nobles de leurs biens, diminua leurs privilèges et, enfin, on traça de larges avenues pour aménager de vastes places.

Dans le sillage de la sécularisation et du fait de la fin de l'Inquisition au XIXe siècle, la conception que l'on avait alors des surfaces publiques évolua. On transforma les jardins des cloîtres en parcs, agrandit la ville dans sa partie nord, et de larges boulevards furent prévus. La vie culturelle put s'épanouir librement et les quartiers de Baixa et Chiado accueillirent de belles boutiques. L'industrialisation gagna la banlieue ; la première ligne de chemin de fer fut inaugurée en 1856 et des logements (vilas) spécialement conçus pour les ouvriers, comme l'Estrela d'Ouro à Graça, firent leur apparition.

Dans la deuxième moitié du siècle, la population tripla, passant à 400 000 habitants en 1900. De part et d'autre de l'axe nord-sud, l'Avenida da República, on aménagea les *Avenidas Novas*, de larges artères réunissant aujourd'hui les banques et les bureaux. Pour faire face aux nouvelles dimensions de la cité, on mit en place un réseau d'ascenseurs et de funiculaires afin de faire face aux différences de niveaux dûes aux nombreuses collines ; certains sont aujourd'hui encore en parfait état de marche. Les troubles politiques du tournant du siècle mirent fin à cette période de rénovation, la république fut proclamée et le Portugal entra dans la première guerre mondiale. Les 45 ans du régime de Salazar et Caetano furent marqués par la stagnation de l'économie, de l'éducation et de l'immobilier. Seuls quelques bâtiments comme la Bibliothèque Nationale, le Palais de Justice furent édifiés à cette époque. Mais les bidonvilles proliférèrent aux abords des cités ; en 1974, l'indépendance des colonies provoqua un afflux massif de Portugais d'outre-mer vers la métropole et les problèmes sociaux se multiplièrent.

 Plan p. 40-41 et p. 50-51, Fiche pratique p. 66-69

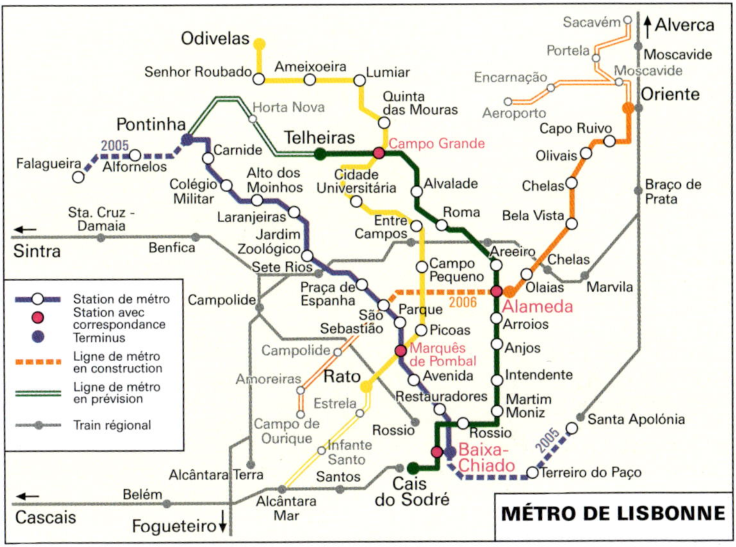

Lisbonne – La ville moderne

Aujourd'hui, Lisbonne, capitale de 2,5 millions d'habitants, a le monopole de l'industrie, des finances, de l'administration et des biens et services. Elle doit faire face à l'explosion démographique, mais aussi donner un visage moderne au centre-ville. L'entrée du pays dans la Communauté Européenne en 1986 a favorisé la prospérité économique et la construction de logements sociaux. De ce fait, beaucoup de collines et de vallées constituant le relief naturel des environs de Lisbonne furent construites. La naissance de ces banlieues aggrava le problème des transports et provoqua la congestion totale des voies de circulation ; le pont du Tage, qui paraissait encore gigantesque dans les années 1960, se révèle de nos jours tout à fait insuffisant.

En 1988, un grave incendie détruisit en partie le vieux quartier de Chiado. De nombreux pays apportèrent leur soutien en investissant dans des programmes culturels et des programmes de financement. Lisbonne, capitale culturelle européenne en 1994, a accueilli la dernière EXPO avant le changement de millénaire dans le quartier portuaire, sur la rive Est du Tage. La plupart des bâtiments de l'EXPO forment aujourd'hui le quartier le plus moderne de la capitale, doté d'une gare, d'une station de métro et d'un accès autoroutier via le nouveau pont Vasco de Gama. Des salles de congrès et de concert, une immense surface en plein air, le plus grand aquarium d'Europe et une magnifique marina y ont été intégrés.

Les musées de Lisbonne offrent un choix phantastique à tous les goûts, du théâtre de marionnettes privé à l'exposition sur l'approvisionnement en eau de la capitale. Les collections d'art sont de niveau international.

– LES QUARTIERS DU CENTRE –

*MOURARIA

*Sé Patriarcal

Le village médiéval initial de ***Mouraria**, construit sur les hauteurs, autour

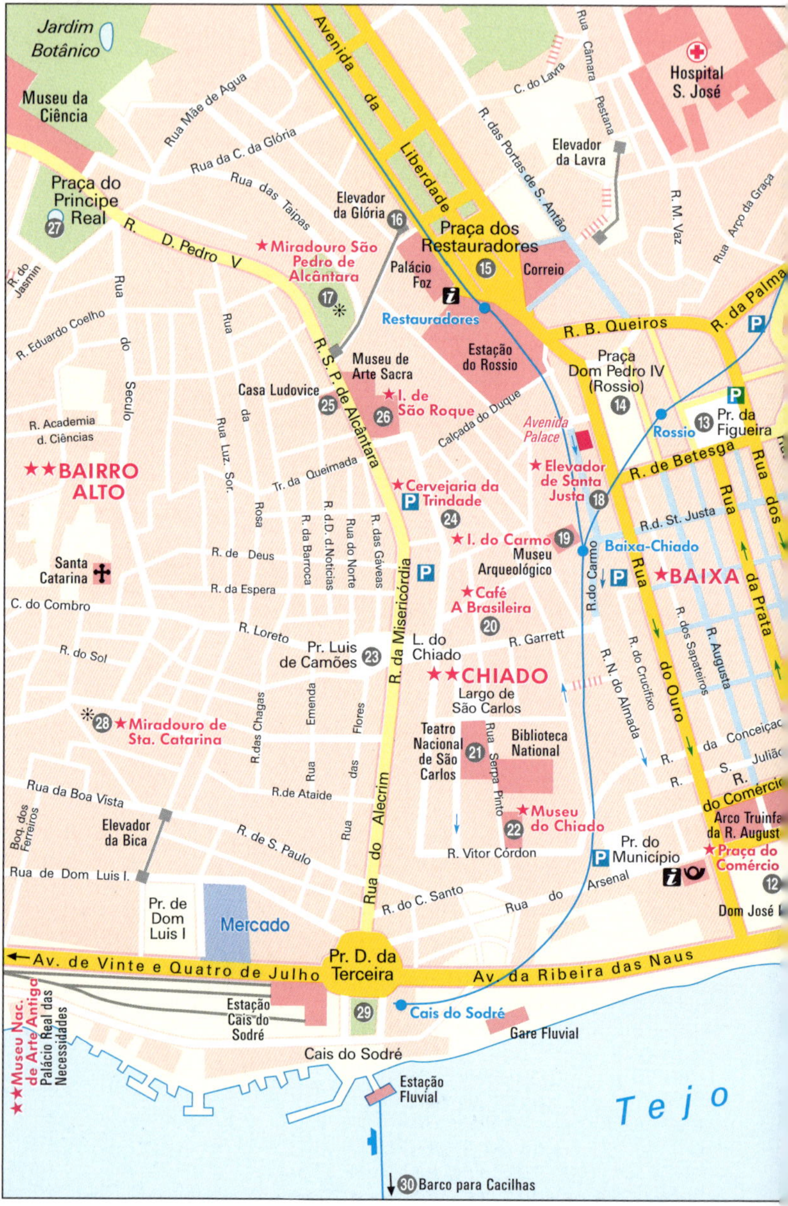
Jardim Botânico
Museu da Ciência
Praça do Principe Real
27
Rua Mãe de Agua
Rua da C. da Glória
Rua das Taipas
Avenida da Liberdade
C. do Lavra
Rua Câmara Pestana
R. das Portas de S. Antão
Hospital S. José
Elevador da Lavra
Elevador da Glória
16
Praça dos Restauradores
15
Palácio Foz
Correio
R. M. Vaz
Rua Arco da Graça
R. da Palma
R. D. Pedro V
★Miradouro São Pedro de Alcântara
17
R. do Jasmin
Rua do Seculo
Rua da Rosa
R. Eduardo Coelho
Restauradores
R. B. Queiros
Estação do Rossio
Praça Dom Pedro IV (Rossio)
14
Museu de Arte Sacra
R. S. P. de Alcântara
Casa Ludovice
25
★I. de São Roque
26
Calçada do Duque
Avenida Palace
Rossio
13
Pr. da Figueira
R. Academia d. Ciências
★★BAIRRO ALTO
Rua Luz. Sor.
Tr. da Queimada
★Elevador de Santa Justa
18
R. de Betesga
Rua dos
★Cervejaria da Trindade
24
R.d. St. Justa
Rua da Prata
R. da Barroca
R. d.D. d.Noticias
Rua do Norte
R. das Gáveas
★I. do Carmo
19
Museu Arqueológico
Baixa-Chiado
R. de Deus
Santa Catarina
R. da Espera
R. da Misericórdia
R.do Carmo
Rua do Ouro
★BAIXA
★Café A Brasileira
20
C. do Combro
R. Loreto
Pr. Luis de Camões
23
L. do Chiado
R. Garrett
R. dos Sapateiros
R. Augusta
R. do Sol
★★CHIADO
R. N. do Almada
R. do Crucifixo
Largo de São Carlos
★Miradouro de Sta. Catarina
28
R.das Chagas
Rua Emenda
Rua das Flores
Teatro Nacional de São Carlos
21
Rua Serpa Pinto
Biblioteca National
R. da Conceição
R. S. Julião
R. do Comércio
Rua da Boa Vista
R.de Ataide
Rua do Alecrim
Boq. dos Ferreiros
Elevador da Bica
R. de S. Paulo
★Museu do Chiado
22
Arco Truinfal da R. Augusta
Pr. do Município
★Praça do Comércio
R. Vitor Córdon
Rua de Dom Luis I.
Rua do Arsenal
R. do C. Santo
12
Dom José I
Pr. de Dom Luis I
Mercado
Av. de Vinte e Quatro de Julho
Pr. D. da Terceira
Av. da Ribeira das Naus
★★Museu Nac. de Arte Antiga
Palácio Real das Necessidades
Estação Cais do Sodré
29
Cais do Sodré
Gare Fluvial
Cais do Sodré
Estação Fluvial
Tejo
30 Barco para Cacilhas

Bairro Estrela d'Ouro
R. das Beatas
Rua da Senhora da Glória
Rua da Bela Vista à Graça
R. do Vale de S. António
Senhora do Monte
C. do Monte
Rua das Olarias
Rua do Benformoso
Largo da Graça
Rua Leite de Vasconcelos
GRAÇA
T. da Pereira
Rua da Verónica
Martim Moniz
L. do Terreirinho
11
Miradouro da Graça
Nossa Senhora da Graça
10
Liceu Gil Vicente
Rua V. do Operário
Campo de Santa Clara
Feira da Ladra
C. do Santo André
C. da Graça
Rua T. das Mónicas
Mar Ponte de Lima
★I. de São Vicente de Fora
8
Rua do Mirant
Costa do Castelo
L. de Rodrigues de Freitas
R. S. Vicente
C. de S. Vicente
C. d. Santa Engrácia
I. de Santa Engrácia
9
Estação Santa Apolónia
Museu da Marioneta
Rua Escolas Gerais
Rua do Paraiso
★MOURARIA
5
★Castelo de São Jorge
Museu Militar
L. das Portas do Sol
R. dos Corvos
Santo Estêvnão
Madre de Deus
★(Museu Nacional do Azulejo)
L. Adelino Amaro da Costa
R. d. C. da Feira
★Museu de Artes Decorativas
7
Santa Luzia
Rua dos Remedios
R. Jardim do Tabaco
São Tiago
Miradouro de Santa Luzia
6
R. Milagres
R. Lóios
R. S. Miguel
L. do Chafariz de Dentro
R. de São Mamede
R. de Saudada
★★ALFAMA
São Miguel
Avenida Infante Dom Henrique
L. de Sto. Antonio de Lisboa
R. Limoeiro
R. T. do Trigo
Rua da Madalena
R. A. Rosa
R. do Barão
2
São Nicolau
1
★Sé Patriarcal
Doca do Terreiro do Trigo
★Casa dos Bicos
4
I. da Conceição Velha
3
Rua da Alfândega
P
Doca da Marinha
Tejo
Estação Fluvial
Cais de Embarque
Cais das Colundas
Barco para Seixa, Barreiro, Montijo
LISBONNE
0 50 100 m

Ci-dessus : Sé Patriarcal, la cathédrale de Lisbonne. Ci-contre : l'eléctrico 28 dans une des ruelles de l'Alfama.

de la forteresse et de la cathédrale, était protégé des inondations. Les fondations d'une mosquée avaient servi de base à la construction d'une église au XIIe siècle, qui fut remplacée au XIVe siècle par la ★**cathédrale Sé Patriarcal** ❶. C'est l'église la plus ancienne de Lisbonne. De nombreux travaux, au cours des siècles, ont permis de lui rendre son caractère roman initial. L'édifice est compact dans son aspect, comprenant trois nefs et deux tours crénelées ornant la façade ouest depuis 1380, et qui lui prêtent un caractère de forteresse.

Dans la première chapelle latérale de gauche se trouve la fameuse **crèche** baroque de Joachim Machado de Castro (1766), avec ses figurines en terre cuite. Le même artiste a réalisé dans le **chœur** les tombeaux d'Afonso IV et de son épouse, détruits par le tremblement de terre (1755).

On peut voir dans une des chapelles du chœur d'autres tombeaux gothiques ornés de gisants. Le trésor de l'église est entreposé dans la sacristie et contient entre autres le fameux reliquaire de Saint Vincent et l'ostensoir incrusté de pierres précieuses.

Derrière le chœur s'ouvre le **cloître** dans lequel des fouilles ont lieu depuis quelques années. Ces travaux ont permis aux archéologues de suivre l'histoire du site depuis l'âge du Fer (1er millénaire av. J.-C.) jusqu'au Moyen Âge en passant par les périodes romaines et arabes.

Les fonts baptismaux situés près du portail ouest sont supposés avoir servi au baptême de saint Antoine de Padoue en 1195. Selon la légende, ce dernier donna son nom à l'**Igreja de Santo Antonio de Lisboa** ❷ (**igreja de Santo Antonio à Sé**)qui se trouve face à la cathédrale ; elle fut bâtie à l'endroit même de sa naissance. La Casa de Santo Antonio, adjacente, lui consacre un petit musée.

Igreja da Conceição Velha

Dans la Rua da Alfándega, on est surpris de découvrir, au milieu d'une rangée de maisons, la magnifique façade manuéline de l'**Igreja da Conceição Velha** ❸ (reconstruite en 1755). Cette façade, au portail et aux fenêtres finement décorés, est l'unique reliquat de l'église Misericórdia (1520) dévastée lors du tremblement de terre. On remarquera l'abondance des sculptures du ★**portail** : le tympan abrite *Nossa Senhora da Misericórdia* (Notre Dame de la Miséricorde) qui protège de son manteau tenu par des anges le petit peuple, la noblesse et le clergé. La patronne de l'église actuelle, *Nossa Senhora da Conceição* (de l'Immaculée Conception) est représentée à l'intérieur.

★Casa dos Bicos

Dans la Rua dos Balhoeiros (des pêcheurs de cabillaud), l'édifice le plus

Plan p. 40-41, Fiche pratique p. 66-69

marquant est la ★**Casa dos Bicos** ❹. Cet hôtel particulier, achevé en 1523, servit de résidence officielle à Brás de Albuquerque, le fils naturel d'Afonso, conquérant de Goa et de Malakka et vice-roi des Indes. Le qualificatif de "maison des dentelles" est une allusion aux pierres de taille caractéristiques, semblabes à des diamants, qui, au début de la Renaissance, ornaient souvent les façades des pays méditerranéens. Détruite en 1755, à l'exception du rez-de-chaussée qui sert aujourd'hui de salle d'exposition, la Casa dos Bicos a été reconstruite dans les années 1980, non sans quelques protestations.

À sa droite, la Casa das Varandas jaune, du XVIIIe siècle, arbore fièrement ses balcons filigranes et ses fenêtres à pignons moulurés.

★Castelo de São Jorge

Le bus 37 vous amène au ★**Castelo de São Jorge** ❺, perché à 110 mètres d'altitude. Au XIIe siècle, les Maures utilisèrent des fondations wisigothes pour construire ce grand château fort, que le roi Afonso Henriquez transforma en lieu de résidence après en avoir chassé les occupants. Les monarques portugais y régnèrent jusqu'à la fin du XVe siècle, avant d'opter pour le palais - détruit en 1755 - de la Praça do Comércio (ancien Terreiro do Paço).

Une des salles du vieux château a été restaurée et abrite aujourd'hui le restaurant élégant *Casa do Leão* à proximité duquel le centre d'informations **Olisipónia** présente une exposition multimédia consacrée à Lisbonne au XVIe siècle.

Le château restauré, dont les murs offrent une excellente ★**vue panoramique** sur la capitale et le Tage, est entouré d'un parc peuplé de paons faisant la roue. On appréciera une promenade dans les étroites ruelles pavées de **Santa Cruz**, à l'intérieur des remparts, qui respire encore l'air de ses origines mauresques.

L'★★ALFAMA

Le quartier de l'★★**Alfama** se situe sur le versant sud de la colline de la forteresse, et son caractère médiéval est encore très prononcé. Ses ruelles sinueuses se terminent souvent en cul-de-sac, signe typiquement mauresque. À l'origine, ce quartier, à l'extérieur des remparts, était habité par les Maures. Afonso Henriquez les transféra toutefois en 1179 au nord de la forteresse, dans le quartier de Mouraria. Alfama, l'unique quartier de la ville à avoir résisté au tremblement de terre de 1755, recèle les plus anciens bâtiments de Lisbonne.

Dans l'Alfama, d'innombrables marches vous mènent à travers un dédale de jolies ruelles reliant places et églises. Les gens d'ici vivent plus sur le pas de leur porte qu'à l'intérieur, et l'on a souvent l'impression de traverser leur salle de séjour. Un marché s'installe tous les matins dans les rues, puis, en fin de matinée, les barbecues font leur apparition devant presque chaque porte, pour la préparation des sardines ou des côtelettes grillées du déjeuner. Cependant, malgré les apparences, la vie dans l'Alfama est tout autre que romantique. L'étroitesse des rues est un frein à une aération adéquate, il faut toujours affronter une montée raide avec ses paniers à provisions, les engins de construction peuvent à peine accéder aux habitations, les logements sont petits et les sanitaires, souvent insuffisants. Il est compliqué et fastidieux d'entreprendre des rénovations.

Le *Museu de Artes Decorativas

La ligne de tramway 28 traverse le quartier que nous pourrons donc visiter en redescendant. La partie haute de l'Alfama est délimitée par le petit parc **Miradouro de Santa Luzia** 6 avec ses cafés, et la place **Largo das Portas do Sol**, sur laquelle se dresse le palais du comte d'Azurara du XIIe siècle. Ce bâtiment renferme aujourd'hui le ***Museu de Artes Decorativas** 7 (musée des arts décoratifs), qui n'est autre que la collection privée, ouverte au public depuis 1953, du banquier Ricardo Espírito Santo Silva.

L'exposition s'étend sur plusieurs étages aux plafonds et aux azulejos souvent remarquables, offrant au visiteur l'occasion d'admirer des meubles, de l'argenterie et des céramiques de différents styles allant du XVIe au XIXe siècle. Des conférences et des expositions temporaires sont consacrées à des thèmes choisis, et l'on peut observer dans le bâtiment voisin des artistes maîtrisant les techniques traditionnelles de la dorure ou de la reliure.

GRAÇA

L'*Igreja São Vicente de Fora

Entre les quartiers d'Alfama et de **Graça**, on peut voir de loin l'église Saint-Vincent et ses deux tours. L'***Igreja São Vicente de Fora** 8 doit son nom à la vieille église qui se trouvait devant l'enceinte de la ville et dont Philippe II ordonna la destruction à l'époque de l'union hispano-portugaise (1580-1640). C'est sans doute l'Italien Filipe Terzi qui conçut le nouveau bâtiment à son goût, d'un style fin Renaissance homogène, sobre et chargé de marbre.

Le **monastère** avoisinant des Augustins est situé autour de deux cloîtres dont les murs ornés d'azulejos du début du XVIIIe siècle nous content les fables de La Fontaine, la prise de Lisbonne par les Maures et la construction du monastère.

À l'arrière se trouve le **panthéon** de la dynastie des Bragance, dont les tombeaux les plus récents, ceux du roi Carlos Ier et de son fils assassinés en 1908, furent commandités par Salazar. Les patriarches de Lisbonne reposent dans la salle adjacente.

L'Igreja de Santa Engrácia

La grande coupole de l'**Igreja de Santa Engrácia** 9 se dresse sur la prochaine colline. Un dicton portugais dit sur le ton de la raillerie: "progresser aussi rapidement que la construction de Santa Engrácia" (autrement dit "attendre jusqu'à la saint-glinglin!"). Le début de la construction se situe au XVIe siècle, et la fin dans les années 1960, lorsque Salazar fit transformer l'église en "panthéon national". Le marché aux puces **Feira da Ladra** se tient autour d'elle tous les samedis.

Nossa Senhora de Graça et Largo do Terreirinho

Tout comme l'Alfama, de Graça, au nord-est de la forteresse, se caractérise par des ruelles étroites en pente raide, de petites maisons et un grand besoin de rénovation. Le quartier porte le nom de **Graça** d'après sa basilique, **Nossa Sen-**

Ci-contre : la rua Augusta (dans la ville basse, la Baixa).

Plan p. 40-41, Fiche pratique p. 66-69

hora da Graça ⑩, qui trône au sommet de la colline. Elle fut reconstruite après le tremblement de terre et a subi de nombreuses transformations depuis.

Partant du haut de la colline, un immense escalier avec de merveilleuses terrasses panoramiques, nous fait descendre jusqu'à la place **Largo do Terreirinho** ⑪, qui donne accès à la Baixa et à l'ancien quartier authentique des Maures, **Mouraria**, au nord-ouest de la forteresse.

LA *BAIXA

Après le tremblement de terre de 1755, le marquis de Pombal se chargea de la reconstruction de la ville ; il interdit l'initiative personnelle et fit aménager dans la ville basse 15 avenues symétriqu et des édifices homogènes. Une structure de bois devait consolider les nouveaux bâtiments de cinq étages en vue de séismes futurs ; dans les rez-de-chaussée se montaient des boutiques.

Aujourd'hui encore, la ***Baixa** est le quartier commerçant de la ville. La **rua Augusta** en particulier, transformée en large zone piétonne, est bordée de magasins et de terrasses de cafés.

*Praça do Comerçio

Au bout de la rua Augusta, le porche de l'**arc de triomphe** permet d'apercevoir la ***Praça do Comerçio** ⑫ (cf. photo p. 29) avec en son centre la statue équestre du roi **Joseph Ier** qui régnait lors de la reconstruction de 1755. Sur tout le pourtour de la place se dressent des **arcades** et des bâtiments ministériels.

Ouverte sur le Tage depuis l'époque des caravelles, la place offre à tout navire arrivant à Lisbonne ce que le plus célèbre poète du Portugal, Fernando Pessoa (1888-1935), qualifiait de “merveilleuse vision de rêve”.

Praça da Figueira et Praça Dom Pedro IV (Rossio)

C'est au nord du quartier de Baixa que se trouvent les places les plus animées de la ville, comme par exemple la **Praça da Figueira** ⑬, la place aux fi-

guiers, et son monument de João Ier. La **Praça Dom Pedro IV** ⓮ (dotée de la statue équestre du roi du même nom), est communément appelée **Rossio** (comme la gare la plus proche) par les Lisboètes. Avant l'assèchement du quartier de Baixa au XIIIe siècle, la place Rossio bordait directement le Tage ; tournois, manifestations et défilés de carnaval y avaient couramment lieu. Aujourd'hui, les voitures et les autobus y défilent à toute allure, cafés et bureaux de tabac y abondent. Au milieu de la place, des femmes vendent leurs bouquets de fleurs multicolores.

Si vous flânez le soir dans les rues de la Baixa, vous vous retrouverez rapidement seul. Par contre, les alentours du quartier **Rossio** ainsi que la zone piétonne de la **Rua das Portas de Santo Antão** sont animés plus tard et vous y trouverez de bons restaurants.

Ci-dessus : pour un mouillage à la vénitienne, sur la Praça do Comerçio. Ci-contre : l'elevador de Santa Justa franchit 30 m de dénivelé pour se rendre de la Baixa jusqu'au Bairro Alto.

Praça dos Restauradores

Un peu plus au Nord, l'obélisque érigé en 1886 sur la **Praça dos Restauradores** ⓯ honore les combattants qui ont permis au Portugal d'accéder à l'indépendance en 1640 après l'occupation espagnole. Les figures de bronze du socle incarnent la Liberté et la Victoire, que caractérisent une couronne et une palme. Les batailles et les dates de la guerre d'indépendance sont gravées sur le monument.

Sur le flanc ouest de la place, au nord de la gare de Rossio, le **Palacío Foz**, bâti entre 1755 et 1777 par Francesco Savario Fabri pour le marquis de Castelo-Melhor, abrite de nos jours l'**office de tourisme**.

Elevador da Glória et ★Miradouro São Pedro de Alcântara

Souvent fréquenté par les touristes en raison de sa situation centrale, l'**elevador da Glória** ⓰ part de la Praça dos Restauradores, au nord de l'office de tourisme. Il relie la place depuis 1885

Plan p. 40-41, Fiche pratique p. 66-69

au quartier nocturne animé de Bairro Alto (cf. p. 49) jusqu'à une heure avancée de la nuit.

En haut, le ⋆**Miradouro São Pedro de Alcântara** ⑰ offre une vue magnifique sur la Baixa et le Castelo de São Jorge.

⋆Elevador de Santa Justa

Unique à Lisbonne, l'⋆**elevador de Santa Justa** ⑱ est aussi nommé **elevador de Carmo**. Ses deux cabines évoluent dans une cage ornée de grillages filigranés de style néo-gothique et relient à la verticale le quartier de Baixa à ceux de Chiado / Bairro Alto, surmontant ainsi une hauteur de 32 m. Cet ascenseur fut construit entre 1898 et 1902 par l'ingénieur Raoul Mesnier de Ponsard, un disciple du célèbre Gustave Eiffel.

Depuis le **café** de la plate-forme supérieure s'offre une excellente ⋆**vue** sur le centre historique de la ville, en particulier sur les ruines de l'igreja do Carmo (cf. ci-dessous).

LE ⋆⋆CHIADO

Le quartier de ⋆⋆**Chiado**, situé sur un versant à l'ouest de la Baixa, porte le nom de l'écrivain du XVIe siècle António Ribeiro dont le surnom était "Chiado". Il s'agit d'un petit quartier qui est réputé pour son public d'écrivains, de peintres, de sculpteurs et de bouquinistes.

Mais le Chiado doit aussi sa (malheureuse) notoriété à l'incendie qui détruisit en 1988 quelques-uns de ses très beaux bâtiments. La reconstruction et l'assainissement du quartier, placés sous la supervision de l'architecte Álvaro Siza, lauréat du prix Pritzker, sont presque terminés. On a reconstitué les façades et modernisé les bâtiments, une station de radio ainsi qu'un cinéma à grand écran y ont trouvé leur place. Le grand magasin dans lequel a commencé l'incendie a réouvert.

⋆Igreja do Carmo et Museu Arqueológico

On peut franchir les 32 m de dénivelé qui séparent la Baixa du Chiado / Bairro Alto soit en ascenseur (**elevador de Santa Justa**, ⑱), soit à pied. Un pont léger passe alors devant l'⋆**Igreja do Carmo** ⑲ et mène au beau milieu du Bairro Alto. L'église du couvent de Carmo est en ruines depuis le séisme de 1755, mais ses restes ont accueilli depuis le **Museu Arqueológico**. Le charme des coupoles déchiquetées, se dressant vers le ciel, dépasse presque celui de la collection quelque peu hétéroclite de sépultures romaines, de colonnes wisigothes et de sculptures de Machado de Castro. Des concerts ont quelquefois lieu ici en été.

Le ⋆café A Brasileira

L'artère centrale du Chiado est la **Rua Garrett** qui débouche sur le **Largo do Chiado**. On y trouve des magasins chics, des librairies bien achalandées et le célèbre café traditionnel des

artistes ★**A Brasileira** ⑳ devant lequel est érigé un bronze à la mémoire de Fernando Pessoa. *A Brasileira* a pris la place d'un ancien caféier brésilien en 1905 et est décoré avec goût de glaces et de peintures modernes.

Teatro Nacional São Carlos et Casa Fernando Pessoa

C'est sur le **Largo de São Carlos** que se situent le **Teatro Nacional São Carlos** ㉑, de la fin du XVIIIe siècle, et la maison natale de Pessoa, la **Casa Fernando Pessoa** (n° 4, il résida plus tard dans le quartier Campo de Ourique), qui abrite maintenant une bibliothèque et un restaurant.

★Museu do Chiado

Le ★**Museu do Chiado** ㉒ est logé dans un ancien cloître franciscain dont l'histoire fut très mouvementée : il est resté fermé après le tremblement de terre jusqu'au XIXe siècle, abrita ensuite une fabrique de biscuits, devint académie des beaux-arts, ensuite bibliothèque nationale, pour finir musée national d'art contemporain en 1911. Endommagé par l'incendie de Chiado en 1987, il fut rénové et transformé par l'architecte français Jean-Michel Wilmotte, réputé pour ses travaux d'agrandissement du Louvre. Le musée ouvrit à nouveau ses portes fin 1994 ; on peut y admirer sa collection de peinture, sculpture et de design portugais.

Ci-dessus : art portugais moderne à l'intérieur du Museu do Chiado. Ci-contre : des azulejos ornent les murs de la traditionnelle Cervejaria da Trindade.

LE ★★BAIRRO ALTO

La richesse de l'époque coloniale ainsi que la réorganisation de la ville basse autour du nouveau palais royal incita de nombreux nobles à quitter leurs villas dans l'enceinte des remparts, devenue trop étroite, pour aller s'installer à flanc de colline. Après le tremblement de terre, beaucoup de nobles se virent dans l'impossibilité de reconstruire leurs résidences du ★★**Bairro Alto**, qu'ils du-

Plan p. 40-41, Fiche pratique p. 66-69

rent vendre avec les terrains. Ces bâtiments furent transformés en logements communs de style uniforme.

De nos jours, ce quartier est le plus connu de Lisbonne pour sa *vie nocturne**. Bars, restaurant et cabarets à fado se côtoient dans les rues situées autour de la **Praça Luis de Camões** 23. Les rues **São Pedro de Alcântara**, **da Barroca** et la **rua do Diario de Noticias** ne s'animent aussi qu'à partir de 22 heures. Les petits restaurants et les bars à fado y voisinent avec les discothèques.

Dans la rua Nova da Trindade, on ne manquera pas de faire une halte au fameux bar-restaurant ***Cervejaria Trindade** 24 où l'on sert une bière pression brune de qualité pour accompagner tapas, viande ou poisson. Installée dans un ancien monastère, la brasserie, ornée d'**azulejos** bleus et blancs, est autant fréquentée des touristes que des Lisboètes.

Une des adresses obligatoires du quartier est aussi le petit salon de l'institut du porto, qui est dans la **Casa Ludovice** 25, l'ancienne maison de Louis, l'architecte de Mafra. Pour votre dégustation dans une atmosphère feutrée, vous aurez le choix entre 200 sortes de porto.

*Igreja de São Roque

L'église jésuite de **São Roque** 26, sur le Largo Trindade Coelho, compte parmi les plus impressionnantes églises de Lisbonne - non pour la sobriété de sa façade, due au maître italien Filipe Terzi à la fin du XVIe siècle, mais pour la magnificence de ses huit chapelles latérales. La **Capela de São Roque** par exemple (la troisième à droite) a été décorée d'azulejos par Francisco de Matos en 1584 pour illustrer la vie de saint Roque, qui protège la population de la peste.

La ***Capela de São João Baptista** (la quatrième à gauche), vouée à saint Jean Baptiste, est encore plus belle que la précédente. C'est le roi João V qui la fit exécuter à Rome (tout comme l'intérieur du cloître de Mafra) en 1740, après la découverte d'importants gisements d'or au Brésil. Après l'avoir fait

LES ENVIRONS DE LISBONNE

48 Museu Nacional do Teatro, Museu Nacional do Traje, Odivelas
Aeroporto de Lisboa
Aeroporto
A1
IC 1
OLIVAIS NORTE
Moscavide
Torre Vasco da Gama
BEIROLAS
Pavilhão Atlântico
Estación del Oriente
40
Parque das Nações
Oceanário de Lisboa
CABO RUIVO
46
47 Museu Rafael Bordalo Pinheiro
Museu da Cidade
44 CAMPO GRANDE
ALVALADE
45 CIDADE UNIVERSITÁRIA
OLIVAIS SUL
TERESINHAS
ENTRE-CAMPOS
BRACO DE PRATA
CAMPO PEQUENO
CHELAS
MATINHA
Museu de Calouste Gulbenkian 43
ARCO CEGO
AREEIRO
SALDANHA
OLAIAS
MARVILA
SÃO SEBASTIÃO
ALTO DO PINA
Parque Eduardo VII
ESTEFÂNIA
MADRE DE DEUS
BEATO
38
37 Praça Marquês de Pombal
Av. da Liberdade
BAIRRO LOPES
Madre de Deus 39
MOREIRAS
XABREGAS
Museu Nac. do Azulejo
SOCORRO
RATO
36
GRAÇA
Palácio de São Bento
Castello de São Jorge
CAMINHOS DE FERRO
34 BAIRRO ALTO
ADRAGOA
ROSSIO
ALFAMA
CHIADO
BAIXA
LISBOA
31 Largo do Santos
41
30 Cacilhas
ALMADA
Seixal
Barreivo, Montijo
LISBONNE ET SES ENVIRONS
0
0,5
1 km

bénir par le pape Bénédicte XIV, la chapelle fut démontée pièce par pièce en 1747, puis remonté minutieusement à Lisbonne en 1748. Seuls des matériaux précieux furent utilisés pour sa construction : bois tropicaux d'Amazonie pour les boiseries, lapis-lazuli d'Afghanistan pour les piliers, marbre de Carrare pour les statues d'anges, et, de plus, de l'or, de l'argent, de l'albâtre, de la cornaline, des améthystes et de l'ivoire.

Le **Museu de Arte Sacra** (musée d'Art Sacré) est à côté de l'église, dans les murs de l'ancien orphelinat. Chasubles, tableaux du XVIe au XVIIIe siècle, argenterie et joaillerie italienne y sont exposés.

*Miradouro de Santa Catarina

Malheureusement, peu des fastueuses **villas** du Bairro Alto ont pu être aussi bien préservées que celles que l'on voit sur la **Praça Principe Real** (27), qui abrite à ce jour les logements les plus onéreux de la capitale, ou encore au ***Miradouro de Santa Catarina** (28) qui nous permet de découvrir une merveilleuse **vue** sur le Ponte 25 de Abril, les docks de Santos et Alcântara ainsi que sur l'autre rive du Tage.

Ci-dessus : foisonnement baroque tout autour de l'autel de l'Igreja São Roque, une église jésuite.

Le Cais do Sodré

Ces dernières années ont prouvé que le **quartier du port** autour du **Cais do Sodré** (29) était une bonne adresse pour les **restaurants de poisson**. Certains d'entre eux sont aménagés sur des bateaux, d'autres dans des bâtiments provisoires derrière la gare, et la majorité proposent souvent une qualité exceptionnelle. C'est d'ici que part le **ferry** à destination de Cacilhas, de l'autre côté du Tage.

Cacilhas, Almada, *Cristo Rei

Les villages de Cacilhas et Almada, situés face à Lisbonne, de l'autre côté du Tage, méritent qu'on leur consacre

Plan p. 40-41, Fiche pratique p. 66-69

une visite. Un ferry, ou **cacilheiro**, relie Lisbonne à **Cacilhas** (30) depuis le Cais de Sodré. Tout juste derrière le débarcadère de Cacilhas, on découvre une rangée de restaurants de poisson peu chers, mais de bonne qualité.

Une navette (n° 101) part de la gare routière toutes les 20 à 30 minutes pour rejoindre le ⋆**Santuario de Cristo Rei**, érigé en 1959 au-dessus d'**Almada**. Cette réplique du célèbre monument de Rio de Janeiro s'élève, socle compris, à une hauteur de 82,60 m et offre depuis sa plate-forme (accessible en ascenseur) la plus belle ⋆⋆**vue panoramique** de la place sur les magnifiques flancs sud de Lisbonne.

– CURIOSITÉS HORS DU CENTRE –

Madagroa, Lapa Alcântara

Le ⋆quartier des bars

Le ⋆**quartier des bars** commence à la hauteur du **Largo do Santos** (31) et s'étend de l'**Avenida de Vinte e Quatro de Julho** et des **docks** (*docas*), le long du port, jusqu'aux quartiers de **Madragoa**, **Lapa** et **Alcântara**. Ce périmètre occupe une telle surface que les noctambules prennent leur voiture de sport pour aller d'une boîte de nuit à l'autre.

Le second accessoire indispensable pour votre sortie nocturne sera un portefeuille bien rempli, car les tarifs d'entrée dans certaines de ces discothèques très chics sont exorbitants. Certains clubs sont trop “smarts” pour avoir une enseigne sur leur porte ; seul le visage imperturbable et renfrogné du molosse gardant l'entrée trahit leur présence.

Les amateurs de musique brésilienne et des sons exotiques des îles du Cap Vert trouveront leur compte au nord du Largo do Santos, tout autour de la **rua de São Bento**.

Le ⋆⋆Museu Nacional de Arte Antiga

Le ⋆⋆**Museu Nacional de Arte Antiga** (32) (musée national d'art ancien), situé au nord de l'avenue du 24 juillet, dans la rue parallèle **das Janelas Verdes**, est installé dans un ancien couvent et dans un palais avoisinant du XVIIe siècle. La chapelle du cloître est décorée de boiseries dorées, *talha dourada*, et abrite une crèche réalisée par Marcha de Castro.

Le premier étage du musée est consacré à une partie de la collection Gulbenkian ainsi qu'à différentes œuvres européennes du XVe au XVIIIe siècle, la plus connue étant la ⋆**Tentation de Saint-Antoine** de Hieronymus Bosch ; des peintres tout aussi célèbres, comme Dürer ou Velázquez, sont également présents.

Le deuxième étage propose des travaux d'art oriental provenant des anciennes colonies, et le troisième met l'accent sur les artistes portugais. C'est là que se trouve l'œuvre maîtresse de l'art du Portugal : le ⋆**polyptyque de la Vénération de saint Vincent**, dont les six panneaux furent découverts dans l'église São Vicente da Fora. Époque, artiste, but et emplacement d'origine de cette œuvre n'ont jamais pu être définitivement identifiés ; on l'attribue à Nuno Gonçalvez, peintre officiel de la cour d'Afonso V au milieu du XVe siècle ; en effet, on reconnaît le roi, son fils et Henri le Navigateur. Les panneaux sont uniques dans leur genre et les 60 personnages représentés dépeignent chaque couche de la société de l'époque ; on suppose qu'ils rendent hommage à une personnalité peinte sur le septième panneau malheureusement manquant. Du clergé aux pêcheurs et mendiants, nul n'a été oublié.

Le Palácio Real das Necessidades

Toujours dans l'ouest de la ville, le **Palácio Real das Necessidades** (33)

abrite le ministère des Affaires étrangères. Tout comme le cloître de Mafra, ce palais a été construit sur une promesse de João V et servit en partie de résidence royale au XIXe siècle.

ESTRÊLA, SÃO SEBASTIÃO

Palácio de São Bento

Le **Palácio de São Bento** (34), aujourd'hui siège du parlement portugais, est un ancien couvent bénédictin qui fut transformé après la sécularisation de 1834. Les visites n'y sont possibles qu'en fonction des séances parlementaires ayant lieu en règle générale le mercredi et le vendredi.

*Basilica da Estrêla

Les beaux parcs et les jardins de Lisbonne se trouvent en dehors du centre ville. C'est aussi dans le quartier Estrêla que s'étend le **Jardim da Estrêla**, très prisé des citadins pour ses étangs idylliques, ses immenses cactus et ses arbres majestueux.

La ***Basilica da Estrêla** (35) avoisinante fut construite à la fin du XVIIIe siècle, à la suite d'un serment prononcé par Maria 1e, par Vicente et Manuel, des disciples de Ludovice, l'architecte de Mafra. L'église claire est un mélange de style classique et rocaille. Les magnifiques sculptures en marbre viennent de l'école de sculpture de Mafra. L'initiatrice du projet repose dans la chapelle latérale sud.

*AVENIDA DA LIBERDADE ET PARQUE EDUARDO VII

Achevée en 1879, large de 90 m et longue d'environ 1,5 km, l'***Avenida da Liberdade** (36) relie la Praça dos Restauradores ((15)) au sud à la **Praça Marquês de Pombal** (37) au nord. Le nom de cette allée représentative rapelle le retour du Portugal à la souveraineté en 1640, après l'occupation espagnole. On appréciera de se promener le long de ses trottoirs ombragés, près de ses fontai-

Ci-dessus : l'abbatiale Madre de Deus est intégrée au Museu Nacional do Azulejo.

 Plan p. 50-51, Fiche pratique p. 66-69

nes, de ses terrasses de cafés et de ses statues.

Le **Parque Eduardo VII** 38 de São Sebastião, dont les formes strictes évoquent plutôt un espace vert à la pelouse tondue, se trouve au nord de la Praça Marquês de Pombal. Mais il vaut la peine de le traverser car tout au bout, on parvient à la **Estufa Fria** ou "serre froide", où l'on évolue parmi des plantes tropicales protégées de la lumière éclatante du soleil par des panneaux d'osier.

C'est ici aussi que l'on découvre la plus belle, et la plus originale station de métro de la capitale, ***Parque** : les murs et les plafonds ont été décorés en 1994 par l'artiste belge Françoise Schein de céramiques bleues qui, telles un caléidoscope, retracent l'histoire du Portugal sous forme de cartes, de navires, de plantes, de symboles, d'animaux etc...

**Museu Nacional do Azulejo

À la ceinture Est de la ville, dans le quartier **Madre de Deus**, se situe le ****Museu Nacional do Azulejo** 39 (musée national de la faïence) qui se tient dans les murs de l'ancien **couvent Madre de Deus**. Le couvent fut fondé au XVe siècle par Dona Leonor, sœur de Manuel Ier. L'abbatiale aux autels ornés de boiseries baroques, en *talha dourada*, et aux *azulejos* d'un bleu frais fait partie intégrante du musée qui présente des faïences portugaises et étrangères. Une de ces œuvres est un témoignage particulièrement intéressant : un immense ***tableau en azulejos** montrant la ville de Lisbonne avant le séisme fatal de 1755.

*PARQUE DAS NAÇÕES ET **OCEANÁRIO DE LISBOA

Symbole incontestable de l'évolution de la capitale portugaise, l'**EXPO 98** a généré un véritable envol économique à Lisbonne. La dernière exposition universelle du XXe siècle avait trouvé sa place dans l'est de la ville, à **Olivais**, le long du Tage, sur un terrain abandonné d'environ 60 ha qui portait encore les stigmates des chantiers navals et portuaires. Le domaine des pavillons de l'EXPO est aujourd'hui connu sous le nom de ***Parque das Nações** 40 (parc des Nations) ; il constitue le quartier de **Ex-Urbe** avec de nouveaux centres commerciaux, gares, hôtels, habitations et parcs. Lors d'un séjour à Lisbonne, une visite s'impose, que facilite la ligne de métro rouge, puisque ce quartier s'enorgueillit entre autres d'une des plus belles curiosités de la capitale, l'Oceanário de Lisboa.

Chef-d'œuvre d'architecture contemporaine, l'***Estación del Oriente** présente d'imposantes constructions de verre et d'acier blanc que les illuminations nocturnes mettent particulièrement en valeur. Cette gare conçue sur plusieurs niveaux est le centre névralgique du réseau urbain routier et ferroviaire, qui assure le transport de plus de 30 000 personnes par heure. Projet architectural de quelque 200 millions d'euros, la gare a été dessinée par le célèbre Espagnol Santiago Calatrava.

L'Avenida Dom João II mène au **Centro Comercial Vasco da Gama**, l'ancienne entrée principale de l'EXPO. Cet édifice baigné de lumière comprend près de 35 restaurants et cafés ainsi que 170 commerces. En été, de l'eau coule sur le toit de verre pour rafraîchir le centre.

Parmi les différents pavillons, c'est d'abord le **Pavilhão Atlântico**, de forme ovale, et sa gigantesque coupole, qui s'impose au regard. Les visiteurs peuvent se procurer un plan du site et un billet d'entrée forfaitaire à son stand d'information.

La principale attraction du Parc des Nations est l'****Oceanário de Lisboa** ; réalisé par l'Américain Peter Chermayeff, il s'agit du plus grand aquarium du monde après celui d'Osaka au Japon. Son bassin central, contenant plus de 5000 m^{3} d'eau, est l'espace vital de

près de 15 000 poissons de 470 espèces différentes, dont des requins, des poissons-lunes, des raies-mantes et des murraines.

Quatre autres bassins aux proportions impressionnantes permettent de découvrir de plus près les formes de vie des océans Atlantique, Pacifique, Indien et Antarctique. C'est le monde des pêcheurs d'huîtres, des cormorans, des pingouins de Magellan, des macareux, ou encore des préférés du public : les loutres de mer, qui se nourrissent essentiellement de mollusques et d'oursons. Le sous-sol comprend de nombreux petits aquariums se consacrant à diverses espèces : limandes, poissons à la ligne, crabes géants et poissons des grands fonds.

L'Oceanário présente par le biais de tableaux et de graphiques la recherche marine, mais aussi son exploitation industrielle, ou encore les différents courants marins de la planète.

Ci-dessus : la fascinante diversité du monde sous-marin dans les bassins de l'Oceanário.

À quelques pas de l'Oceanário, le **Pavilhão do Conhecimento** (pavillon de la connaissance) accueille d'excellentes expositions temporaires sur divers thèmes relevant des sciences naturelles. Les enfants en particulier y trouveront leur compte puisqu'il s'agit d'expositions interactives.

Long d'environ 1100 m, le **téléphérique** (**teleférico**) qui longe le Tage offre toujours de nouvelles perspectives sur le site. Il permet par exemple de reconnaître, entre le Pavilhão Atlântico et la silhouette assymétrique du **Centre Sony**, les **jardins Garcia de Orta** et les quatre grandes halles de la **Feira Internacional de Lisboa**.

Si vous pensez apercevoir une immense voile, il s'agira de l'édifice en acier de la ***Torre Vasco da Gama** qui, avec ses 145 m, est l'édifice le plus élevé de Lisbonne. Un restaurant donne accès à sa terrasse, à 104 m de hauteur, et au plaisir de jouir d'une vue phantastique sur le Tage, les quartiers nord de la capitale et le **Ponte Vasco da Gama**. Avec ses 17 km de longueur, ses pylones à 155 m de hauteur, ses 192 cables

Plan p. 50-51, Fiche pratique p. 66-69

d'acier et un arc de 824 m de longueur, ce pont est l'un des plus grands ponts suspendus d'Europe.

L'*AMOREIRAS SHOPPING CENTER

Le nom du quartier d'**Amoreiras**, à la limite nord-ouest du centre-ville, est étroitement lié au complexe de tours colorées, dues à l'architecte Tomás Taveira, que l'on voit de presque chaque endroit de la ville. Taveira y a réalisé d'innombrables bureaux et logements, des cinémas, des restaurants internationaux, des commerces et des grands magasins, dont l'***Amoreiras Shopping Center*** 41 qui abrite près de 300 boutiques et plus de 50 restaurants.

*AQUEDUTO DAS AGUAS LIVRES

Dans le **Bairro da Serafina**, l'imposant ***Aqueduto das Aguas Livres*** 42 enjambe la vallée d'Alcântara sur environ 1 km, et à 65 mètres de hauteur. Depuis le XVIIIe siècle, cet aqueduc alimente Lisbonne en eau au terme d'un trajet qui s'étend sur 18 km. Il est recouvert et a été flanqué des deux côtés d'un passage piétons. Le manque d'eau notoire sous le règne de João V et les protestations justifiées avaient rendu sa construction nécessaire. En dépit de son immense fortune qu'il consacrait à la construction de palais royaux, ce n'est qu'après avoir augmenté les impôts sur la viande, le vin et l'huile que le pouvoir royal se plia au désir du peuple. Lors de l'inauguration en 1748, on fixa une plaque commémorant le sacrifice et les peines endurés par le peuple, à l'endroit où l'aqueduc passe au-dessus de la rua das Amoreiras.

Un quart de siècle plus tard, le marquis de Pombal fit poser une deuxième plaque louant le roi João V comme étant le meilleur roi de tous les temps et l'initiateur de ce monument financé par les fonds publics.

**MUSEU DE CALOUSTE GULBENKIAN ET *CENTRO DE ARTE MODERNA

Dans le quartier de Saldanha, un nouvel ensemble abrite la Fondation Gulbenkian et l'illustre ****Museu de Calouste Gulbenkian*** 43. Calouste Gulbenkian était un magnat arménien du pétrole, nationalisé anglais, qui chercha refuge dans le Lisbonne neutre des années 1942 et y resta jusqu'à sa mort en 1955. Il avait organisé le commerce du pétrole en provenance du Proche-Orient dans la période de l'entre-deux-guerre et touchait 5% sur toutes les transactions, ce qui lui valut le surnom de "Mister 5%". Pour remercier son pays d'accueil, il lui légua par testament sa collection personnelle d'art ainsi qu'une grande part de ses biens qui sont gérés selon les lois portugaises au sein de la Fondation Calouste Gulbenkian. Cette fondation représente une fortune deux fois plus importante que la fondation Rockefeller, et a gagné une grande influence dans les domaines artistiques, éducatifs et scientifiques au Portugal. Elle dispose de son propre orchestre ainsi que de chœurs et d'un corps de ballet, et elle encourage la promotion de l'enseignement dans tout le pays grâce à des bibliothèques, des séminaires, des cours du soir et de nombreuses bourses d'études.

Les 6 400 œuvres de la superbe collection Gulbenkian sont réparties dans 17 salles. Les premières d'entre elles sont vouées à l'**art égyptien, mésopotamien et classique**, et présentent entre autres un bas-relief assyrien mettant en scène un génie ailé (IXe siècle av. J.-C.) et onze médaillons romains réalisés vraisemblablement au IIIe siècle ap. J.-C. en souvenir d'Alexandre le Grand.

La section d'**art oriental et islamique** doit sa valeur aux tapis persans et turcs ainsi qu'aux manuscrits arméniens des XVIe au XVIIIe siècles.

Parmi les objets d'art d'**Extrême Orient**, on remarquera l'importante collection de porcelaine de Chine, les gravures sur bois (estampes), les soies, les laques et les peintures du Japon.

Les autres salles se consacrent aux **artistes européens du XIe au XIXe siècle**, avec par exemple Ghirlandaio (*Portrait d'une jeune femme*), van der Weyden (*Sainte Catherine, Saint Joseph*), Rubens (*Portrait d'Hélène Fourment*), Rembrandt (*Portrait d'un vieil homme, Alexandre le Grand*), van Dyck, Turner, Guardi (plusieurs vues de Venise), Watteau, Boucher, Gainsborough (*Portrait de madame Lowndes-Stone*), Renoir (*Portrait de madame Claude Monet*) et Manet (*Le garçon aux bulles de savon, Le garçon aux cerises*). L'art plastique est représenté entre autres par Rodin et Houdon (*Statue de Diane*).

Une salle est uniquement consacrée à l'Art Nouveau du joallier français **René Lalique** (1860-1945), également ami du mécène, avec des œuvres de verrerie et de bijouterie.

Le bâtiment de la fondation, adjacent au musée, fut inauguré en 1969 à l'occasion du centième anniversaire de Gulbenkian. Il abrite des salles de séminaires, un auditorium et une bibliothèque internationale contenant plus de 60 000 ouvrages ; le ***Centro de Arte Moderna** (CAM) y trouve également sa place avec des archives, une galerie d'art moderne et différents ateliers éducatifs.

CAMPO GRANDE

Le **Campo Grande** 44, espace vert d'une longueur de 1,2 km et d'une largeur de seulement 200 m, situé entre la station de métro Entre Campos au sud et le périphérique au nord, est fréquenté le dimanche par les promeneurs lisboètes en dépit du bruit des voitures. L'ouest du campo est occupé par la **Cidade Universitária** 45 (cité universitaire) et la **Biblioteca Nacional**, alors que l'extrémité nord est constituée de deux musées se faisant face.

*Museu da Cidade

Le ***Museu da Cidade** 46 est logé au **palais Pimenta** que João V fit construire en 1739 pour Madre Paula, sa maîtresse, une nonne du cloître d'Odivelas. Les pièces, avec l'ancienne cuisine, ainsi que l'importante documentation sur la capitale sont d'un intérêt tout particulier. Modèles d'architecture, cartes maritimes d'autrefois, peintures historiques et vues de la ville avant et après le grand séisme de 1755 y côtoient des fouilles archéologiques de l'époque romaine ou encore des meubles de l'âge d'or de Lisbonne. On s'attardera sûrement sur la grande **maquette de Lisbonne** avant 1755.

Museu Rafael Bordalo Pinheiro

Vis-à-vis du museu da Cidade, le **Museu Rafael Bordalo Pinheiro** 47 se trouve dans une villa du début du XXe siècle ; Pinheiro, célèbre caricaturiste et céramiste (1846-1905), a parfaitement réussi dans ses œuvres à refléter l'époque mouvementée à laquelle il vivait. Les Portugais connaissent tous son *Zé Povinho*, figure incarnant le petit peuple de la rue.

MUSEU NACIONAL DO TRAJE ET MUSEU NACIONAL DO TEATRO

À une douzaine de km au nord du centre-ville, via la voie express vers Mafra (quartier de Lumiar), on parvient au **Parque do Monteiro-Mor** 48 ; cet endroit idyllique hors de la cité moderne possède de nombreuses plantes exotiques, dont le premier **araucaria** (pin originaire du Chili) du Portugal. Les jardins, une fontaine, des statues et un restaurant de luxe entourent deux musées dignes d'une visite.

Ci-contre : le Palácio Nacional de Queluz et ses jardins ont été fortement influencés par le rococo français.

Plan p. 50-51, Fiche pratique p. 66-69

Le **Museu Nacional do Traje** (musée national des costumes traditionnels), installé au **Palácio do Marquês de Angreja**, comprend près de 25 000 tenues vestimentaires du Moyen Âge à notre époque, venant essentiellement du Portugal et de ses anciennes colonies. Les vêtements courtois du XVIIIe siècle, l'époque baroque et rocaille, sont particulièrement ouvragés. L'exposition, toujours thématique, est remaniée tous les deux ans afin de pouvoir présenter au public la richesse des fonds muséaux.

Les costumes, les billets d'entrée, les décors, les programmes, les masques et bien d'autres objets encore, issus du théâtre portugais, ont été rassemblés au **Museu Nacional do Teatro**. Le cadre stylé qui abrite cette collection n'est autre que le **Palácio do Monteiro-Mor** datant du début du XVIIIe siècle.

*PALÁCIO DOS MARQUESES DE FRONTEIRA

À la bordure nord du **Parque Florestal de Monsanto**, un vaste espace naturel traversé de nombreux chemins et de pistes cyclables, on découvre près de la gare Cruz da Pedra (quartier de Benfica), le charmant ***Palácio dos Marqueses de Fronteira** ㊾. Si cet édifice Renaissance achevé en 1670 pour João de Mascarenha est encore en propriété privée, il est tout de même possible d'y suivre une visite guidée de l'intérieur. L'une des salles les plus représentatives est la **Sala das Batalhas** (salle des batailles) dont les azulejos dépeignent le combat des indépendantistes contre le joug espagnol (1580-1640).

Les ****jardins** et la **galerie royale** - les portraits de tous les monarques portugais, à l'exception de ceux des six décennies d'union avec l'Espagne - se reflétant dans un étang artificiel, comptent parmi les plus beaux d'Europe.

**PALÁCIO NACIONAL DE QUELUZ

Queluz est devenue une ville satellite de la capitale, entourée d'immeubles, de zones industrielles et sillonnée par des voies express. Il est difficile d'ima-

giner l'origine de son nom, "quelle lumière!" (*Que luz*) ; en revanche, le palais rococo, le **★★Palácio Nacional de Queluz** ⑤⓪, qui servait de domaine de chasse et de loisirs aux rois, a conservé son charme.

La construction débuta au milieu du XVIIIe siècle sous Pedro III qui le fit exécuter selon les plans de Vicente de Oliverias. La réalisation n'en n'était pas terminée au moment du tremblement de terre, et les travaux furent achevés par l'architecte français Jean Baptiste Robillon en 1790.

L'influence française se fait ressentir aussi bien dans ses murs que dans ses jardins exactement géométriques, en forme de fer à cheval. La salle du trône ainsi que la salle des glaces sont ornées de stucs et de peintures murales, des lustres de cristal, des céramiques et des meubles fins décorent les pièces, et la chambre du roi est dotée d'un cycle d'images issues de *Don Quichotte*. On accède à l'aile ouest du château par l'escalier des lions, bizarrement construit en angle.

Ci-dessus : le Mosteiro dos Jerónimos, à Belém, œuvre maîtresse du style manuélin. Ci-contre : de minces colonnes soutiennent les ogives de l'Igreja Santa María.

Un ruisseau artificiel, dont le lit était carrelé d'azulejos, avait été construit pour permettre aux rois une promenade en barque. Une partie du château est aujourd'hui réservée à l'hébergement de chefs d'État, et la visite n'est pas toujours autorisée.

Devant le palais s'étend le **Largo do Palácio**. Une des *pousadas* les plus luxueuses du Portugal a ouvert ses portes dans un des bâtiments destinés jadis au personnel. Les anciennes cuisines du château abritent aujourd'hui le restaurant **★Cozinha Velha**, apprécié aussi des visiteurs officiels.

★★BELÉM

En 1497, avant son départ pour les Indes en empruntant la voie de navigation vers l'est, Vasco de Gama vint prier dans une chapelle construite par Henri le Navigateur dans le quartier de **★★Belém**. En remerciement du retour glo-

Plan p. 50-51 et p. 63, Fiche pratique p. 66-69

rieux de l'expédition, Manuel Ier fit alors ériger sur ce site le monastère des Hiéronymites, **★★Mosteiro dos Jerónimos** 51. Les plans furent dessinés par Diogo Boitaca, João de Castilho réalisa la voûte du vaisseau central de la nef de l'église **Santa Maria** et les magnifique sculptures du portail sud. Le Français Nicolas Chanterène exécuta le portail ouest et João de Rouão acheva le chœur de São Jerónimo.

Bien que quatre architectes différents aient été chargés de sa construction qui dura 60 ans, le cloître des Hiéronymites semble sorti d'un moule unique. La longue bâtisse, avec sa façade en pierre calcaire claire et le portail frontal de l'église Sta. Maria reflètent un style manuélique affirmé, agrémenté d'éléments maures et gothiques.

Le plus impressionnant dans cet ensemble est incontestablement l'église du cloître **★Igreja Sta. Maria** avec ses portails somptueux, et le cloître, **★★Claustro de São Jerónimos** (cf. photo p. 233). À l'entrée du portail ouest, sont représentés le roi Manuel et sa femme Maria, accompagnés de leurs saints patrons et des évangélistes. Le portail sud est décoré de portraits de saints protégés par des baldaquins, des pilastres et des tourelles. Au-dessus de l'entrée, on peut admirer la Vierge de Belém (Bethlehem). Henri le Navigateur figure sur le pilastre central de la double porte.

L'intérieur de l'église à trois vaisseaux surprend, tant sa nef gothique est légère et fine, semblant juste posée sur les minces piliers décorés de motifs de la Renaissance. Ce monument sacré est devenu le panthéon des rois et des plus hautes personnalités du pays ; pas moins de cinq rois, sept reines et dix-neuf infants y ont trouvé leur dernier repos. Vasco de Gama et Luis de Camões reposent ici également, à l'entrée, bien que le dernier tombeau soit vide. En effet, personne ne sait ce qu'est advenu de la dépouille du poète national, mort dans la misère en 1580. Il en va de

même pour le tombeau du jeune roi disparu Dom Sébastien dont la sépulture vide se situe dans la nef latérale sud. Le chœur de l'église abrite d'autres tombeaux, entre autres ceux de Manuel Ier et de son fil João III, supportés par des éléphants de pierre.

Le cloître à deux étages est entouré de la sacristie, de la salle du chapitre et du réfectoire aux murs tapissés de carreaux en faïence. Le poète Fernando Pessoa, décédé en 1935, y repose.

Museu Nacional de Arqueologia

Le **Museu Nacional de Arqueológia** 52 (musée national d'archéologie) se trouve dans le dortoir. Une technique moderne expose de façon originale les découvertes faites sur tous les sites archéologiques du pays, ainsi que des objets d'art égyptiens.

La **★salle au trésor** s'avère particulièrement intéressante pour ses bijoux celtiques en or, datant du premier millénaire av. J.-C., comme par exemple de grands colliers (torques) en partie très ouvragés.

⋆Museu da Marinha

La partie ouest du monastère des Hiéronymites abrite le **⋆Museu da Marinha** 53 (musée de la marine) dans lequel sont exposés d'anciens instruments de navigation, des cartes marines authentiques, des modèles de navires et des caravelles royales (comme par exemple celle qui emporta en 1910 le dernier roi du Portugal, Manuel II, vers un exil définitif). On consacrera un moment d'attention aux colonnes de pierre représentant la croix des Chevaliers du Christ ; il s'agit des répliques des fameux *padrãos* que l'on plantait dans les nouvelles colonies pour signaliser le pouvoir portugais.

Planetário Calouste Gulbenkian

Le bâtiment du **Planetário Calouste Gulbenkian** 54 se trouve à quelques mètres du musée. Inauguré en 1965, il aide le non-initié à accéder dans l'univers du cosmos en lui fournissant de nombreuses réponses, mais aussi des interrogations ; des explications sont fournies sur de nombreuses constellations d'étoiles et sur l'étoile de Bethlehem (présentations en portugais, français et anglais).

Centro Cultural de Belém (CCB)

Depuis 1993, le **Centro Cultural de Belém** 55 (CCB), à l'ouest des vastes espaces verts de la **Praça do Império**, se charge d'accueillir des événements culturels dans le quartier du même nom. Le cadre est idéal, bien que sobre sur le plan architectural, et le programme des deux salles varie régulièrement entre le jazz, la musique classique, l'opéra, le ballet, la danse moderne et le rock.

Un café, un restaurant, des salles et des galeries prévues pour des expositions temporaires ont également trouvé leur place ici, tout comme le **musée du design**, consacré à la période depuis 1937.

Le ⋆Padrão dos Descobrimentos

C'est autour de l'actuelle Praça do Império et de la Torre de Belém, au bord du Tage, qu'était autrefois situé le port de Restelo, point de départ des grandes expéditions portugaises. En 1960, sous la dictature de Salazar, on érigea un monument de 54 mètres de haut, **⋆Padrão dos Descobrimentos** 56 (monument aux Grandes Découvertes), en l'honneur des marins du XVe siècle. Il représente Henri le Navigateur sur la proue de son navire aux voiles gonflées, accompagné de ses capitaines, chevaliers et missionnaires. Sur le côté Est, on reconnaît, de gauche à droite derrière Henri, Afonso V (1432-1481) agenouillé, le protecteur des premiers navigateurs ; Vasco de Gama (1460-1524), qui découvrit la voie maritime de l'Inde; Pedro Álvares Cabral (1467-1520), qui découvrit le Brésil ; Fernão de Magalhães avec un instrument nautique, qui fut le premier Européen à traverser le Pacifique en 1520/21. Derrière eux, Diogo Cão est représenté en train de poser un *padrão* (la croix symbolique du Portugal) en 1482 à l'embouchure du Congo.

À l'intérieur de cet immense monument, un **ascenseur** vous fait accéder à la **plate-forme panoramique**. L'esplanade quant à elle est décorée d'une gigantesque **rose des vents** et d'une mappemonde en marbre de couleur.

La ⋆⋆Torre de Belém

Un peu plus en aval du Tage, se dresse au milieu de l'eau une belle tour imposante, la **⋆⋆Torre de Belém** 57 (photo p. 64), exemple parfait d'art manuélin et l'un des symboles de la capitale. Cet endroit ayant également vécu les départs des expéditions portugaises, la tour évoque aussi le besoin d'expansion de ce petit pays. Construite entre 1515 et 1521 par Francisco de Arruda, elle servait autrefois de tour d'aguets et aussi de phare, et faisait partie du fort situé

 Plan p. 63, Fiche pratique p. 66-69

sur l'autre rive du Tage. Plus tard, elle fit office de bâtiment des douanes, et même parfois de prison au XIXe siècle. C'est sur quatre étages que se répartissent des pièces réservées au personnel, au commandant et au gouverneur, des casemates et des postes de défense. Sur la terrasse, la statue de Notre Dame du retour sûr veillait autrefois sur le sort des grands navigateurs.

Paço Real de Belém et ★Museu Nacional dos Coches

Le palais présidentiel actuel, le **Paço Real de Belém,** était, au XVIIIe siècle, la résidence estivale des rois. Le roi Joseph Ier survécut au tremblement de terre de 1755 uniquement parce qu'il séjournait ici au moment de la catastrophe. L'ancien manège du palais est le cadre idéal pour abriter le **★Museu Nacional dos Coches** (musée des Carrosses) 58. Cette collection de plus de 50 carrosses plus somptueux les uns que les autres, datant du XVIe au XIXe siècle, est due à l'initiative de la reine Amélie en 1905 et comprend des voitures portugaises et étrangères. Afin d'améliorer le confort des nobles passagers, certains des carrosses disposent de toilettes intégrées au siège.

Jardim Agrícola Tropical (Jardim do Ultramar)

Le **Jardim Agrícola Tropical** 59, rarement visité, alors qu'il est une oasis

de paix, s'étend directement au nord du Paço Real de Belém et porte souvent le surnom de *Jardim do Ultramar* (jardin d'outre-mer). Ses étangs peuplés d'oiseaux aquatiques sont entourés d'une multitude d'arbres tropicaux et subtropicaux tels les palmiers de Washington, les dragonniers des Canaries et les araucarias des Andes chiliennes. La **porte chinoise** portant l'inscription *Macau* (Macao) - colonie portugaise restituée à la Chine en 1999 - donne accès au **jardin oriental**.

Non loin du Jardim Agrícola Tropical, la rua de Belém abrite la ***Fábrica dos Pastéis de Belém** ; cette pâtisserie fondée en 1837 possède un salon de thé dans de grandes salles ornées d'azulejos. N'oubliez pas de goûter les délicieux *pastéis de Belém* (*pastéis de nata*), les choux à la crème pâtissière de la maison...

Ci-dessus : la Torre de Belém, à la fois édifice manuélin caractéristique et symbole lisboète. Ci-contre : la pâtisserie Fábrica dos Pastéis de Belém attire les touristes pour ses succulents choux.

AJUDA

Le *Palácio Nacional da Ajuda

Les dynasties royales ont marqué la physionomie de Lisbonne de leurs palais, de leurs chasses et de leurs châteaux. Après le tremblement de terre, les rois durent se contenter d'une demeure provisoire en bois jusqu'à ce que le nouveau ***Palácio Nacional da Ajuda** (60) soit habitable. Cet édifice de style classique a été dessiné par Francisco Xavier Fabri et José da Costa e Silva. Les travaux, commencés en 1802, furent interrompus en 1807, lorsque la famille royale s'exila au Brésil à l'arrivée des troupes françaises. Après une période de perturbations politiques, le palais devint en 1862 la résidence principale du roi Dom Luís Ier, marié à la princesse italienne Dona Maria Pia de Savoie. Après la mort du régent (1869), la famille royale demeura au palais, toujours inachevé de nos jours, jusqu'à la proclamation de la republique en 1910.

Depuis 1968, une grande partie des ***salles de parade** est ouverte au public,

Plan p. 63, Fiche pratique p. 66-69

lorsque le chef d'État portugais ne les utilise pas pour ses réceptions officielles. On visite entre autres la salles des édits, la salle de musique, la chambre de Dona Maria Pia, l'atelier de peinture, le jardin d'hiver et la salle du trône. On sera étonné par la salle chinoise et la salle saxonne ; cette dernière étant uniquement décorée de porcelaine de Meissen.

Jardim Botânico da Ajuda

Quelques mètres séparent le palais du **Jardim Botânico da Ajuda** 61. Ce jardin botanique à l'italienne à deux niveaux, le plus vieux du Portugal, fut commandité par Pombal en 1768. Malgré un état qui laisse un peu à désirer, une visite est à conseiller dans ce site rattaché depuis 1910 à la faculté agronome de Lisbonne. Le milieu de la terrasse inférieure est dominé par la Fonte das 40 Bicas, une fontaine du XVIIIe siècle dont les 40 ouvertures représentent divers animaux et créatures mythiques. La terrasse supérieure est consacrée à différentes espèces de plantes classées selon les continents, dont les kakis nains d'Extrême Orient et un **dragonnier** de l'île de Madère.

★MUSEU NACIONAL DE ETNOLOGIA

À environ 800 m au nord du Mosteiro dos Jerónimos, à proximité du stade du quartier de Restelo, le ★**Museu Nacional de Etnologia** 62 propose sur ses deux étages d'excellentes expositions temporaires consacrées aux diverses cultures de notre planète, issues essentiellement des anciennes colonies portugaises du Brésil, d'Afrique, d'Inde et d'Asie du sud-est.

Ermida de São Jerónimo

S'il existe une exception parmi les édifices manuélins de Lisbonne, souvent surchargés, c'est la toute simple **Ermida de São Jerónimo** 63. Cette chapelle aux proportions agréables, construite en 1514 par Diogo de Boytaca, offre une ★**vue** splendide sur la Torre de Belém et sur l'Atlantique.

LISBONNE

Palácio Foz, Praça dos Restauradores, tél. 213 463 624, tlj. 9-20h (métro : Restauradores), renseignements également sur tout le Portugal. **Lisboa Welcome Center**, Praça do Comércio, tél. 210 312 810, tlj. 9-20h (métro : Baixa-Chiado). **Rua Augusta**, tél. 213 259 131, kiosque tlj. 9-19h (métro : Baixa-Chaido). **Aéroport**, stand info au terminal des arrivées, tél. 218 450 660, tlj. 6-24h. **Castelo de São Jorge**, Praça das Armas, dans l'Alfama, seul. avril-septembre, tlj. 10-13 et 14-18h.

GARES : **Rossio**, trains à destination de Sintra (fermeture prévue à partir de 2006, ensuite au départ de Campo Grande). **Santa Apolónia** et **Oriental**, grandes lignes vers le nord et l'est. **Cais de Sodré** : trains de banlieue vers Estoril et Cascais. **Ferry au départ de l'Estação Fluvial**, Praça do Comerçio, vers Barreiro, trains vers le sud.
GARES ROUTIÈRES : vers le nord et l'est : Av. Casal Ribeiro 18. Vers le sud : Av. 5 de Outubro 75.
MÉTRO : Lisbonne possède quatre lignes de métro qui desservent bien les diverses parties de la ville. Plusieurs formules de tickets : simple, en carnet de 10, à la journée, au mois ou encore en aller-retour (*bilhete de ida e volta*). Les *Passes Turísticos* (cf. ci-dessous) sont aussi valables dans le métro. Le métro circule tlj. de 6h30-1h du matin.
TRAMWAYS (ELÈCTRICOS) : aucune autre grande ville européenne ne possède encore autant de vieux tramways nostalgiques que Lisbonne, dont le réseau fut inauguré en 1901.
Pour les accros du tramway :
Le plus populaire de tous les tramways est l'**Eléctrico 28**, qui permet de visiter la ville, pour presque rien, via les vieux quartiers de Graça, Baixa, Chiado et Bairro Alto. Le point de départ se situe **Praça Martim Moniz** (métro : Martim Moniz), le terminus au **Cemetério dos Prazeres,** au nord d'**Alcântara.**
ASCENSEURS (ELEVADORES) : installés depuis la fin du XIXe s. à Lisbonne, les **elevadores** comptent parmi les éléments marquants de tout séjour dans la capitale. Sur les 10 ascenseurs d'origine, seuls quatre sont encore en service : **elevador Santa Justa** : fonctionne depuis 1902, le plus connu de la capitale ; il relie la Rua de Ouro (Baixa) au Largo do Carmo (Chiado et Bairro Alto) ; tlj. 7h-23h45. **Elevador da Bica** : assure la liaison entre la Rua de São Paulo et le Largo do Calhariz ; lun-ven 7h-22h45 et sam/dim 9h-22h45. **Elevador da Glória** : en service depuis 1885 ; se rend de la Praça dos Restauradores au Miradouro São Pedro de Alcântara ; tlj. 7h-0h50. **Elevador do Lavra** : fonctionne depuis 1884 ; relie le Largo da Anunciada, près de la Praça dos Restauradores, à la Rua da Câmara Pestana, sur le mont Santana ; lun-ven 7h-22h45 et sam/dim 9h-22h45.
COMPAGNIES AÉRIENNES : **Air France**, Aeroporto de Lisboa, Gabinete 211, tél. 808 802 800, fax 218 478 942, seul. à l'aéroport. **PGA**, Portugália Airlines, Aeroporto de Lisboa, tél. 218 425 500 / 218 425 559, seul. à l'aéroport. **TAP**, Transportes Aéreos Portugueses, Av. Berlim, Gare do Oriente, tél. 808 205 700 / 218 415 000 (métro : Oriente). **Iberia**, Rua Rosa Araújo 2A, tél. 808 261 261 / 213 580 470 (métro : Marquês de Pombal).
TAXIS : **Radio-Taxis,** tél. 218 155 061. **Tele-Taxis**, tél. 218 152 076.
SORTIES EN BATEAU : sur le **Tage** du 1er avril au 31 octobre. Embarcadères à proximité de la **Torre de Belém** ainsi que de l'**Estação Fluvial** des Cais de Sodré et au **Parque das Nações**. Pour tous renseignements complémentaires concernant les liaisons avec Cacilhas et Almada, consultez le site (portugais) : www.transtejo.pt.

CARRIS : la *Companhia dos Carris de Ferro de Lisboa* (Carris) dirige tous les tramways, ascenseurs et autobus de Lisbonne. Le prix des tickets est le même pour tous les moyens de transport. Attention aux pickpockets aux moments d'affluence.
BILHETE DE UM DIA : le **billet forfaitaire à la journée** est en vente aux guichets de la Carris et valable dans tous les transp.publics.
LISBOA CARD : forfait valable un, deux ou trois jours et utilisable dans tous les transports publics, sauf dans les tramways des lignes 28 et 15, pour l'ascenseur de Santa Justa et pour les ferries vers Cacilhas), sinon

entrée gratuite ou réduite dans une trentaine de musées et dans les châteaux royaux d'Ajuda et de Sintra, Rua Jardim do Regedor 50, tél. 213 433 672.
PASSES TURÍSTICOS: les **forfaits touristiques** ont une validité de 4 à 7 jours et sont en vente dans la plupart des points clients de la Carris. Une pièce d'identité (passeport ou carte d'identité) est demandée lors de l'achat de la carte. À raison d'au moins trois déplacements par jour, les *Passes turísticos* sont plus avantageux que les tickets simples. Ils sont également acceptés dans le métro.

MUSÉES : **Casa Fernando Pessoa**, Rua Coelho da Rocha 16, lun-mer, ven 10-18h, jeu 13-20h, fermé sam-dim et jours fériés. **Casa Museu Dr. Anastácio Gonçalves**, Av. 5 de Outubro 6-8, www.cmag-ipmuseus.pt, mer-dim 10-18h, mar 14-18h, fermé lun, métro : Picoas e Saldanha. **Estufa Fria**, Parque Eduardo VII, en été : tlj. 9-18h, en hiver : tlj. 9-17h. **Fabrica Sant' Ana**, fabrique de mosaïques, Calçada de Boa-Hora, 96, lun-ven 9-18h, magasin : lun-ven 9h30-18h30. **Museu da Água**, Rua do Alviela, 12, www.museudaagua.epal.pt, lun-ven 10-12h30 et 14-17h. **Museu Arqueológico do Carmo**, Largo do Carmo, lun-sam 10-17h50, en hiver lun-sam 10-13h et 14-17h, fermé les jours fériés. **Museu Nacional de Arte Antiga**, Rua das Janelas Verdes, www.mnarteantigua-ipmuseseus.pt, mar 14-18h, mer-dim 10-13h et 14-18h, eléctrico : 15. **Museu de Artes Decorativa**, Largo das Portas do Sol, 13, mar et jeu 10-20h, mer,ven et dim 10-17h. **Museu de Arte Sacra,** Largo Trindade Coelho, mar-dim 10-17h. **Museu Nacional do Azulejo**, Rua da Madre de Deus 4, www.mnazulejo-ipmuseus.pt, mar 14-18h, mer-dim 10-18h, fermé le lundi, bus : 104 et 105, devant la Poste de la Praça do Comercio. **Museu do Chiado**, Rua Serpa Pinto 4-6, www. museudochiado-ipmuseus.pt, mar 14-18h, mer,ven et dim 10-18h, jeu et sam 10-20h, eléctrico : 28, métro : Baixa-Chiado. **Museu da Cidade**, Campo Grande 245, Palácio Pimenta, mar-dim 10-13h et 14-18h, fermé le lun, métro : Campo Grande. **Museu Calouste Gulbenkian** et **Centro de Arte Moderna**, Av. de Berna 45, www.museu.gulbenkian.pt, juin-sept. mar, jeu/ven, dim 10-17h, mer et sam 14-19h30, oct.-mai mar-dim 10-17h. Métro : Praça de Espanha ou São Sebastião. **Museu Militar**, Largo do Museu de Artilharia, mar-sam 10-17h, dim 11-17h. **Museu da Música**, Rua João de Freitas Branco, www.museudamusica-ipmuseus.pt, mar-sam 10-18h, fermé dim et lun, bus : 54, 68, métro : Alto dos Moínhos. **Museu Rafael Bordalo Pinheiraó**, Campo Grande 382, mar-dim 10-13 et 14-18h, métro Campo Grande. **Museu Nacional do Teatro**, Estrada do Lumiar 10, www.museudoteatro-ipmuseus.pt, mar 14-18h, mer-dim 10-18h, fermé lundi, métro : Campo Grande e Colégio Militar. **Museu Nacional do Traje**, Largo Júlio de Castilho, www.museudotraje-ipmuseus.pt, mar 14-18h, mer-dim 10-18h, fermé lun, métro : Campo Grande e Colégio Militar.

PARQUE DAS NAÇÕES : Avenida Dom João II, www.parquedasnacoes.pt, Park tlj. 9h30-1h du matin (ven/sam jusqu'à 3h du matin) ; entrée gratuite, métro : Oriente. **Cartão do Parque** : ticket commun pour le Pavilhão Atlântico, le Torre Vasco da Gama, l'Oceanário et le téléphérique (15,50 euros) ; en vente au point info du Pavilhão Atlântico, à l'Oceanário et à la Torre Vasco da Gama. **Centro Comercial Vasco da Gama**, www. centrovascodagama.pt, tlj. 9h30-20h. **Oceanário de Lisboa**, tlj. 10-19h en été, 10-18h en hiver ; www.oceanario.pt. **Torre Vasco da Gama**, tlj. 10-20h. **Pavilão do Conhecimento**, mar-ven 10-18h, sam-dim et jours fériés 11-19h, fermé le lundi ; www. pavconhecimento.pt. **Teleférico** (téléphérique), juin-sept. lun-ven 11-20h, sam/dim et jours fériés 10-17h, oct.-mai lun-ven 11-19h, sam-dim et jours fériés 10-20h.

FÊTES : **Procession do Senhor dos Passos da Graça** le 6 mars. **Santo António** les 12/13 juin dans l'Alfama. **Santos Populares :** fêtes en l'honneur des patrons de divers quartiers de la capitale du 12-29 juin. **Feira da Luz** : 1er dim de septembre.

BOUTIQUES :
MODE : **Ana Salazar Moda**, créations surprenantes, dans deux magasins de style, de la créatrice de mode la plus connue du

Portugal ; mode pour dames et, depuis quelques annnées, aussi pour hommes. Av. de Roma 16, métro : Roma, et Rua do Carmo 87, métro : Rossio.

LIVRES, CARTES ROUTIÈRES, BOUQUINISTES : Livraria Bertrand, Rua Garrett 73, www.bertrand.pt, l'une des plus vieilles librairies du monde (depuis 1773), également vente à l'étranger, métro : Baixa-Chiado.

CÉRAMIQUES, AZULEJOS : Sant'Anna, magasin d'azulejos de longue tradition, grand choix, au centre de Lisbonne, on peut assister aux diverses étapes de la production dans l'atelier du lun-ven à 11 et 16 h, magasin : Rua do Alecrim (métro : Baixa-Chiado), fabrique : Calçada da Boa-Hora 96 (bus : 32).

PORTO, VIN : O Espírito do Vinho, Rua Ivens 8, immense choix de millésimes venant de toutes les régions viticoles du Portugal, dont de nombreuses raretés ; accessoires, tire-bouchon originaux, métro : Baixa-Chiado.

PORCELAINE : Vista Alegre, Largo do Chiado 18, autres filiales: Av. 25 de Abril 475, Av. da Igreja 4 F et au centre commercial Amoreiras (jusqu'à 23h), porcelaine fine, peinte à la main, d'une des principales manufactures d'Europe. Métro : Baixa-Chiado.

BIJOUX : Ourivesaria Sarmento, Rua do Ouro 251, l'un des bijoutiers de tradition de la "rue de l'or", bijoux de grande qualité, métro : Baixa-Chiado.

BRODERIES : Madeira House, Rua Augusta 131, les dentelles de Madère sont célèbres dans le monde entier pour la finesse de leurs dessins, le résultat de milliers de points réalisés en travail au domicile, métro : Baixa-Chiado.

CENTRES COMMERCIAUX : **Amoreias Shopping Centre**, Av. Eng. Duarte Pacheco, www.amoreiras.com, gigantesque complexe de bâtiments post-modernes, abritant environ 300 boutiques, 10 cinémas et plus de 50 restaurants, ouvert tlj. jusqu'à 24h, métro : Marquês de Pombal. **Centro Comercial Colombo**, Av. Lusiada, www.colombo.pt, restaurants et parc d'attractions dans l'une des plus grandes galeries marchandes d'Europe, tlj. 9-23h, métro : Colégio Militar.

MARCHÉ AUX PUCES : **Feira da Ladra**, Campo de Santa Clara, à l'est de l'église São Vicente de Fora ; sur le "marché de la voleuse", vous trouverez des vêtements, des CD, des chaussures, des appareils électroménagers, des livres d'occasion. La halle de marché centrale est réservée aux fruits et légumes.

MARCHÉS : **poisson,** sur le Cais de Sodré et dans l'Alfama : Rua de São Pedro.

Mercado da Ribeira, Av. 24 de Julho, près du Cais do Sodré, le plus grand marché de Lisbonne est doté d'une halle, d'un centre d'artisanat d'art et d'un restaurant (fado) au premier étage, lun-sam 6-14h, eléctrico : 15, 18, métro : Cais do Sodré.

Mercado das Flores (marché aux fleurs), Praça Dom Pedro IV (Rossio), lun-sam 7-14h, métro : Rossio.

BARS À FADO ET FOLKLORE : la plupart des bars à fado sont dispersés à travers l'Alfama et le Bairro Alto. L'entrée est souvent gratuite, mais, en contre-partie, les plats et les boissons sont beaucoup plus chers que dans des restaurants classiques. En règle générale, pas de consommation obligatoire après minuit. Un silence absolu est de mise pendant le spectacle.

Tasca do Chico, Rua Diário de Notícias 39, tél. 965 059 670, l'un des meilleurs spectacles de fado du Bairro Alto, tous les lun et mer, *Fado vadio* (fado amateur) – qui est tout aussi beau que celui de professionnels, tlj. à partir de 20h.

Senhor Vinho, Rua do Meio-à-Lapa 18, entre la Rua do Quelhas et la Rua das Trinas dans le quartier de Lapa, tél. 213 972 681, chanteurs et guitaristes de première catégorie, souvent bardés de prix, la propriétaire, Maria da Fé, monte souvent sur les planches, excellente cuisine, lun-sam 20h30-3h30, fermé le dim, musique à partir de 22h, réserver.

Clube de Fado, Rua San João da Praça 92-94, tél. 218 882 694 / 218 852 704, à côté de la cathédrale, grande salle à voutes et à piliers, fréquentée par les Portugais et les touristes, tenue vestimentaire correcte exigée, tlj. 19-2h, supplément fado.

RESTAURANTS :

ALFAMA : Bica do Sapato, Av. Infante Dom Henrique, Armazém B, Cais da Pedra à Bica do Sapato, à proximité directe de la gare

Santa Apólonia, café midi-1h du matin, restaurant 12h30-14h30 et 20h-23h30, ouvert tlj. sauf lun midi et dim, très grandes salles, ambiance 1960, spécialités de poisson et de fruits de mer, belle vue sur le Tage. **Casa do Leão**, Castelo de São Jorge, tél. 218880154, la "maison du lion" propose jour pour jour, de 12h30-15h30 et de 20h-23h une excellente cuisine portugaise ; réserver pour le dîner, belle architecture, azulejos et voutes de brique, nombreux groupes de touristes.

BAIXA / CHIADO : **Casa do Alentejo**, Rua das Portas de Santo Antão 58, non loin de la Praça dos Restauradores, ambiance stylée, le Palácio Alverca date du XVIIe s., patio néo-mauresque et azulejos, le plus vieux casino de Lisbonne au début du XXe s., spécialités peu chères de l'Alentejo, ouvert tlj. **Beira Gare**, Praça Dom João da Câmara 6, en allant du Rossio à la Praça dos Restauradores, snack-bar bon marché, délicieux *petiscos* (petits pains en sandwiches), on y rencontre les gens du cru, tlj. 6h30-1h du matin.

BAIRRO ALTO : **Pap'Açorda**, Rua da Atalaia, 57, branché, la meilleure *açorda* (soupe de pain aux crevettes, à l'ail, à l'huile d'olive et à la coriandre fraîche) de Lisbonne.

GRAÇA : **Haweli Tandoori**, Travessa do Monte 14, près du Miradouro Nossa Senhora da Graça, mets indiens authentiques, accompagnés de l'incontournable galette de pain *(nan)* sortie du four *(tandoor)*, ne pas manquer le yaourt liquide *(lassi)* sucré ou salé, tlj. sauf mar. **Via Graça**, Rua Damasceno Monteiro 9B, style design, spécialités de fruits de mer et vue magnifique, tlj. 12h30-15h30 et 19h30-24h sauf sam midi et dim.

AVENIDA DA LIBERDADE : **Jaipur**, Rua da Glória 6A, restaurant installé dans des caves à proximité de l'elevador da Glória, spécialités indiennes à petit prix, toujours accompagnées de riz, ouvert tlj. 11h30-15h et 18-24h.

CAIS DE SANTOS : **Xurrascão do Tejo**, Rua da Cintura, grande churrascaria ouverte le soir, fonctionnant sur le principe du rodízio brésilien : de la viande grillée à la broche à volonté, bossa nova live à partir de 21h.

CERVEJARIA (cave à bière) : **Trindade**, Rua Nova da Trindade 20, à côté de l'Igreja de São Roque, ancien couvent de Trinitaires avec jardin d'hiver, célèbre pour ses splendides azulejos, tlj. 9h-1h30, souvent plein à craquer, en particulier le soir, touristes.

SALONS DE THÉ ET CAFÉS : **A Brasileira**, Rua Garrett 120, tlj. 8h-2h du matin, l'un des salons de thé les plus illustres de la planète, de nombreux touristes se retrouvent à sa terrasse, près de la statue en bronze de Fernando Pessoa, alors que les Lisboètes préfèrent s'installer dans le salon aux murs recouverts de glaces.

São Martinho da Arcada, à l'angle nord-est de la Praça do Comércio, le plus vieux café de la Baixa, ouvert en 1782, lieu de prédilection de Fernando Pessoa, à midi, les hommes d'affaires aiment fréquenter son salon, le restaurant attenant est cher, tlj. lun-sam 8-23h.

POSTE : **Poste principale**, Praça dos Restauradores 58, lun-ven 8h-22h, sam/dim et jours fériés 9h-18h.

BELÉM, AJUDA, BENFICA, QUELUZ

Museu Nacional de Arqueologia, Praça do Império, mar 14-18h, mer-dim 10-18h, fermé lun, www.mnarqueologia-ip-museus.pt, eléctrico : 15 jusqu'au Mosteiro dos Jerónimos. **Museu Nacional de Etnologia**, Av. Ilha da Madeira, mar 14-18h, mer-dim 10-18h, fermé lun, www.ipmuseus.pt, bus 28, 32, 49.

Museu Nacional dos Coches (musée des carrosses), Praça Afonso de Albuquerque, www.museudoscoches-ipmuseus.pt, mar-dim 10-18h, fermé lun, eléctrico 15. **Museu de Marinha**, Praça do Império, mar-dim 10-17h, en été mar-dim 10-18h.

Museu de Arte Popular, Av. Brasília, actuellement fermé pour travaux, bus 27, 28, 29, 43, 49, eléctrico : 15, 17. **Mosteiro dos Jerónimos**, Praça do Império, mar-dim 10-17h. **Palácio Marquês da Fronteira**, Largo de S. Domingos de Benfica, lun et mer 10-15h, sam 14h30-17h. **Torre de Belém**, mar-dim 10-17h. **Padrão dos Descobrimentos**, Av. Brasilia, mar-dim 9h30-18h45. **Palácio Nacional de Queluz**, mer-lun 10-17h, en été lun-mer 10h-18h30.

São Martinho do Porto
Alfeizerão
P. Nat. das Serras de Aire e Candeeiros
SA. DOS CANDEEIROS
ILHAS BERLENGAS
Foz do Arelho
Caldas da Rainha
Santa Catarina
487
Alcanede
Praia do Baleal
Baleal
Lagoa de Óbidos
Cabo Carvoeiro
Óbidos
Peniche
Atouguia da Baleia
Fráguas
Rio Maior
Reguengo Grande
Bombarral
OCÉANO
Lourinhã
Cadaval
Campelos
Cercal
Porto Novo
Assentiz
Praia de S. Rita
SERRA DE MONTEJUNTO
Praia de Sta. Cruz
666
ESTREMADURA
Atalaia
Avèiras de Cima
Cartaxo
Torres Vedras
Praia de S. Lourenco
Barril
Adeia Gavinha
Azambuja
Ribamar
Freiria
Alenquer
E 1
Sobral de Mte. Agraço
Praia de S. Sebastião
Ericeira
Carregado
Rio Tejo
Praia de Ericeira
Sapataria
Arruda dos Vinhos
Salvaterra de Magos
São Julião
Mafra
Mosteiro
Vila Franca de Xira
Benavente
Malveira
E 80
Magoito
Rio Sorraja
Azenhas do Mar
Lousa
Bucelas
R. de Sto. Estêvão
Praia das Maças
Algueirão Mem Martins
Alverca do Ribatejo
Porto Alto
Sto. Estêvão
Praia Grande
Colares
Cabo da Roca
Convento dos Capuchos
Sintra
Loures
Sacavém
Praia do Guincho
Malveira
Amadora
Res. Nat. do Estuário do Tejo
Cabo Raso
LISBOA
CASCAIS
Caxias
Estoril
Alcochete
Boca do Inferno
Oeiras
ALMADA
Montijo
COSTA DE LISBOA
Caparica
Barreiro
Costa da Caparica
Rio Frio
Seixal
Moita
Convento
Corroios
Arrentela
ATLÁNTICO
Praia do Sol
Fonte da Telha
COSTA
E 1
E 90
Villa Fresca da Azeitão
Palmela
Lagoa de Albufeira
Vila Nogueira de Azeitão
P. Nat. da Arrábida
SETÚBAL
Corva
SA. DA ARRÁBIDA
Tróia
Ferry
Cabo de Espichel
Santana
Portinho
Rio Sado
Sesimbra
Casais da Serra
PENINSULA DE TRÓIA
Res. Nat. do Estuário do Sado
AZUL
Baia de Setúbal
Comporta
CÔTE ATLANTIQUE PRÈS DE LISBONNE
0
10
20 km

EXCURSIONS ET PLAGES AUTOUR DE LISBONNE

COSTA DE LISBOA
LA CÔTE DE L'ESTRÉMADURE
ESTRÉMADURE
MAFRA / SINTRA
AU SUD DU TAGE

Non seulement Lisbonne a la chance d'être une des capitales les plus belles d'Europe, mais ses habitants ont l'énorme avantage de vivre à proximité de sites de grand intérêt. Entre les embouchures du Tage et du Sado s'étendent des plages magnifiques, et le Parc national de Serra de Arrábida offre de nombreuses possibilités d'excursions en montagne. La Costa de Lisboa, ancienne Costa del Sol, est située à l'ouest de la ville et possède de nombreuses stations balnéaires comme Estoril et Cascais ; la Serra de Sintra se trouve au nord de la capitale et se caractérise par des villages de pêcheurs, des falaises rocailleuses au-dessus des plages et des vignes.

LA COSTA DE LISBOA

Les Lisboètes appellent leur littoral ouest, ouvert vers la pleine mer, **Costa de Lisboa**. Les stations balnéaires jadis mondaines qui la bordent font désormais partie des quartiers résidentiels de la capitale. Des navettes circulent toutes les heures (6-22h) entre l'aéroport international de Lisbonne et Estoril ou Cascais. En outre, des trains de banlieue, au départ de la gare de Cais do Sodré, atteignent Cascais en 35 minutes, en longeant la côte qui, bien que belle, est presque entièrement construite. La voie ferrée et la voie express *Marginal* sont bordées de nombreuses petites plages. On découvre **Caxias** ❶ avec son fort immense, São Bruno, qui fut l'une des prisons les plus tristement connues du régime Salazar ; ensuite **Paço do Arcos**, **Oeiras** ❷ avec le palais du marquis de Pombal et **Carcavelos** avec le fort São Julião da Barra. C'est là que commencent les plages avec, ensuite, **Estoril**, ses hôtels et ses villas 1900, son centre des congrès et, en vis-à-vis, son casino, le plus grand d'Europe, connu au Portugal pour ses spectacles de variétés internationales.

Plus à l'ouest apparaît le village de pêcheurs de **Cascais** ❸. Au nord-ouest de Cascais, on trouve des clubs de golf, de tennis et d'équitation ainsi que le célèbre circuit automobile d'Estoril et des hôtels de luxe ; le centre du village de Cascais a toutefois encore su conserver son charme d'autrefois. Villas d'été, hôtels anciens et nouveaux, grand nombre de restaurants et, enfin, la zone piétonne si romantique, tout concourt à donner à cette petite ville une certaine atmosphère. Le musée de la ville est localisé dans le parc, derrière la citadelle datant de 1681, dans le palais des ducs de Castro Guimarães. Les pièces extrêmement originales renferment des oeu-

Pages précédentes : Azenhas do Mar trône sur une falaise escarpée surplombant la plage atlantique.

Fiche pratique p. 85-87

vres d'artistes locaux, du mobilier indo-portugais et une bibliothèque du plus haut intérêt.

Cascais a un port de pêche et trois plages, celle située au milieu et appelée **Praia da Rainha** (la plage de la reine) étant la plus belle. Derrière le phare de Cascais se trouve la "gueule de l'enfer", **Boca do Inferno**, une cavité creusée à l'intérieur d'une falaise de 20 mètres de haut, battue par une houle incessante. La côte devient rocheuse et le reste jusqu'à la ***Praia do Guincho**, une large baie de sable ourlée de dunes et de pinèdes. Puis la côte s'élève brusquement jusqu'à Cabo da Roca. Cette plage est le point de rencontre de l'élite internationale du surf et de la planche à voile.

LA CÔTE DE L'ESTRÉMADURE

***Cabo da Roca** est un cap rocheux d'une hauteur de 140 mètres qui s'avance dans les vagues tumultueuses de l'Atlantique ; c'est la pointe la plus occidentale du continent, enfin, selon une plaque apposée ici, "...la plus occidentale d'Europe, là où la terre ferme finit et où la mer commence, où l'esprit de la foi et de l'aventure ont donné leur force aux caravelles du Portugal et les ont conduit vers le nouveau monde". Ceux qui le désirent peuvent s'inscrire sur une liste pour recevoir un certificat portant leur nom et confirmant leur passage au cap.

Ci-dessus : Estoril (et son casino), station balnéaire prisée de la Costa de Lisboa. Ci-contre : à l'école de la dentelle de Peniche.

De là, jusqu'au cap Carvoeiro, la côte a su conserver beaucoup de sa beauté originelle. La rudesse climatique de l'Atlantique a freiné l'arrivée des touristes et ce n'est que par un beau week-end ou bien en période estivale qu'on y voit un peu plus de monde. De plus en plus de maisons de vacances se construisent autour des villages et accueillent les Lisboètes.

Les plages les plus appréciées, entre autres par les surfeurs et les véliplanchistes, sont celles de **Praia Grande** et **Praia das Maçãs**. On peut y accéder l'été en tramway depuis **Colares ❹**,

Carte p. 72, Fiche pratique p. 85-87

village également connu pour son excellent "vin de sable" de tradition ancienne. Les vignes de Colares sont les seules du pays à avoir été épargnées par le phylloxéra en 1865.

Sur cette côte escarpée, on s'arrêtera à *Azenhas do Mar* **❺** (moulin de la mer) dont les maisons empilées les unes sur les autres épousent la falaise rocheuse. Une piscine en terrasse a même été intégrée dans les roches.

São Julião **❻** est un ancien petit village de pêche avec des maisons minuscules perchées en haut de la falaise. Les amis de la communauté de saint Julian s'y rencontrent surtout l'été car une petite chapelle décorée de magnifiques faïences anciennes lui est consacrée.

Ericeira **❼** est le seul port de cette côte. C'est d'ici que partit Manuel II, le dernier roi du Portugal, en exil vers l'Angleterre en 1910 après la proclamation de la république. Ericeira est un village de pêcheurs et une station balnéaire assez importante dont le centre a été préservé, et qui propose de nombreux restaurants de poisson réputés. Depuis la digue surplombant la plage où l'on ramène les bateaux pour les protéger du ressac, on peut observer à loisir l'activité des pêcheurs. Non loin de là se dresse la chapelle de São Sebastião, joliment décorée de faïences.

Plus au nord, on découvre plusieurs petites plages, puis avant Torres Vedras, **Santa Cruz** **❽**, entièrement bordée d'immeubles. La plage de **Santa Rita** est balayée par le vent et la falaise qui la sépare de l'arrière-pays porte une bâtisse de béton solitaire, un hôtel fréquenté par les joueurs de golf et les curistes des sources thermales proches.

Pour profiter pleinement des moments de solitude qu'offre la plage, les petites pensions de **Porto Novo** **❾** sont absolument idéales.

À **Atouguia da Baleia** **❿**, on consacrera une visite à l'église gothique dont la charpente était constituée autrefois d'os de baleine. La place du village porte en outre encore les traces de la plus ancienne arène du pays.

La presqu'île de **Peniche** **⓫**, qui termine cette partie du littoral, était encore une île du temps des Romains. Depuis Filippo Terzi, cet isthme sableux est dominé par une imposante **fortaleza** (forteresse) du XVIIe siècle, qui servit temporairement de prison à la PIDE, la police secrète de Salazar, jusqu'en 1974. Le musée de la ville et de la pêche, **Museu de Peniche**, y est désormais installé.

Peniche possède un important port de pêche et de nombreux restaurants de poisson convenables. La presqu'île s'étend sur presque 3 km ; son plateau rocheux se termine par le phare de **Cabo Carvoeiro** et est de plus en plus envahi par les résidences secondaires. La presqu'île vaut la peine d'être visitée à pied, le long des falaises contre lesquelles les vagues viennent se briser à grand fracas, pour ensuite aller jusqu'au cap et au point panoramique **Varanda de Pilatos**, et rentrer au village en passant par la chapelle **Santuário dos Remédios**.

Les petites îles rocheuses **Ilhas Berlengas** ⓬ sont situées à 12 km au large de Peniche, et seule l'île principale, **Berlenga Grande**, est habitée en été ; il y a peu de possibilités pour se loger (camping sur autorisation : informations et inscription à l'office du tourisme de Peniche). En période de vacances, des bateaux partant de Peniche emmènent les touristes à la découverte de ces îles. Une étroite passerelle partant de l'île principale mène à un fort construit au XVIIIe siècle, le **Forte de São João Baptista**.

Depuis la côte située au nord de Peniche, on aperçoit les larges plages de sable qui commencent à **Baleal** ⓭, petite station balnéaire semblable à une île, et seulement accessible par une langue de terre balayée par le sable ; un endroit rêvé pour les amateurs de surf.

⋆Óbidos

Lorsque le fameux Dom Dinis épousa Isabelle, par la suite canonisée, il lui offrit les villes d'Óbidos, d'Abrantes et de Porto de Mós en cadeau de mariage. Rien ne fut modifié jusqu'à la sécularisation : la ville d'⋆**Óbidos** ⓮ a toujours appartenu aux reines portugaises.

La ville a conservé son caractère médiéval, avec ses maisons alternant les tons de jaune et de bleu, et nous apparaît comme un décor de cinéma. Les remparts triangulaires sont intacts et permettent de faire le tour de la ville en une heure environ. Du haut de ces murs, on a une très jolie vue sur les cinq ruelles sinueuses de la vieille ville qui semblent toutes aboutir au **château** dont les murs abritent aujourd'hui une des plus belles **pousadas** du Portugal. Vous devrez réserver à temps si vous souhaitez dormir comme un roi dans l'une des neuf chambres de l'endroit. Mais le séjour est presque aussi agréable dans l'une des anciennes résidences aristocratiques restaurées avec soin.

Les murs de l'église **Santa Maria** sont habillés d'azulejos du XVIIe siècle et l'autel est agrémenté de tableaux de l'artiste peintre baroque Josefa de Ayala de Séville qui résida à Óbidos dès le milieu du XVIIe siècle, et devint célèbre sous le nom de Josefa d'Óbidos. D'autres œuvres de la même artiste sont exposées au **Museu de Óbidos**, au vieil hôtel de ville, aux côtés d'une belle collection de sculptures et de peintures internationales ainsi que d'objets archéologiques.

Dans les ruelles ornées de pots de fleurs, on découvre les portes de la ville, des fontaines, de petits escaliers, des bancs creusés à même la paroi, le *pelourinho* (pilori – symbole des droits de justice de la ville), des montagnes de fleurs dans de minuscules jardins, un **aqueduc** du XVIe siècle et des petites places, véritables théâtres des scènes quotidiennes qui se déroulent entre ces murs. La seule et unique rue qui soit à peu près droite, la **Rua Direita**, accueille magasins de souvenirs, ateliers de poterie, galeries et restaurants en tout genre. C'est en début de soirée que

Ci-contre : le caractère médiéval d'Óbidos est resté intact.

Carte p. 72, Fiche pratique p. 85-87

l'on peut faire le mieux la découverte de la ville, lorsque les bus de touristes sont loin et que les derniers rayons du soleil viennent lécher le haut des remparts crénelés, les transformant en une véritable ceinture dorée.

Au-delà de l'enceinte, c'est une étendue de terre cultivée qui s'offre au regard. Au Moyen Âge, la ***lagune d'Óbidos** venait encore s'étendre jusqu'ici ; entre-temps, sous l'effet de l'ensablement, il est réduit à un tiers de sa taille d'origine.

Sur la route nationale en direction de Caldas Da Rainha se trouve l'église hexagonale baroque de **Santuario Senhor da Pedra**, connue des pèlerins.

Caldas da Rainha

La reine Leonor fut la fondatrice des bains de **Caldas da Rainha** ⓯, "les thermes de la reine", en 1504. On dit qu'en traversant cette région, elle avait vu des paysans se rouler dans la boue. Elle fit arrêter son convoi et demanda la raison de ce comportement étrange. On lui répondit que l'eau avait des propriétés curatives et elle décida donc d'en faire usage. Aujourd'hui, les activités thermales sont réduites à la clinique où l'on soigne les maladies pulmonaires et respiratoires ; elle est située à côté du **parc thermal Dom Carlos Ier**, de l'église de style manuélin et du palais de la reine.

Caldas, moderne, est devenue un véritable centre de la céramique (à voir entre autres au **Museu da Cerâmica**), de la peinture et de la sculpture. Le **Museu Nacional de José Malhôa**, ouvert depuis 1934, possède une très belle collection du peintre et sculpteur José Malhoas, né ici, et donne d'amples informations sur les artistes portugais des XVIIIe et XIXe siècles.

Une zone piétonne a fait de Caldas un endroit commerçant agréable, et le marché très coloré de la **Praça da República** n'a rien perdu de son charme champêtre.

Au **Foz do Arelho** ⓰ tout proche, le fleuve Arelho se jette dans ce qui reste du **Lagoa de Óbidos**. La baignade est sans risque à cet endroit protégé par les dunes.

L'ESTRÉMADURE

Les domaines conquis par les rois des Asturies au début du Moyen Âge s'appelaient *extremadura* – "zone extérieure". Au fur et à mesure de la *Reconquista,* différentes zones furent désignées ainsi. La partie ouest du centre de l'Espagne et l'ouest du Portugal ont conservé cette appellation.

L'Estrémadure, entre le Tage et l'Atlantique, a toujours été une bande de terre agricole, se caractérisant par la culture de fruits, de vignes et de légumes. Aujourd'hui encore, on voit de nombreux moulins sur les collines, emblèmes de la région.

Beaucoup d'anciens petits villages se sont transformés en lieux de villégiature pour les citadins de Lisbonne, et ont pris de l'importance grâce aux résidences secondaires. C'est le cas des jolies localités nichées autour du massif verdoyant de la **Serra de Montejunto**, **Rio Maior** ⑰, **Cadaval** ⑱ et **Bombarral** ⑲ dont la gare est orné d'azulejos. Le domaine viticole d'**Arruda dos Vinhos** ⑳ constitue aussi un point d'attraction.

En revanche, la ville de **Torres Vedras** ㉑ qui encercle un **Castelo dos Mouros** (château mauresque) se caractérise par une agitation et une circulation intense typiques des villes voisines de Lisbonne. L'ancien monastère abrite maintenant le **Museu municipal** qui possède une collection présentée avec soin.

Sur quarante kilomètres en direction du sud-ouest s'étire une rangée de collines, sur laquelle Wellington fit construire en 1810 une double ligne de défense comprenant 152 châteaux et forteresses – les lignes de Torres Verdras ; personne, pas même les Français, pourtant coutumiers de ce genre d'obstacle, n'arrivèrent à les franchir.

Ci-contre : le Mosteiro de Mafra, monastère et palais à la fois, fut construit sous João V, entre 1717 et 1730, grâce à l'or brésilien.

**MAFRA

L'imposant ensemble du ****Mosteiro**, le monastère et le palais royal de **Mafra** ㉒, est visible de loin. Les immenses mines d'or découvertes au Brésil au XVIIe siècle avaient enrichi la monarchie portugaise du jour au lendemain. Le roi João V touchait environ 20% du chiffre d'affaires de ces mines d'or, sans oublier le bénéfice des mines de diamants et les impôts, versés sur les exportations de vin vers la Grande-Bretagne. Ces revenus furent investis dans le somptueux bâtiment du domaine de Mafra, qui était censé supplanter l'Escorial d'Espagne. Sa construction fut le résultat d'un vœu formulé par le roi : si son union avec Anna Maria d'Autriche, jusque là sans enfant, était couronnée par la naissance du futur héritier dans les trois années qui suivaient, il ferait alors construire un cloître pour les franciscains. Anna Maria mit au monde d'abord une fille, et en 1714, le successeur au trône, José. La construction promise commença en 1717 d'après les plans de l'architecte allemand Johann Friedrich Ludwig. Ludwig et son fils Peter devaient réaliser un ensemble constitué d'un cloître réunissant une basilique et un palais. Le résultat fut une bâtisse colossale, mesurant 232 mètres sur 209, qui semble écraser le petit village de Mafra.

L'auteur portugais José Saramago a décrit avec beaucoup de sensibilité l'histoire de la construction dans son roman *Memorial.* Durant certaines phases du chantier, 45 000 ouvriers étaient employés, et surveillés par 7 000 soldats ; 1338 personnes moururent au cours des travaux, de maladie ou par accident. Tous les matériaux – excepté les pierres et le marbre de couleur – furent importés de l'étranger ; les sculptures de marbre de 5 mètres de haut destinées à la basilique furent toutes exécutées dans les ateliers de Carrare en Italie.

Au terme de treize ans de travaux, la basilique, monument solennel en

Carte p. 72, Fiche pratique p. 85-87

marbre noir, rouge, blanc et bleu, fut inaugurée en 1730, le jour de l'anniversaire du roi. En 1744, l'ordre des Franciscains vint s'installer au monastère qui pouvait loger jusqu'à 342 moines et 150 novices. Les travaux extérieurs s'achevèrent à la mort de João V en 1750 ; son fils José Ier poursuivit l'aménagement intérieur.

En 1754, l'Italien Alexandre Giusti installa une école de sculpture à Mafra afin de faire travailler le marbre de Carrare sur place. Des sculpteurs célèbres sont issus de cette école, comme Machado de Castro et José de Almeida ; leur style fut connu sous le nom de "pombalien".

Les travaux ne furent achevés qu'en 1806 sous João VI qui y emménagea avec la cour. Mais l'arrivée de Napoléon en 1808 provoqua la fuite de la Cour vers le Brésil, munie des plus précieux objets de valeur de Mafra. Les moines durent également quitter les lieux. Les Français, puis les Anglais en firent leurs quartiers militaires. À son retour du Brésil, la Cour ne résida que de façon très sporadique à Mafra (jusque en 1910) pour y chasser ou y passer l'été, si bien que le palais ne fut jamais vraiment une résidence royale.

La visite guidée, qui dure environ une heure, vous fait parcourir plusieurs kilomètres et découvrir d'innombrables pièces en enfilade, entre autres, les appartements du roi et de la reine ainsi qu'une chambre d'enfant. Les rapports officiels parlent de 880 pièces et 300 cellules de moines, d'environ 4500 portes et fenêtres, de 29 cours intérieures et de 154 cages d'escalier.

Un lieu marquant de l'édifice est la **salle à manger**, utilisée lors de séjours de chasse, et dont le mobilier – même les chaises – est en bois de ramures. Au premier étage, on trouve les pièces du cloître, la pharmacie et l'infirmerie, la cuisine et de nombreuses sculptures religieuses, des chasubles et autres précieux ustensiles pour la célébration de la messe. La salle la plus impressionnante est la ***bibliothèque** de marbre gris, blanc et rose, de 88 mètres de long sur 9,5 mètres de large, qui comprend 36 000 ouvrages d'une valeur inestimable.

Derrière le cloître se trouve l'ancien parc royal, **Tapada Nacional**, qui servait de réserve de chasse à la famille royale, et qui est resté intact depuis 1747. Cette réserve naturelle unique couvre une superficie de 20 km^2. Les visites n'ont lieu que le dimanche en compagnie d'un guide.

La sobriété de l'église gothique de **Santo André**, aux abords de la ville, vaudra un petit détour.

**SINTRA

La **Serra de Sintra** constitue la frontière entre la banlieue ouest de Lisbonne et l'arrière-pays agraire de l'Estrémadure. Au XIXe siècle, tous les visiteurs illustres et de nombreux écrivains – de Lord Byron à Hans Christian Andersen – s'accordaient à dire qu'il s'agissait là de la plus belle région du Portugal ; d'immenses étendues de parcs à la végétation dense, un tapis de fleurs, des villas, des jardins et des bois – une oasis de rêve pour les chaudes journées d'été. Il en allait de même pour les rois. En 1147, le roi Afonso Henriques conquit le château maure, le **Castelo dos Mouros** qui dominait ****Sintra** ㉓. Au XVe siècle, le roi João II commença la construction du palais royal sur les ruines mauresques situées en-dessous du château. Manuel Ier poursuivit les travaux dans cette résidence d'été, le ****Palácio Real** (Palácio Nacional de Sintra), jusqu'au début du XVIe siècle.

Vu de l'extérieur, le palais est d'un aspect peu soigné ; le regard s'attache aux cheminées coniques. Mais l'intérieur est prodigieux. La construction médiévale était si solide qu'elle résista au tremblement de terre de 1755 ; le gothique primitif et flamboyant est donc d'époque. Les escaliers nous conduisent à travers de somptueuses salles ; on y découvre les cours intérieures, les salles de bains, la chapelle et la cuisine, la pièce où Afonso VI tint son frère enfermé durant 8 ans, et la salle contenant les armoiries du pays. Chaque salle a sa lé-

Ci-dessus : le Palácio da Pena à Sintra, un château de conte de fées du XIXe siècle. Ci-contre : fontaine carrelée à Sintra.

Carte p. 72, Fiche pratique p. 85-87

gende, chaque meuble son histoire, et chaque détail a été soigneusement choisi : un plafond composé de caissons décorés de pies, un autre, de cygnes, de merveilleux azulejos et de splendides voûtes en bois de style *Mudejar.*

Le palais domine le petit village. Les églises gothiques, transformées ultérieurement, de **Santa Maria**, **São Martinho** et **São Pedro**, ainsi que le **Museu municipal** de la Praça da Republica méritent que l'on s'y arrête. Le **Parque da Liberdade,** les alentours du **Castelo dos Mouros**, du **palais Pena** et de l'exotique et romantique ***Quinta da Monserate** sont d'immenses jardins ou parcs recelant des milliers de plantes et d'arbres tropicaux propices à la promenade et la détente.

Le roi Manuel Ier fit bâtir en 1510 un petit monastère d'été à 500 mètres d'altitude, destiné aux moines de l'ordre de Jerónimus. Le cloître, qui a été restauré, et la chapelle Renaissance furent par la suite intégrés au ***Palácio da Pena**, que le deuxième époux de la reine Maria II da Gloria, Ferdinand de Saxe-Coburg-Gotha, commanda au baron d'Eschwege en 1839. De la fusion des styles allemands et portugais naquit un château de conte de fées conforme au goût de l'époque. Cet édifice qui se présente aujourd'hui sous des tons de peinture jaune vif, beige ou rouge, n'est pas sans évoquer une réplique portugaise du célèbre château de Neuschwanstein en Allemagne.

Le **Convento dos Capuchos** de l'ordre des Capucins, dans la forêt de Sintra, est par contre très sobre. Il fut creusé dans la roche en 1560. Pour l'isoler de l'humidité et du froid, les cellules furent tapissées de liège. C'est pourquoi on l'appelle aussi "le couvent de liège".

AU SUD DU TAGE

L'embouchure du Tage, en forme d'entonnoir, est surnommé **Mar da Palha**, mer de paille. Sur les rives gauches se trouvent de vieux villages de pêcheurs et des petites villes où le la construction navale, l'élevage de taureaux ou le travail du liège est depuis toujours une tradition. Le nouveau pont Vasco da

Gama facilite l'accès dans ces charmantes localités qui vivent avec le fleuve. Quelques curiosités mériteront votre attention : les salines d'**Alcochete** ㉔ et les arènes des corridas de **Montijo** ㉕ par exemple ; mais aussi les églises de **Moita** ㉖ et d'**Arrentela** ㉗, l'écomusée de **Seixal** et les moulins des vents et marées de **Barreiro** ㉘ et **Corroios** ㉙. C'est d'Alcochete que s'offre la meilleure perspective sur les 18 km du **Ponte da Vasco da Gama** enjambant la mer de paille. Bâti en 1998 dans le cadre de l'exposition universelle, il assure une grande partie du trafic en direction du sud et de l'Espagne.

Après la construction du **Ponte 25 de Abril** en 1966, **Almada** ㉚ s'est transformée en ville satellite de Lisbonne. Quelques années avant le pont, on avait installé ici le monument du **Cristo Rei**, financé grâce à des dons, et qui n'est autre que la réplique, haute de 113 m, du Christ de Rio de Janeiro. À l'intérieur, un ascenseur vous emporte jusqu'à une plate-forme panoramique à 100 m d'altitude, qui vous dévoile une vue splendide sur Lisbonne et le Tage.

Sur la côte atlantique, avant Almada, se trouve la station balnéaire favorite des Lisboètes : **Costa da Caparica** ㉛. Au-dessus d'elle s'élève le monastère restauré des Capucins, le **Convento dos Capuchos**, dans lequel un festival de musique se déroule tous les étés.

La localité de **Caparica** ㉜ est envahie d'immeubles, d'hôtels, de restaurants et bars divers. Des milliers de visiteurs viennent se rafraîchir en été sur la plage de sable **Praia do Sol**, longue de 30 km. Les dix premiers kilomètres, accessibles par un petit train, sont bien sûr les plus fréquentés.

La forêt de pins entourant la **Lagoa de Albufeira** ㉝ est une réserve naturelle où les constructions ont été fortement restreintes. Un club de golf s'y est installé. La pointe sud-ouest de la presqu'île est rocheuse et escarpée. Elle aboutit au **Cabo de Espichel** ㉞, un rocher aride sur lequel se dressent un phare et une basilique, avec des logements prévus pour les pèlerins.

Ci-contre : multicolores et pittoresques, les bateaux de pêche sont l'emblème du port de Sesimbra.

La *Serra da Arrábida

La côte sud de la presqu'île située entre le Tage et le Sado, la **Costa Bela**, s'étend aux pieds de la ***Serra da Arrábida**, un massif montagneux qui se dresse au-dessus de la mer presque à la verticale ; la Serra est un site naturel protégé, et un domaine de promenades et de randonnées unique.

En contre-bas de la Serra se trouve la petite station balnéaire de **Sesimbra** ㉟, lovée au sein de falaises impressionnantes. Depuis le **Castelo**, dont les enceintes abritent aujourd'hui le cimetière, on peut embrasser d'un regard la ville moderne, la large plage, **Praia do Espadarte,** et le port protégé de **Porto do Abrigo**. Il s'agit d'un des ports de pêche les plus pittoresques de toute la côte. Au centre de la vieille ville, on peut découvrir une église Renaissance, **Nossa Senhora do Castelo**, le **Museu Municipal** et une autre **forteresse**.

Le parcours panoramique qui longe l'arête sud de du massif est uniquement réservé aux personnes ne souffrant pas du vertige. Il faudra choisir une belle journée pour pouvoir jouir de la magnifique vue qui s'offre alors sur l'embouchure du Sado et la presqu'île de **Tróia** – mais on évitera le week-end car une colonne de voitures se forme alors de Sesimbra à Setúbal.

Le monastère franciscain, très pittoresque et niché en haut de la montagne, ne se visite pas. La route monte jusqu'à près de 500 mètres d'altitude. C'est là, perché au sommet d'une falaise à la raideur vertigineuse, que l'on savourera le panorama sur la mer bleue et les baies de sable nichées entre les rochers : le paradis des baigneurs et des plongeurs sous-marins.

 Carte p. 72, Fiche pratique p. 85-87

Sur les pentes du nord de la Serra, plus douces, pousse la vigne qui donne le **muscadet** sucré typique de Setúbal. Entre les vignobles se cachent de vieilles *quintas,* des demeures de familles nobles, qui furent pour la plupart transformées en restaurants ou en hôtels de luxe.

Des chemins de randonnée partant de **Casais da Serra** (36), **Vila Nogueira de Azeitão** (37) et de **Vila Fresca da Azeitão** (38) (aux azulejos célèbres) vous conduisent à travers les montagnes au milieu de fraisiers, de lauriers, de sapins, de chênes et de genévriers.

En accédant à **Setúbal** (39) par la route nationale IP1, on ne voit d'abord que des cheminées fumantes et d'immenses chantiers navals. Mais le centre-ville se révèle animé, voire digne d'intérêt avec les cafés de sa zone piétonne. La vie bat son plein autour de la **Praça do Bocage** sur laquelle se dresse le monument à la mémoire du poète et auteur satirique Manuel Bocage ; ce dernier a vécu dans la **Rua São Domingos** où il mourut au début du XIXe siècle. Les fondations de la vieille ville témoignent de l'ancienneté de cet important port de commerce du sel ; le sol en verre de l'office de tourisme dévoile les vestiges d'un moulin romain.

Le tremblement de terre de 1755 détruisit Setúbal à l'exception de la façade manuéline de l'église **São Julião**, sur la place Bocage, et du ***monastère Bom Jesús**, le tout premier des édifices manuélins. Sa construction commença au XVe siècle sous João II, qui fit pour peu de temps de Setúbal la résidence royale ; le monastère fut achevé sous Manuel Ier. Le maître d'œuvre, Boytaca, conçut plus tard le monastère des Hiéronymites à Belém. L'église, située sur une grande place, paraît sobre au premier abord. En revanche, l'intérieur du bâtiment à trois nefs est un des exemples les plus frappants de l'art manuélin, avec ses colonnes aux formes de cordage de bateau qui séparent le transept des nefs latérales. Le chœur et la sacristie conservent de beaux azulejos du XVIe et du XVIIe siècle.
Les salles attenantes au monastère abritent aujourd'hui le **Museu de Setúbal**. Des tableaux que l'on pouvait autrefois

apprécier à l'intérieur de l'église, divers objets trouvés lors de fouilles archéologiques dans la région ainsi que des peintures portugaises de différentes époques s'y trouvent à présent exposés.

Setúbal a toujours été bien protégée. Le ⋆**Castelo São Filipe**, construit par Filipe Ier en 1590, veille sur la côte maritime et le port. Dans la chapelle du château, des azulejos retracent la vie de saint Philippe. Non de loin de là, le ⋆**Castelo de Palmela** ㊵, une forteresse mauresque d'apparence plutôt massive, garantit la sécurité vers l'intérieur des terres. Au XVe siècle, on y intégra un monastère de l'ordre des chevaliers de Saint-Jacques. Les deux châteaux sont aujourd'hui des hôtels de la chaîne **Pousada**, où il fait bon prendre un café sur la terrasse de l'un, et un apéritif dans le bar de l'autre.

La ville de **Palmela** est traversée par de longues rues anciennes où l'on découvre une belle fontaine baroque, un **hôtel de ville** Renaissance et un *pelourinho* (pilori) du XVIe siècle. Sur les contreforts de la Serra do Louro, à proximité du château, on peut suivre un joli chemin escarpé qui aboutit sur une série de vieux **moulins**.

Ci-dessus : trouvera-t-il un amateur pour ses marchandises ?

Derrière Setúbal s'étendent les paysages fertiles de l'**embouchure du Sado**. Déclarés sites protégés, ils forment une réserve naturelle et ornithologique, la **Reserva Natural do Estuário do Sado**, avec les **salines** autour de Mitrena et les forêts de pins autour de Gâmbia. Cette zone marécageuse est le paradis des oiseaux et de leur progéniture car seuls les bâteaux de faible tonnage des pêcheurs de l'embouchure peuvent s'aventurer sans risque dans cette région.

Un court trajet en ferry vous emmène de Setúbal à **Tróia** ㊶, dont on aperçoit de loin les grands immeubles. La **plage** de sable qui s'étend sur 28 km attire de nombreux Lisboètes, ce qui a entraîné la création d'un golf. Un chemin cahoteux serpentant dans la forêt de pins conduit aux vestiges d'une ancienne fabrique romaine de salaison de poisson, **Cetóbriga**.

Carte p. 72

AU NORD DE LISBONNE

CALDAS DA RAINHA

Rua Eng. Duarte Pacheco, tél. 262 831 003.

Páteo da Rainha, Rua Camões 39, tél. 262 975 658.
A Lareira, Rua da Lareira, Alto Nobre, tél. 262 973 432.
Restaurante Foz Praia, Marginal, tél. 262 979 413.

Museu de Cerâmica, Rua Dr. I. Amado, mar-dim 10-12h30 et 14-17h, juillet-oct. mar-dim 10-13h et 14-19h.
Museu Nacional de José Malhôa, Parque D. Carlos Ier, mar-dim 10-12h30 et 14-17h.
Atelier-Museu João Fragoso, Rua Dr. I. Amado, lun-ven 9-12h et 14-18h, sam/dim 10-13h et 15-18h.
Atelier-Museu Municipal António Duarte, Rua Dr. I. Amado, lun-ven 9-12h et 14-18h, sam/dim 10-13h et 15-18h.

Feira de São João en juin et **Feira de Agosto**.

CASCAIS

Rua Visconde da Luz, tél. 214 868 204.

O Pescador, Rua das Flores, tél. 214 846 037. **Jardim da Cerveja** (service de bière en plein air), R. Fr. Nicolau Oliveira, tél. 214 840 150.

Museu Condes de Castro-Guimarães, Av. dos Condes de Castro-Guimarães, mar-dim 10-17h.
Museu do Mar, Jardins da Parada, mar-dim 10-17h.

Romaria Nossa Senhora dos Navegantes : pèlerinage le 15 août.

Lota : la criée a lieu tous les soirs sur la plage.

COLARES

Renseign. touristiques, Váreza de Colares, tél. 219 292 638.

Adega do Cozinheiro, Galamares, tél. 219 232 942.
Bistro, Largo da Igreja, tél. 219 290 016.

ERICEIRA

Rua Mendes Leal, tél. 261 863 122.

Parreirinha, R. Dr. Miguel Bombarda 12, tél. 261 862 148.
Mar-Á-Vista, R. Sto. António 16.
Mar da Areia, Rua Fonte do Cabo, tél. 261 862 222. Poisson et fruits de mer.
Furnas, Rua das Furnas, tél. 261 864 870.

ESTORIL

Arcadas do Parque, tél. 214 663 813.

A Choupana, Estrada Marginal, São João de Estoril, tél. 214 683 099, musique live et cuisine portugaise d'excellent niveau.
O Mira, Av. Marginal, 4-B, São Pedro de Estoril, tél. 214 688 069. Spécialité : la carne asada.

GUINCHO

Fortaleza do Guincho, Estrada do Guincho, tél. 214 870 491, tlj. 12h30-15h et. 19-22h30. Cuisine française.
Muchaxo, Estrada do Guincho, tél. 214 870 342. Avec vue sur la mer écumante.
O Púcaro, Estr. do Guincho, tél. 214 870 497. Vaste choix de fruits de mer.
Panorama, Estrada do Guincho, tél. 214 870 062, poisson tout frais, avec du pain et du sel.

École de surf, tél. 914 024, e-mail : info@guinchosurfschool.com

LOURINHÃ

Frutos do Mar, Sítio de Água Doce, tél. 261 412 774, fermé le mardi. Langoustes et crevettes comptent parmi les spécialités de la maison.

Museu Nacional Etnográfico e Arqueológico Dr. Joaquim Manso, Largo D. Lourenço Vicente, lun-sam 10-12h30 et 14h30-18h30.

Procissão do Enterro de Sexta-Feira Santa : impressionnante procession du vendredi saint.

Feira do Gado : marché aux bêtes traditionnel le premier dim du mois.

MAFRA

Av. 25 de Abril, tél. 261 812 023.

O Pateo, Rua Serpa Pinto, tél. 261 811 137.

Mosteiro de Mafra, mer-lun 10-13h et 14-17h.
Carillon : dim 16h, mécanisme, dim 14 et 15h.

ÓBIDOS

Rua Direita, tél. 262 959 231.

Ilustre Casa de Ramiro, Rua Porta do Vale, tél. 262 959 194.
Alcaide, Rua Direita, tél. 262 959 220.
Pousada do Castelo, tél. 262 959 105.

Castelo, **Pelourinho**, **Igreja de Santa Maria**, **São Pedro**, **Porta da Vila**.
Museu Municipal, Pr. de Santa Maria, tlj. 10-12h30 et 14-18h.

Procession **Senhor dos Passos** le jeudi et le vendredi saints.

OEIRAS

Museu do Automóvel Antigo, Alam. Calouste Gulbenkian 7, Paço de Arcos, lun-ven 10-17h et sam/dim 10-18h.

PENICHE

Rua Alexandre Herculano, tél. 262 789 571.

Mili, Rua José Estevão 43, tél. 262 782 278. **Abrigo do Pescador**, tél. 262 783 436.

Fortaleza et **Museu de Peniche**, mar-dim 10-12h30 et 14-19h.

Excursion aux **Ilhas Berlengas** et vers le **Forte de São João Baptista**.

Romaria N. Sra. da Boa Viagem : procession en bateau le 1er dim d'août.

RIO MAIOR

Praça da República, tél. 243 992 199.

Festa do Sal (fête du sel) fin juillet.
Feira Nacional de Cebola (fête de l'oignon) en septembre.

SINTRA

Praça da República, tél. 219 233 919.
Cabo da Roca, tél. 219 280 081.

Flor da Váreza, Váreza de Sintra, tél. 219 232 741.
Cantinho de S. Pedro, Pr. D. Fernando II 18, tél. 219 230 267.
Adega do Saloio, Chão de Meninos, tél. 219 231 422.
Tacho Real, R. Ferraia 4, tél. 219 235 277.

Palácio Nacional da Pena, mar-dim 10-18h30, en hiver seulement jusqu'à 17h. **Palácio Real**, jeu-mar 10-13h et 14-17h. **Casa-Museu-Atelier Anjos Teixeira**, Azinhaga da Sardinha, mar-ven 9h30-14h, sam/dim 14-18h. **Casa-Museu Leal da Câmara**, Cç. da Rinchoa, Rio de Mouro, mar-ven 10-12h30 et 14-18h, sam/dim 14-18h. **Museu do Brinquedo** (musée du jouet), Largo Latino Coelho 9, mar-dim 10-12h30 et 14-18h. **Museu Ferreira de Castro**, Rua Consiglieri Pedroso 34, mar-ven 9h30-12h et 14-18h, sam/dim 14-18h. Fouilles du site romain de **Odrinhas**, mer-lun 10-13h et 14-18h.

Festival de Música de Sintra : 15.6-16.7.

TORRES VEDRAS

Rua 9 de Abril, tél. 261 314 094.

Museu Municipal, Convento da Graça, Pr. 25 de Abril, mar-dim 10-13h et 14-18h.

AU SUD DU TAGE

ALCOCHETE

Largo da Misericórdia, tél. 212 340 080.

O Alcochetano, Largo da Misericórdia, tél. 212 340 833.

Museu Municipal et **Museu de Arte Sacra** : mer-ven 14-18h, sam/dim 15-19h. **Reserva Natural do Estúario do Tejo**, Av. dos Combatentes de Grande Guerra 1, tél. 212 341 742.

Pèlerinage des marins à Pâques. **Fête de Barete et de Salinas** la deuxième semaine d'août.

COSTA DE CAPARICA

Avenida da República 18, tél. 212 900 071.

O Bento, en bord de mer, tél. 212 900 130, **Carolina do Aires**, Av. General Humberto Delgado, tél. 212 900 124.

MONTIJO

Pr. da República, tél. 212 313 485.

Museu Municipal, mar-ven 10-12h et 14-18h, sam/dim 14-18h. **Museu Etnografico**, lun-ven 9-13h et 15-18h.

PALMELA

Castelo Palmela, tél. 212 332 122.

Retiro Azul, Largo Chafariz 3, tél. 212 350 031, **Pousada de Palmela**, tél. 212 351 226.

Igreja de São Pedro, **Castelo de Palmela**, **Paço do Concelho**.

Festa das Vindimas : vendanges en septembre.

SEIXAL

Eco-Museu (musée de l'écologie), Torre da Marinha, mar-ven 10-12h et 14-17h. **Museu Naval Histórico**, Arrentela, mar-ven 10-12h et 14-17h, sam/dim 14-17h. **Eco-Museu** et **moulin marémoteur** à Corroios, mar-ven 10-12h et 14-17h, sam/dim 14-17h.

SESIMBRA

Largo da Marinha 26-27, tél. 212 235 743.

Ribamar, Av. Náufragos 29, tél. 212 231 791. **Escondidinho**, R. Industriais 15, tél. 212 233 480.

Castelo. **Porto do Abrigo**, port de pêche, Museu Municipal, lun-ven 9-12h30 et 14-17h30.
Parque Natural da Serra de Arrábida, Convento da Arrábida et **Museu Oceanográfico** à la Fortaleza de S. Maria, à Portinho.

Romaria N. Sra. do Cabo : pèlerinage le dernier dim de septembre.

SETÚBAL

Casa do Corpo Santo, Pr. do Quebedo, tél. 265 534 222.

A Roda, Travessa Postigo do Cais, tél. 265 529 264, **Verde e Branco**, R. D. Maria Baptista, tél. 265 526 546.

Museu de Arqueologia e Etnografia do Distrito de Setùbal, Av. Luísa Todi 162, mar-sam 9-12h30 et 14-17h30, fermé aussi le sam en août.
Igreja e Convento de Jesús, lun-sam 9-12h et 14-17h.
Museu do Trabalho Michel Giacometti, Largo Defensores da República, mar-ven, dim 9-12 et 14-17h.
Casa Bocage, lun-ven 9-12h et 13h30-17h, sam 15-19h.
Castelo de São Filipe. **Parque Natural da Arrábida**, Infocenter, Praça da República, tél. 265 524 032.
Reserva Natural do Estuário do Sado, Praça da República, tél. 265 524 032.
Presqu'île de Tróia et vestiges romains de **Cetobriga**, ven-mar 9-13h et 15-18h.

L'ALENTEJO

ÉVORA
LE HAUT ALENTEJO
LE BAS ALENTEJO
LA CÔTE ATLANTIQUE DE L'ALENTEJO

Le paysage aride et légèrement vallonné de l'**Alentejo** se colore d'un vert tendre au printemps, de jaune d'or en été et se teinte en automne d'un ton de brun desséché. Quelques chênes-lièges parsemés ça et là, les modestes rouvres, des champs d'oliviers et de petites maisons en terre battue sont les caractéristiques de cette région peu peuplée qui vit surtout de la culture du blé et des olives, de l'élevage et du liège. Le démasclage du liège ou plus exactement de la fibre d'écorce de liège est effectué tous les 8 à 10 ans et le tronc prend alors une couleur ocre vif, virant vers le rouge foncé pour laisser enfin apparaître un franc marron gris. Le Portugal est le plus grand producteur de liège du monde ; mais le liège est travaillé près des grands centres urbains, ce qui veut dire que l'Alentejo ne bénéficie pas de sa part du profit.

Alentejo signifie : loin du Tage – et c'est aussi le nom que porte un tiers du pays, regroupant à peine plus de 5% de la population totale. "Alentejo" signifie également propriété foncière, et il est malheureusement vrai que les immenses terrains appartiennent en général à un nombre restreint de grands propriétaires, eux-mêmes descendants de l'ancienne aristocratie terrienne du pays. Ils reprirent les domaines des chevaliers des ordres militaires qui avaient reçu, après la *reconquista* (reconquête), d'immenses terres en gage de paiement pour leur soutien actif dans les batailles contre les Maures. L'agriculture à grande échelle telle qu'elle est pratiquée ici remonte au temps des Romains. En effet, les Romains avaient introduit des méthodes de culture plus efficaces, de manière à pouvoir nourrir les troupes romaines de tout le bassin méditerranéen et d'Europe Centrale. Les Maures améliorèrent le système d'approvisionnement en eau, en recourant à l'irrigation des champs, et introduisirent des céréales et à des légumes nouveaux. L'Alentejo porte encore le surnom de *Terra do Pão* (terre du pain) en raison de ses infinis champs de blé.

Et pourtant, la population de l'Alentejo est pauvre ; beaucoup n'ont qu'une maisonnette avec un petit potager. Le travail est rare, surtout dans l'agriculture où l'on engage des saisonniers sur les grands domaines ou dans les fabriques de conserve pour fruits et légumes (et, entre autres, de ketchup), dans les moulins à céréales ou à huile et de plus en plus dans le tourisme.

En 1974, la Révolution des œillets entraîna une poussée des réformes agraires. Les paysans ayant occupé les terres, ils se les partagèrent ou fondèrent des coopératives. À quelques exceptions

Ci-contre : le château manuélin d'Évoramonte, dans la Serra de Ossa.

Carte p. 90-91, Fiche pratique p. 105-107

près, ces entreprises étaient vouées à l'échec ; en effet, il manquait aux paysans d'une part les connaissances économiques, et d'autre part les fonds nécessaires à l'acquisition de semis et d'engrais ainsi qu'à l'entretien des machines agricoles. Par ailleurs, les redevances des grands propriétaires faisaient défaut au fisc.

Les premiers gouvernements démocratiques revinrent en partie sur le processus d'expropriation, et la plupart des travailleurs agricoles se retrouvèrent sans travail. En outre, le Portugal entra dans la Communauté Européenne et dut remplir des critères sévères de production et d'exportation des produits agricoles. Aujourd'hui, l'exode rural persiste dans l'Alentejo, en dépit des efforts de l'État et de l'U.E. pour mettre en place des programmes de développement et pour encourager les initiatives dans le tourisme, la vente de produits régionaux et l'artisanat.

Mais une nouvelle prise de conscience régionale s'est fait ressentir depuis l'apparition du roman *Espoir pour l'Alentejo,* de Saramago. Des stations de radio et de télévision, des journaux locaux apparurent et attirèrent l'attention sur les événements et les problèmes de la région. Des groupes folkloriques raniment le souvenir des danses populaires locales, les chorales masculines ou féminines comptent davantage de voix jeunes et c'est avec fierté que l'on vous présente le vin de l'Alentejo, le fromage de Serpa et les plats paysans comme le *migas.*

L'offre touristique de la région varie entre d'immenses plages, des séjours chasse et des stages d'équitation dans des propriétés joliment arrangées, une nature intacte et les pousadas les plus attrayantes du pays. Les forteresses des villages blancs sont pour la plupart d'origine maure, souvent sur des fondations romaines, et pratiquement chaque château possède une église que les chrétiens ont fait construire lors de la reconquête.

Fiche pratique p. 105-107

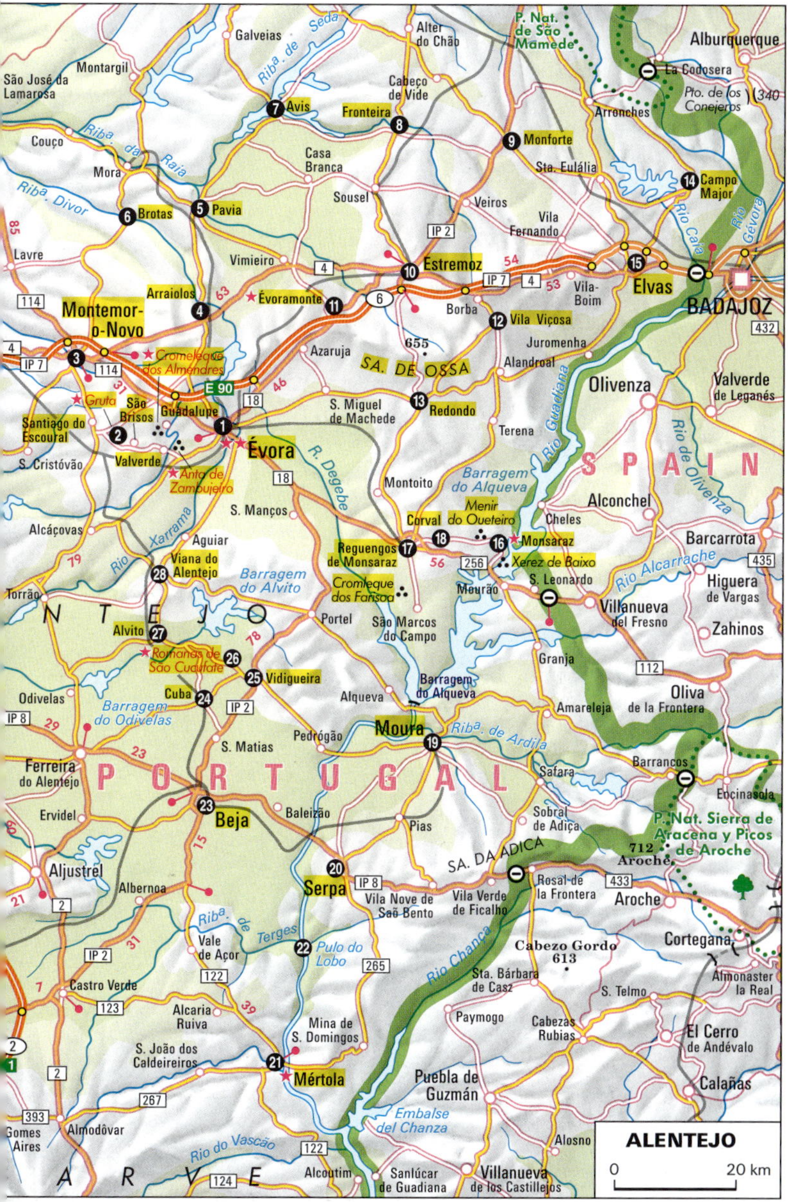
Galveias
Alter do Chão
P. Nat. de São Mamede
Alburquerque
La Codosera
Pto. de los Conejeros
São José da Lamarosa
Montargil
Avis
Fronteira
Cabeço de Vide
Arronches
Couço
Monforte
Mora
Casa Branca
Sta. Eulália
Campo Major
Brotas
Pavia
Sousel
Veiros
Vila Fernando
Lavre
Vimieiro
Estremoz
Elvas
Badajoz
Arraiolos
Évoramonte
Borba
Vila-Boim
Montemor-o-Novo
Vila Viçosa
Juromenha
Cromeleque dos Almendres
Azaruja
Sa. de Ossa
655
Alandroal
Gruta
São Brisos
Guadalupe
S. Miguel de Machede
Redondo
Olivenza
Valverde de Leganés
Santiago do Escoural
Évora
Terena
Valverde
S. Cristóvão
Anta de Zambujeiro
Barragem do Alqueva
Montoito
Menir do Outeiro
SPAIN
Alconchel
S. Manços
Cheles
Alcáçovas
Corval
Monsaraz
Barcarrota
Aguiar
Reguengos de Monsaraz
Xerez de Baixo
Viana do Alentejo
Barragem do Alvito
Mourão
S. Leonardo
Higuera de Vargas
Cromleque dos Farisoa
Villanueva del Fresno
Torrão
Portel
São Marcos do Campo
Zahinos
Alvito
Romanas de São Cucufate
Granja
Vidigueira
Barragem do Alqueva
Oliva de la Frontera
Odivelas
Cuba
Alqueva
Amareleja
Barragem do Odivelas
Moura
Pedrógão
S. Matias
Barrancos
Ferreira do Alentejo
PORTUGAL
Safara
Encinasola
Ervidel
Beja
Baleizão
Pias
Sobral de Adiça
P. Nat. Sierra de Aracena y Picos de Aroche
Aljustrel
Sa. da Adiça
712 Aroche
Albernoa
Serpa
Vila Nova de São Bento
Vila Verde de Ficalho
Rosal de la Frontera
Aroche
Cabezo Gordo 613
Cortegana
Vale de Açor
Pulo do Lobo
Castro Verde
Sta. Bárbara de Casz
S. Telmo
Almonaster la Real
Alcaria Ruiva
Paymogo
Cabezas Rubias
Mina de S. Domingos
El Cerro de Andévalo
S. João dos Caldeireiros
Mértola
Puebla de Guzmán
Calañas
Embalse del Chanza
Gomes Aires
Almodôvar
Alosno
Alcoutim
Sanlúcar de Guadiana
Villanueva de los Castillejos
ALENTEJO
0
20 km
Rio Guadiana
Rio Caia
Rio Gévora
Rio de Olivenza
Rio Alcarrache
R. Degebe
Rio Xarrama
Riba. de Ardila
Riba. de Terges
Rio Chança
Rio do Vascão
Riba. de Seda
Riba. da Raia
Riba. Divor
E 90
IP 2
IP 7
IP 8

**ÉVORA

**Évora ❶, en romain *Liberalitas Julia*, fut le centre épiscopal des Wisigoths, le centre de commerce des Maures et le siège de la cour portugaise au XVIe siècle ; aujourd'hui, elle est la capitale de la province du même nom et de l'Alentejo, le point de jonction entre le Portugal du nord et du sud, entre l'Espagne et Lisbonne, et elle est avec environ 50 000 habitants la ville la plus importante entre le Tage et l'Algarve. Le centre historique est délimité par les remparts du XIVe siècle et se trouve dans son ensemble sous la protection de l'UNESCO depuis 1986 ; il a un diamètre de 1200 mètres et comprend la vieille ville, l'ancien carré romain et la ville médiévale.

L'édifice romain le mieux conservé du Portugal est le *__temple de Diane__ ❶ du IIe ou IIIe siècle, dont le nom fut attribué à cette déesse sans véritable raison. On compte encore 14 des 18 colonnes aux chapiteaux corinthiens en marbre d'Estremoz qui se dressaient autrefois sur un socle de 3 m de hauteur.

Ci-dessus : le temple de Diane à Évora.

L'ancien **Convento de Lóios** ❷ du XVIe siècle abrite aujourd'hui la *__Pousada dos Lóios__ qui accueille ses clients dans le luxe : les cellules monastiques ont été transformées en chambres de style et, en été, le restaurant installe ses tables dans le cloître.

Financée par l'écrivain Manuel de Melo au XVe siècle, l'**Igreja de São João Evangelista** ❸ voisine est entièrement tapissée d'azulejos bleus.

Le **Paço dos Duques de Cadaval** ❹, demeure aristocratique du XIVe siècle, porte également le nom de **Palácio das Cinco Quinas** en raison de sa tour nord à cinq côtés. Le musée qui y est rattaché présente non seulement les sépultures de la famille Melo, mais aussi des peintures et sculptures des XVe et XVIe siècles.

Le **Palais épiscopal** (XVIe-XVIIe s.) abrite une seconde collection d'art : le **Museu de Évora** ❺ documente au sous-sol le passé romain de l'Alentejo, alors que l'étage supérieur est consacré à de remarquables œuvres gothiques et Renaissance. Un des plus beaux objets est un tryptique en émail de Limoges.

De l'extérieur, la cathédrale *__Sé Catedral de Santa Maria__ ❻ a conservé son caractère d'église fortifiée en gothique primitif du XIIe / XIIIe siècle. Le **portail** est orné de statuettes d'apôtres très expressives. C'est la plus grande cathédrale du Portugal, dont l'espace intérieur dégage une sensation de paix et d'espace. La chapelle centrale contenant l'autel baroque fut complètement transformée par l'architecte allemand Johann Friedrich Ludwig au XVIIIe siècle. Le chœur surélevé et les orgues Renaissance sont à voir.

Le **cloître** gothique laisse apparaître la superbe rosace du transept. Des escaliers en colimaçon situés dans chaque angle mènent au toit, également accessible si l'on visite le **Museu de Arte Sacra,** contenant le trésor de l'église. Cette collection comprend des objets du

 Carte p. 90-91, Fiche pratique p. 105-107

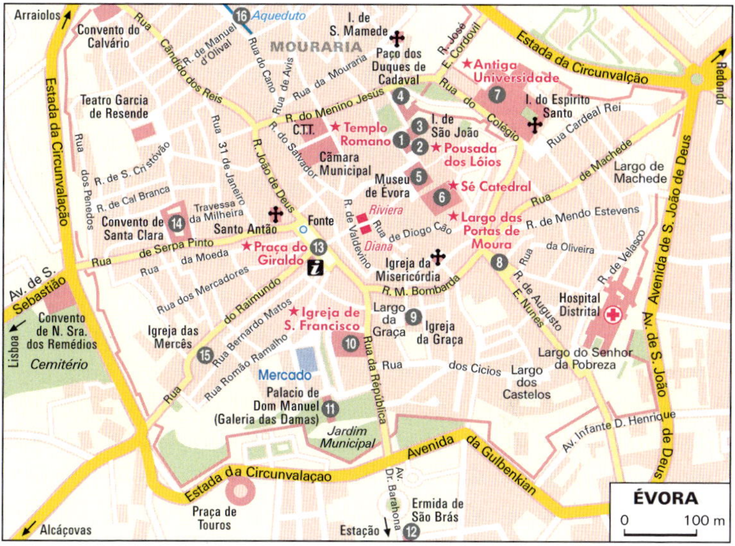

culte, des chasubles, des tableaux et des reliquaires, mais on remarquera surtout un **autel de voyage** du XIIIe siècle et une **Madone** dont le coffret s'ouvre, dévoilant des sculptures miniatures en ivoire.

Le plus vaste bâtiment de la vieille ville est celui de l'★**Antiga Universidade** ⑦, l'université publique, flanquée de l'**église Espírito Santo**, qui a remplacé en 1945 le séminaire jésuite fondé en 1559. Les salles de cours et les azulejos dépeignant diverses sciences méritent votre attention.

La circulation automobile du ★**Largo das Portas de Moura** ⑧ défile autour d'une belle fontaine en marbre dont la pointe est surmontée d'un globe terrestre. La **Casa Cordovil** aux élégantes arcades manuélines est située sur la même place. On est amené à croire que les maîtres d'œuvre d'Évora étaient des *Mouriscos*, ces Maures qui refusèrent de quitter le pays malgré leur expulsion.

L'un des principaux édifices sacrés de la ville est l'**Igreja da Graça** ⑨, réalisée entre 1524 et 1529 par l'architecte Miguel de Arruda en style Renaissance. Sur sa façade, on reconnaît la personnification des quatres grands fleuves de l'ancien monde.

C'est un moment peu gai qui attend le visiteur de l'★**Igreja Real São Francisco** ⑩, sur la praça 28 de Maio ; cette église (1481-1510) d'apparence extérieure plutôt sobre a recueilli dans sa célèbre chapelle latérale, la **Capela dos Ossos**, les ossements de plus de 5000 morts.

Dans le cadre de la sécularisation, de nombreux monastères ont disparu de la ville ; la résidence royale, le **Palácio de Dom Manuel** ⑪ quant à lui, génait l'installation d'une caserne et d'un marché. C'est pourquoi seule une de ses ailes est encore conservée, dans laquelle ont lieu des expositions. Non loin d'ici, les ruines de la **Galeria das Damas** (galerie des dames) servent de cadre aux représentations de théâtre et aux concerts.

Exemple de gothique primitif parmi les témoins de l'architecture sacrée de l'Alentejo, l'église **Ermida de São Brás** ⑫ fut consacrée en 1483 par Dom João Ier.

À la limite ouest de la vieille ville, on ne peut éviter l'animée ★**Praça do Giraldo** ⓭ avec l'église **Santo Antão** et une fontaine Renaissance. Plus rien aujourd'hui ne rappelle qu'à cet endroit bordé de belles maisons bourgeoises et d'arcades, la sainte Inquisition se faisait particulièrement sanglante il y a quelques siècles de là.

Dans la rua de Serpa Pinto, on s'arrêtera pour visiter le **Convento de Santa Clara** ⓮, orné d'azulejos, et son cloître du XVe siècle. Entre le monastère et l'**Igreja das Mercês** ⓯, des ruelles sinueuses traversent l'ancien **quartier juif** médiéval.

Au nord de la vieille ville, sur les deux côtés de la rua de Avis, s'étend l'ancien quartier maure, ou **Mouraria**, avec ses impasses bien caractéristiques. C'est là que, sur des fondations romaines, débouche l'**aqueduc** ⓰ qui amenait "l'eau d'argent" (*agua da prata*) à la ville au XVIe siècle .

Ci-dessus : la Praça do Giraldo à Évora. Ci-contre : lorsqu'on tue le cochon, tout le voisinage participe (près de São Brissos).

Voyage dans la préhistoire

Si vous cherchez des traces intéressantes de témoignages préhistoriques, vous pourrez faire de longues excursions dans l'Alentejo. Les vestiges remontant à la nuit des temps sont visibles à de nombreux endroits de cette province. Dans certains offices de tourisme comme à Évora, Portalegre et Reguengos de Monsaraz, on vous fournira des informations détaillées et des plans de cromlechs, de dolmens et de menhirs ainsi que d'autres découvertes intéressantes dans les environs de ces villes.

Une route impressionnante près d'Évora mène par exemple à la chapelle du dolmen de **São Brissos**, au ★**Cromeleque dos Almendres**, près de Guadalupe (à 10 km à l'ouest d'Évora), une formation ovale formée de 95 pierres, en parties gravées. Cette route conduit également aux peintures rupestres, vieilles de 20 000 ans, de la ★**Gruta do Santiago do Escoural** ❷ et au plus grand dolmen de la péninsule Ibérique, l'★**Anta de Zambujeiro** près de Valverde, au sud-ouest d'Évora.

Plan p. 93, carte p. 90-91, Fiche pratique p. 105-107

Vous visiterez ici aussi les ruines de la superbe **Vila Romana da Tourega** des Ier-IVe siècles apr. J.-C.

LE HAUT ALENTEJO

Les villages situés entre le Tage et la voie romaine qui va de Badajoz à la côte, en passant par Elvas et Évora, sont très éloignés les uns des autres. Chacun a sa particularité : du **Castelo** d'origine romaine de **Montemor-o-Novo** ❸ ne sont restées que des ruines; son ensemble comprenait autrefois quatre paroisses. Les vestiges des églises, du palais ducal et du monastère de **Saudacão** du XVIe siècle peuvent être visités. Après le Moyen Âge, le bourg de Montemo-on-Novo, lieu de naissance de Saint-Jean de Dieu, s'agrandit au-delà des remparts ; il abrite aujourd'hui de nombreuses églises baroques et de jolies rues et places qui invitent à la flânerie. Le ***Museu de Arqueologia** se trouve dans l'ancien monastère dominicain.

Arraiolos ❹ est fier de ses maisons aux murs bleus qui font du village au pied des remparts ovales un ensemble homogène. Le monastère de **Quinta dos Lóios**, au nord du village, possède de merveilleuses faïences d'époque et a été transformé en une somptueuse pousada. Le bourg est connu pour ses tapis brodés et hauts en couleurs que l'on peut découvrir dans de nombreux palais du pays depuis le XVIIe siècle. L'**hôtel de ville** possède des spécimens particulièrement beaux venus de la coopérative locale. On remarquera en outre la belle **fontaine baroque** à l'entrée du village.

Un dolmen millénaire planté au beau milieu du village de **Pavía** ❺ fait office de chapelle, et **Brotas** ❻ possède la tour d'un palais du XIVe siècle.

Avis ❼ se dresse sur un socle de granit. L'imposant château des Templiers (XIIIe siècle) a été légué, lors de la dissolution de l'ordre des Templiers, à l'ordre d'Avis. João Ier, fils naturel de Pedro Ier, fut le vingtième grand maître

et institua, devenu roi, le nom de "dynastie des Aviz".

Les ruelles escarpées du village vous font passer par une porte baroque jaune ocre qui s'ouvre sur le domaine où se trouvent les vestiges du château et du monastère, ainsi que le *pelourinho* portant les armoiries de l'ordre : un aigle aux ailes déployées.

Fronteira ❽ est doté d'une chapelle décorée de mosaïques ainsi que d'un plafond à caissons peints ; enfin, **Monforte** ❾ possède un pont romain, un sanctuaire d'ossements dans l'église du village et des haras connus dans les environs.

Estremoz

L'imposant **Torre de Menagem** (donjon) du domaine du château fort d'**Estremoz** ❿ se voit de loin. Il fut bâti du temps de Dom Dinis au XIIIe siècle, et porte aussi le nom de **Torre das Três Coroas** (tour des trois couronnes), car trois rois participèrent à sa construction. Le château, qui fut détruit au XVIIe siècle à la suite d'une explosion

dans l'entrepôt à poudre, était habité par le légendaire Dom Dinis et sa femme Isabelle, qui fut ultérieurement canonisée. C'est elle qui a donné son nom à la remarquable pousada du *****Palácio Real**, reconstruit au XVIIIe siècle par João V en style gothique. La chambre mortuaire de la bonne reine fut transformée au XVIIe siècle en **Capela da Reinha Santa**, dont les azulejos retracent la vie de la souveraine.

La place du palais royal comporte un monument de marbre moderne dédié à la reine, et est entourée du **Museu Municipal** avec de l'artisanat local et des ruines romaines, de l'église manuéline **Santa Maria do Castelo** avec de remarquables peintures de vieux maîtres portugais, et du palais d'audience de Dom Dinis qui était à l'origine un marché médiéval aux céréales ; aménagé en style manuélin au XVIe s., c'est désormais le **Museu de Arte Sacra**.

Ci-dessus : la fontaine d'Arraiolos et ses décors bleus, typiques de l'Alentejo. Ci-contre : les assiettes peintes de Martelo, à Redondo, attirent des clients venus de loin.

En passant par la porte d'**Arco da Frandina**, on arrive au pilori couronné d'une sphère armillaire (instrument astronomique médiéval) et on atteint la ville basse ceinturée par un rempart du XVIIe siècle où l'on trouve également des monuments importants.

La ville basse s'étend autour du **Rossio**, qui se transforme en marché très coloré le samedi. Là se dresse l'**hôtel de ville**, dans l'ancien palais du vice-roi des Indes ; l'ancien monastère de l'ordre de Malte, devenu plus tard un hôpital, comprend un cloître Renaissance à deux étages, et l'**Igreja da Misericórdia** abrite une crêche de Machado de Castro. Le **Museu Rural** est tout proche et expose les figurines en terre cuite typiques de la région, les *bonecos*.

Au nord de la place Rossio, sur le Lago do General Graça, le **Palácio Tocha** du XVIIe siècle arbore de beaux azulejos ; le monastère franciscain adjacent fut transformé en caserne lors de la sécularisation. Toutefois, son église gothique, **São Francisco**, qui renferme des tombeaux intéressants, un beau maître-autel ainsi qu'un cloître, a pu

Carte p. 90-91, Fiche pratique p. 105-107

être conservée. Enfin, on notera la fontaine ou **Fonte da Gadanha** ornée d'une statue de Saturne sur la place du même nom, cette dernière étant aussi couramment appelée *lago*.

Le **Museu da Alfaia Agricola** ou musée des outils agricoles est installé dans les vastes pièces d'un ancien moulin à grains, aux abords de la ville. Sa collection, présentée avec soin, est constituée d'instruments et de machines agricoles recueillies de la région.

La Serra de Ossa

La **Serra de Ossa** se dresse au-delà de la haute plaine au sud d'Estremoz. Le petit village de montagne d'***Évoramonte** ⓫ ainsi qu'une tour manuéline au crépi flambant neuf d'un goût douteux sont perchés sur un des sommets qui forment la limite du masif. Le panorama couvre la moitié de l'Alentejo. On reconnaît à l'ouest d'immenses talus et des grues rappelant la présence de l'exploitation d'une carrière de marbre d'une surface de 6 km sur 40 km, et qui amène la prospérité à la région située entre Vila Viçosa et Sousel. Les réserves se montent aujourd'hui encore à 20 millions de tonnes.

Vila Viçosa ⓬ est une ville Renaissance fortement marquée par le palais du duc de Bragance, le ***Paço Ducal** (XVIe siècle). Sur l'immense place du palais, le **Terreiro do Paço**, se dresse un **monument à la mémoire de João IV**, créé par Francisco Franco au XXe siècle. Le palais aux larges façades de marbre était la résidence d'été des rois portugais jusqu'à une période récente. Le guide raconte avec délectation diverses anecdotes les plus connues sur le palais, entre autres celle de la première duchesse, tuée en 1512 par son mari, lorsqu'il la surprit en flagrant délit avec son page de 14 ans. Une partie des pièces ainsi que la bibliothèque peuvent être visitées comme partie intégrante du **Museu Biblioteca de Casa Bragança**. Vis-à-vis du palais s'élève l'église de l'ancien **Convento dos Agostinhos** (XVIIe / XVIIIe siècle), renfermant les tombeaux des ducs de Bragance ; les duchesses, elles, reposent au **Convento das Chagas**, à côté du palais.

La *Porta dos Nós, "la porte aux nœuds" de style manuélin, est située au nord du palais. Elle est constituée d'un cordage de pierre très massif caractérisé par des nœuds très protubérants. La forteresse, intégralement conservée, et ses doubles remparts méritent d'être visités. La forteresse fut construite au XIIIe siècle et agrandie au XVIIe siècle. Les fossés et les pont-levis ont également été conservés, et l'intérieur du château est désormais réservé au **Museu de Arqueologia** et au **Museu da Caça** (musée de la chasse).

Entre le château et le rempart extérieur, on arpente des ruelles aux maisons pittoresques pour découvrir l'église Renaissance **Igreja da Conceição**, transformée au XVIIIe siècle. Le premier roi de la dynastie des Bragance, João IV, remit en 1646 sa couronne à la sainte patronne de cette église, une statue gothique représentant la madone. À partir de cette époque, les rois portugais ne portèrent plus de couronne.

Les banlieues modernes de Vila Viçosa attestent nettement l'essor économique dû à l'exploitation du marbre. Tout tourne autour de ce matériau. Les trottoirs, les bâtiments, tout y est construit dans ce noble matériau, et la poussière blanche du marbre, mélangée à la terre rouge, est ici omniprésente.

Redondo ⓭ a un château du XIVe siècle et un vin de bonne qualité. Mais le village doit surtout sa notoriété à un petit vieillard du nom de Martelo qui expose de belles assiettes peintes sur un étal bancal devant son atelier. Son activité exclusive est la peinture à la main de motifs divers qui dépassent de loin le "style naïf" des céramiques traditionnelles.

Les forteresses frontalières

Le château de **Campo Maior** ⓮, bâti au XIVe siècle par le roi Dinis, fut par la suite aménagé en fortification frontalière et servit d'arsenal au XVIIIe siècle. En 1732, une explosion détruisit le **Castelo** en tuant de surcroît une grande partie de la population. Les ossements des victimes furent rassemblés en 1766 dans la chapelle commémorative, la **Capela dos Ossos**, que l'on peut visiter encore aujourd'hui, à côté de l'église paroissiale. Si, de nos jours, l'odeur de poudre ne flotte plus dans l'air, c'est désormais le délicieux arôme de café qui se répand sur la ville, provenant des établissements de torréfaction qui alimentaient encore à la fin du siècle dernier le trafic contrebandier avec l'Espagne.

Tous les cinq ans, la première semaine de septembre, Campo Maior est le cadre d'une fête, la *Festa de São Mateus*, à l'occasion de laquelle les 90 ruelles sont richement décorées. Pour les habitants de chaque ruelle, c'est une question d'honneur que de réaliser la plus belle décoration ; les préparatifs se déroulent dans le plus grand secret, qui ne sera dévoilé qu'à la veille de la fête.

Elvas ⓯ a toujours été bien fortifiée en vue de sa position stratégique de ville frontalière. Un château-fort médiéval, des remparts solides, des bastions à l'avant-poste et de part et d'autre, deux forteresses, la **Forte de Graça** (XVIIIe siècle) au nord et la **Forte Santa Luzia** (XVIIe siècle) au sud permirent aux "lignes d'Elvas" de résister aux Espagnols lors de la guerre de Restauration en 1659. Les constructions actuelles de ce bourg entouré de belles oliveraies sont situées également au sein des fortifications de 1643.

Elvas était le siège de l'évêché avant qu'Evora n'en reprenne la charge. Sur la **Praça da República**, pavée comme une mosaïque romaine (en travaux, 2005), se trouve l'ancienne cathédrale, **Nostra Senhora da Assunção**. Il existe encore toute une série d'églises érigées entre le XIIIe et le XVIIIe siècle et une chapelle baroque construite sur les fortifications même, au-dessus de la porte ouest de la ville. Beaucoup d'habitants

Ci-contre : une des rues de Monsaraz, et le pelourinho (pilori).

 Carte p. 90-91, Fiche pratique p. 105-107

et de visiteurs accordent leur faveur à l'**Igreja de Nossa Senhora de Consolação**. Bâtie en 1543 de forme octogonale, elle fut dotée ultérieurement, au XVIIe siècle, de colonnes dorées en marbre et de carreaux ornementaux, visibles à l'intérieur de la coupole. Le **Museu Regional**, à l'ancien séminaire jésuite, le **Convento dos Jesuitas**, expose une collection variée allant des mosaïques romaines à l'art des anciennes colonies d'Afrique.

Le ***Castelo** au fier donjon se dresse à la pointe nord du village, et renferme un petit **Museu Militar**. Il fut construit au XIIIe siècle par les Maures, puis agrandi au XVe siècle. Les ruelles attenantes sont la partie la plus ancienne d'Elvas et sont particulièrement fleuries. L'***Aqueduto da Amoreira** débouche sur le côté ouest de la ville, mesure près de 8 km de long, 31 mètres de haut, et comprend 843 arches. Les travaux commencèrent sur les fondations d'un aqueduc romain en 1498, sous la direction du maître d'œuvre Arruda, mais ils ne s'achevèrent qu'en 1622. La basilique **Jesus de Piedade**, datant du XVIIIe siècle, se trouve en bordure du village à côté d'une somptueuse fontaine et d'un café et atteste à quel point les Portugais sont croyants et superstitieux. On attribue à la représentation du Christ de l'église des pouvoirs miraculeux, et un musée abrite 5600 ex-voto rassemblés au cours des siècles ; les plus récents ne se composent que d'une photo alors que les plus anciens retracent de façon naïve les événements ayant ponctués l'existence des donateurs. Les parties du corps guéries ou sauvées par miracle sont reproduites en cire et également exposées.

En allant 80 km plus au sud, on accède à une autre fortification perchée sur la montagne : l'impressionnante ***Monsaraz** ⓰. Ce petit bourg ne possède que 2 ruelles à l'intérieur de ses remparts, de jolies maisons blanchies à la chaux, quelques petits restaurants et des chambres d'hôtes ou des maisons à louer. La cour du château sert parfois d'arêne aux corridas locales. L'**Igreja Matriz** avec le *pelourinho* gothique, l'église **Misericórdia** ainsi que les deux chapelles **Santa Catarina** et **São**

João Batista sont de vrais petits bijoux. Au XIXe siècle, une grande partie de la population quitta la protection offerte par Monsaraz pour aller s'installer dans la plaine fertile. C'est là que se forma la localité **Reguengos de Monsaraz** ⓱, dont les alentours produisent un des meilleurs vins de l'Alentejo.

Le lieu proche de **Corval** ⓲ est renommé pour ses 36 ateliers de poterie. Dans les environs, on notera la présence de toute une série de dolmens et de menhirs avec entre autres le **menhir** phallique **d'Outeiro**, de 5,6 m de hauteur, ainsi que les cromlechs de **Farisoa** et **Xerez**, ce dernier offrant un beau panorama sur la forteresse de Monsaraz.

LE BAS ALENTEJO

Les fortifications maures

La partie Est de l'Alentejo est parsemée de localités paraîssant loin de tout. La petite ville de **Moura** ⓳, "la Maure", se love autour de son château médiéval. Cette station thermale est dotée d'un joli parc, de rues commerçantes animées et d'un petit quartier maure (*mouraria*). L'église **São João Batista** arbore un beau portail manuélin. Le couvent des Carmélites le plus ancien du Portugal, le ⋆**Convento de Nossa Senhora do Carmo** (fondé vers 1250) a conservé son église Renaissance et son cloître qui font en même temps office de musée d'Art Sacré (**Museu de Arte Sacra**).

Plus au nord, la construction très contestée du barrage d'**Alqueva** est en cours, qui a pour but de retenir les eaux du Guadiana afin d'irriguer l'Alentejo méridional et certaines régions de l'Algarve, sujettes à la sècheresse. Plusieurs vallées seront inondées lors de l'achèvement de cet immense projet.

Une église, **Nossa Senhora da Guadalupe**, et une pousada, sont perchées sur la colline d'**Alto de São Gens**, à 287 mètres au-dessus du niveau de la mer, offrant une belle vue d'ensemble sur les oliveraies, les chênes-lièges et la ville de **Serpa** ⓴. Cette agglomération toute

Ci-dessus : la cité médiévale fortifiée de Mértola trône au-dessus du rio Guadiana.

Carte p. 90-91, Fiche pratique p. 105-107

blanche, entourée d'un rempart maure, abrite un château à moitié en ruines (XIIIe siècle et aujourd'hui **Museu Arqueológico**), l'église gothique de **Santa Maria**, décorée de faïences, un **Aqueduto** construit sur les fondations maures du rempart, des églises baroques et d'innombrables ruelles pavées.

C'est ***Mértola** ㉑ qui a su conserver au mieux son patrimoine médiéval. Le port romain *Myrtilis* devint une fortification maure, puis le siège de l'ordre des chevaliers de Saint-Jacques du XIIIe au XVe siècle ; il est situé de façon très pittoresque sur une avancée rocheuse au confluent de l'Oeiras et du Guadiana. Le village est blotti sur le versant de la montagne, sous la domination du château et de l'**Igreja Matriz**, l'unique église du Portugal révélant son ancienne fonction de mosquée. Ce lieu de culte aujourd'hui chrétien arbore encore sa structure carrée de mosquée, une niche pour la prière orientée vers la Mecque (*mihrab*) et un arche en fer à cheval surmontant la porte de la sacristie. La fortification maure de **Castelo dos Mouros** tomba en 1233 et fut reconstruite par les chrétiens à la fin du XIIIe siècle. Le **Museu Arqueológico** présente les témoignages de ce passé romain et maure.

À 25 km au nord de Mértola, accessible par un chemin à partir d'Amendoeira, le Guadiana s'est frayé un chemin crevassé dans le rocher : le **Pulo do Lobo** ㉒ ou "saut du loup" où s'écoule une petite cascade. Malheureusement, le cours d'eau est si pollué que le plaisir de ce spectacle en est gâché.

Beja

Beja ㉓, *Pax Julia* du temps des Romains, avec son donjon recouvert d'étain (XIIIe siècle), est l'agglomération principale du bas Alentejo. La petite ville se caractérise par de bons restaurants et des magasins sympathiques. Deux édifices devront figurer ici sur votre liste : l'ancien couvent des sœurs franciscaines a été transformé en **pousada** tout en conservant la chapelle gothique, le cloître, la salle du chapitre et le réfectoire, alors que dans le ***Mosteiro Nossa Senhora da Conceição**, un ancien couvent de clarisses, seuls l'église et le cloître ont subsisté. C'est là que vécut la célèbre nonne Mariana Alcoforrado (1640-1723) qui était tombée amoureuse du chevalier français de Chantilly. Leur liaison ayant été découverte, le chevalier dut regagner la France. Mariana lui aurait écrit des lettres, auxquelles elle ne reçut jamais de réponse. Ces lettres d'amour ont longtemps été considérées comme l'œuvre majeure de la littérature portugaise du XVIIe siècle. Aujourd'hui toutefois, on doute de leur authenticité, et on suppose que le Français de Guilleragues en est l'auteur. Mariana mourut au couvent à l'âge de 83 ans.

Le bâtiment, vide à la fin du XIXe siècle, le demeura jusqu'à sa transformation en **Museu Regional Rainha Dona Leonor** en 1927. Il doit son nom à la duchesse de Beja, la reine Leonor, dont les parents avaient fondé le couvent en 1459. Les pièces les plus remarquables du musée sont entre autres des mosaïques romaines, une merveilleuse collection d'*azulejos*, des objets d'art populaire, des meubles et des peintures dues par exemple à l'Espagnol Ribera. L'architecture influencée par le style manuélin et les azulejos bien conservés du XVIe siècle, dans le cloître et la salle du chapitre, font de cet ensemble un régal pour les yeux.

Le musée a une annexe dans la ***Capela de Santo Amaro**, dans laquelle des objets wisigoths sont exposés. L'église wisigothe est le plus ancien édifice de la ville, et son ample construction à trois nefs ne manque pas d'impressionner le visiteur. Non loin de là, on peut voir le **Castelo** construit par Dom Dinis, sur des restes de fortifications romaines, et dont la tour fortifiée de 40 mètres de haut, la **Torre de Menagem**, est la plus élevée du Portugal.

Ses murs abritent le **Museu Militar do Baixo Alentejo**.

Avec de remarquables mosaïques, les vestiges de la **Vila de Pisões** romaine s'étendent au sud-ouest de Beja.

Au pays des chênes-lièges

En partant de Beja, une belle excursion nous mène vers le Nord et nous fait traverser une région vallonnée, boisée de chênes-lièges tout autour des lacs de rétention d'Odivela et Alvito, pour nous mener vers Cuba, Vila alva, Vidigueria et Viana. **Cuba** ㉔ est le centre du chant de l'Alentejo ; en effet, ici, chaque village a sa chorale, et avec un peu de chance, on se trouvera au bar du village lorsque les choristes répèteront. Ce sont les gens simples du pays qui chantent avec ferveur et sérieux leur existence difficile, la beauté de leur patrie et leur espoir en un avenir meilleur. Les villages de la région sont tout blancs, plats et munis de silos à grains grands comme des châteaux et de petites églises des XVIe et XVIIe siècles.

Ci-dessus : les troncs rouges "épluchés" des chênes-lièges de l'Alentejo.

Vidigueira ㉕ était déjà un lieu viticole du temps des Romains. Près de ***São Cucufate** ㉖, on peut encore voir les vestiges du monastère de l'ordre des chevaliers de Saint-Jacques, qui fut construit au XVe siècle sur des restes de murs romains.

Le château d'**Alvito** ㉗ transformé en **pousada** depuis quelques années, révèle la structure massive d'un monument qui fut édifié au XVe siècle comme lieu de retraite pour le roi João II en cas de guerre. L'**Igreja Matriz,** église Renaissance aux trois nefs, est totalement tapissée de faïences du XVIIe siècle. La chapelle de **São Sebastião** est encore un exemple d'église fortifiée du bas Alentejo, alors que la chapelle **Santa Luzia**, contenant des fresques du XVIIe siècle, est coiffée d'une coupole de style maure, fait extrêmement rare.

Viana do Alentejo ㉘ possède un **château** massif auquel l'église est intégrée. La basilique de **Nossa Senhora dos Aires**, sur les contreforts du village,

Carte p. 90-91, Fiche pratique p. 105-107

conserve tout comme celle d'Elvas les ex-voto des miraculés.

LA CÔTE ATLANTIQUE DE L'ALENTEJO

Plus l'on s'approche de la côte, plus le paysage de l'Alentejo se présente sous des aspects variés. Les forêts de chênes-lièges et de pins se mêlent aux petits champs et aux fermes isolées. Les sommets des collines sont coiffés de majestueux vieux moulins souvent désaffectés ou transformés en résidences de vacances. Les villages sont plus animés grâce à de petites entreprises, des artisans, des ports de pêche et un peu de tourisme. Les plages de l'Alentejo sont sauvages et à peine aménagées. Dans la partie sud de la côte, du cap Sardão jusqu'à Odeceixte – première petite ville de l'Algarve – et plus loin jusqu'au cap São Vicente à l'extrême sud-ouest, les plages de sable ne se trouvent qu'aux embouchures des cours d'eau ou dans des criques. Mais au sud et au nord de Sines, d'immenses plages de sable s'étirent au pied des falaises escarpées ou des dunes. Les accès en voiture ne sont possibles qu'à peu d'endroits et il y a beaucoup à découvrir. Les voyageurs individuels trouveront aussi de quoi se loger ici.

***Alcácer do Sal** ㉙ tient son nom du château arabe et des salines qui scintillent entre les rizières des abords de l'embouchure du Sade. Les cultures qui succédèrent aux Romains dans la ville de *Salacia* ne nous laissèrent aucun vestige de la ville initiale. Les Arabes, pour qui le sel était une denrée précieuse, élargirent la fortification. Des croisés allemands libérèrent la ville des Maures au XIIIe siècle, et elle devint le siège de l'ordre des chevaliers de Saint-Jacques. La petite ville a un charme déjà très maritime avec son grand **Castelo**, et elle se caractérise par un commerce animé et une pêche active dans l'embouchure du Sade. La **Capela das 11 000 Virgens** (chapelle des 11 000 Vierges) dans l'ancien monastère de **Santo António**, est absolument à voir. Les azulejos de l'église de **São Tiago** relatent le passé de la ville, et les résultats des fouilles archéologiques effectuées dans la région sont exposés dans la petite église d'**Espirito Santo**.

L'**embouchure du Sade** est aujourd'hui une **réserve naturelle** (presqu'île de de **Troia** et **Certobriga** : v. p. 84). Il existe encore un port de pêche sur pilotis près de **Carrasqueira** ㉚, et l'on peut y voir ça et là une hutte traditionnelle construite en bambous. Les **plages** de Comporta, Carvalhal, Galé Fontaínhas, Melides et Costa de Santo André comprenant de nombreuses lagunes, sont blotties au creux des dunes et de pinèdes, offrant ainsi un cadre idéal pour le repos et les loisirs.

La ville de **Grândola** ㉛ est très animée ; c'est le centre commercial et scolaire de cette région agricole. Le nom de la ville est gravé à tout jamais dans la mémoire des Portugais grâce à la chanson de José Afonso : "*Grândola, vila morena*, à chaque coin de rue un ami, égalité sur chaque visage". Lorsque ce chant interdit fut diffusé à la radio le 25 avril 1974, il déclencha le début de la Révolution des Œillets ; les gens sortirent en foule des maisons, et la petite ville de l'Alentejo devint le symbole de la libération de 50 ans de dictature.

Santiago do Cacém ㉜, importante cité romaine, est située entre la forteresse et une longue arête montagneuse, sur laquelle sont alignés des moulins à vent. L'un d'eux est ouvert aux visiteurs. Les vestiges des murs du **Castelo** maure, abritant aujourd'hui un cimetière, sont à côté de l'**Igreja Matriz** qui fut reconstruite après le tremblement de terre de 1755. Les reliefs mettent son patron, Saint-Jacques, en scène.

La partie neuve de la ville, aux pieds du château, abrite un beau **Museu Municipal** sur la place principale, dans les murs de l'ancienne prison. On y admirera les principaux objets de la *Miróbri-*

ga celte, et plus tard romaine, trouvés lors de fouilles. En passant par la colline et derrière les moulins à vent, on accède aux au site archéologique. La **gare** de Santiago se trouve de l'autre côté du village mais ses azulejos des années 1930 méritent le détour.

Sines ㉝ est la ville natale de Vasco de Gama, (qui découvrit les Indes par voie maritime en 1498) et était un petit village de pêcheurs tranquille, serré contre les falaises hautes de 40 m, il y a encore seulement vingt ans de cela. Aujourd'hui, c'est la seule ville industrielle de la côte sud-ouest du Portugal avec Setúbal. La nouvelle voie de circulation avec le pont du Tage, l'agrandissement du port pour accueillir des pétroliers à fort tonnage, les raffineries de pétrole et les installations pétrochimiques en ont fait un important centre d'affaires.

Les ★**plages** magnifiques des alentours partent du nord pour atteindre la **l**agune de **Santo André** ; au sud, les baies se transforment en paysage de dunes et de plages à partir du port de pêche et de la station balnéaire de **Porto Corvo** ㉞.

Ci-dessus : les femmes sont fières de la profusion de leurs plantes décoratives.

Non loin du littoral s'étend la petite **île de Pessegueiro,** où des fouilles romaines et les vestiges d'une fortification du XVIIe siècle sont d'un intérêt non négligeable. Les bateaux de pêche peuvent vous y emmener en été.

Le littoral entre Sines et l'Algarve a été déclaré réserve naturelle. Les belles ★**plages** de **Malhão**, **Alvados**, ★**Vila Nova de Milfontes** ㉟ (jolie petite ville à l'embouchure du Mira) et la **Praia Grande** près d'**Almograve** ㊱ sont situées dans cette zone protégée.

Le petit village de **Cavaleiro** ㊲ propose un bar un tantinet rustique, un **centre équestre**, le phare du romantique ★**Cabo Sardão** et de petites **baies de sable** discrètes le long d'une côte rocheuse tourmentée.

★**Zambujeira do Mar** ㊳ est une station balnéaire charmante avec d'excellents restaurants de poisson ; les jeunes Lisboètes y viennent en août pour assister au festival de rock annuel.

Carte p. 90-91

ALENTEJO

ALCÁCER DO SAL

Praça Pedro Nunes, tél. 265 622 565.

Estrela do Sado, Av. Aviadores, tél. 265 622 917.

Museu Arqueológico, Igreja Espirito Santo, Praça Pedro Nunes, mar-ven 9-12h30 et 14-17h30.
Burg, mar-dim 9-12h et 14-17h.

ALJUSTREL

Jardim Público, tél. 284 600 079.

Église **Nossa Senhora da Assunção** : baroque brésilien, petit **musée de la mine**.

ARRAIOLOS

Câmara Municipal, Pr. Lima e Brito, tél. 266 490 240.

Feira Boaventura : 2e sam de juillet.

Câmara Munícipal (mairie) : collection de tapisseries locales (de la coopérative de tapisseries **FRACOOP**), Casa dos Arcos (maison des arts), Praça Lima e Brito 4, ouvert lun-ven.

Les tapis de la **FRACOOP** sont en vente dans de nombreux magasins sur place, mais aussi à Lisbonne Porto ou Évora.

BEJA

Rua Capitão João Francisco de Sousa 25, tél. 284 311 913.

Arroz Doce, Rua do Vale 19, tél. 284 323 108, brasserie, excellents menus à midi. **A Floresta**, Largo da Conceição 2, tél. 284 329 578.

Museu Regional Rainha D. Leonor, mar-dim 9h45-13h et 14h-17h15. **Capela de Santo Amaro** et **musée wisigoth** : mar-dim 9h45-13h et 14h-17h15 (même billet d'entrée que pour le musée régional). **Museu Militar do Baixo Alentejo** au **Castelo**. **Vila Romana de Pisões**, accès par l'Estrada de Aljustrel (N18), tourner à droite près de Penedo Gordo.

Marché le sam autour du château.

BORBA

Câmara Municipal, tél. 268 894 113.

A Talha, Rua Diogo de Borba 12, tél. 268 894 473, petite adega, spécialité : potées.

Museu de Cerâmica : Quinta dos Lobos. **Musée d'art berger et figurines paysannes** : Orada.

Kermesse de Borba : 1-2. novembre. Fête populaire d'**Orada** : 1e semaine d'août.

CASTRO VERDE

Basílica Real : mosaïques, **São Marcos da Atabueira**, XVIIe s.

CORUCHE

Largo Porto João Felício, tél. 243 617 488.

Alcourucen, Rua de Olivença 55, tél. 243 617 771.

ELVAS

Praça da República, tél. 268 622 236, fax 268 625 157.

Pousada Sta. Luzia, tél. 268 622 194. **A Bolota**, Terrugem, tél. 268 657 504.

Forte de Santa Luzia : ouvert tlj. **Museu Etnológico e Arqueológico António Tomás Pires (Museu Regional)**, Rua dos Apóstolos, lun-ven 9-12h et 14-17h30. **Aqueduto da Amoreiras**. Églises **Nossa Senhora da Consolação** et **Jesus da Piedade**.

Festa de S. Mateus : dernière semaine de septembre.

ESTREMOZ

Rossio do Marquês de Pombal, tél. 268 339 200.

Ágiuas d'Ouro, Rossio Marquês de Pombal 27, tél. 268 333 541.

Museu Municipal, Largo D. Dinis, mar-dim 9-11h45 et 14-17h45 . **Museu de Arte Sacra**, Rossio Marquês de Pombal, dim-ven 9-12h30 et 14-17h30, sam 9-12h30. **Museu Rural**, Rossio Marquês de Pombal, mar-dim 10-13h et 15-18h.

FIAPE en avril : salon de l'agriculture et de l'art populaire, avec kermesse.

ÉVORA

Praça do Giraldo, tél. 266 702 671.

Jardim do Paço, à côté du temple, tél. 266 744 300.

Museu de Arte Sacrad et **Sé Catedral de Évora**, mar-dim 9-12h30 et 14-17h. Ruines du **temple romain**. **Museu da Casa dos Duques de Cadaval (Palácio das Cinco Quinas)**, mar-dim 10-12h30 et 14-17h. **Museu de Évora**, Largo Conde de Vila Flor, mar-dim 10-12h30 et 14-17h.
Cercle de pierres mégalithiques et **menhir** d'**Almendres** près de Guadalupe.

Grande fête de juin : **Feira de São João**. Fin septembre, les années impaires : **Évora, os Povos e as Artes**, exposition d'artisanat d'art régional.

MÉRTOLA

Largo Vasco da Gama 1, tél. 268 612 573.

A Convenção, à côté du castel, tél. 26895217.

Museu Arqueológico de Mértola, Largo Vasco da Gama 1, (Turismo), lun-ven 9-12h30 et 14-17h30, sam/dim à partir de 10h, en été jusqu'à 18h30. **Vestiges romains** : Câmara Municipal, lun-ven 9-12h30 et 14-17h30, le week-end sur rendez-vous. **Église du Ve siècle : Rossio do Carmo** (guide au Turismo). **Vestiges islamiques** : Rua da Igreja, lun-ven 9-12h30 et 14-17h30, sam/dim 10-12h30 et 14-18h30. **Igreja Matriz**, ancienne mosquée.

MONSARAZ

Largo D. Nuno Álvares Pereira, tél. 266 557 136.

Zé Lumumba, avec terrasse, tél. 266 557 121. **A Casa do Forno**, Travena da Sanabrosa, tél. 266 557 190.

Castelo, église gothique **Igreja Matriz, Museu de Arte Sacra**.

MONTEMOR-O-NOVO

Largo Calouste Gulbenkian, tél. 266 898 103.

Sampaio, Rua Leopoldo Nunes 2, tél. 266 891 269.

Castelo et **Igreja Matriz. Museu de Arqueologia** au Convento S. Domingos (fouilles des dolmens et grottes d'Escoural), mar-dim 10-12h30 et 14-17h30. **Grottes préhistoriques de Santiago do Escoural** : mer-dim 9-12h, mar et ven 13h30-17h30, sam/dim 13h30-17h. **Chapelle** et **dolmen** de **S. Brissos**.

Feira da Luz (kermesse) : 1er sam de septembre.

MOURA

Largo de Santa Clara, tél. 285 251 375.

Pressoir à olives : **Varas do Fojo**. Moulins à eau près de **Ardila**. **Pont romain**.

ODEMIRA

Praça José Maria Lopes Falcão, tél. 283 320 900.

Restaurante O Escondidinho, Largo Brito Pais, tél. 28322558.

REDONDO

Pr. da República, tél. 266 989 210.

Ruines du château, Porta do Sol, Torre de Menagem, Postigo do Relógio (porte de l'horloge).
Paço do Concelho (mairie), **Anta de Candeeira** (dolmens).

Feira de S. Francisco : 4-6 octobre.

SANTIAGO DO CACÉM

Largo do Mercado, tél. 269 826 696.

Restaurante O Retiro, Rua Machado dos Santos 8, tél. 269 822 659, fermé le dim.

Museu Municipal, mar-ven 10-12h30 et 14h30-18h, sam/dim 15-18h.
Miróbriga, fouilles romaines, mar-ven 9-12h et 14-17h, sam/dim 14-17h.

SERPA

Largo Dom Jorge de Melo 2-3, tél. 284 544 727.

Museu Arqueológico, **Castelo**, **Porta de Beja**, **Convento de Santo**, **musée de l'horloge**.

Romaria (pèlerinage) **de Nossa Senhora da Guadalupe** : 5 jours à partir du vendredi saint.

Kermesse : de la dernière semaine d'août à la première de septembre. Foire mensuelle : le dernier mardi de chaque mois.

SINES

Jardim das Descobertas, tél. 269 634 472.

Varanda do Oceano, Rua Rampa 1, tél. 269 632 303.
Esplanada Alentejana, Pr. República, tél. 269 632 294.

Castel. Museo Arqueológico, Rua Francisco Luis Lopes 38, mar-dim 10-12h30 et 14-17h. Azulejos de la **gare**. **Lagoa de Santo André**, **Lagoa de Melides** et **Ilha do Pessegueiro**.

VIDIGUEIRA

Pr. da República, tél. 284 434 492.

Cucufate, vestiges romains près de Vila de Frades, mar-dim 10-17h.

Feira do S. Tiago : 2e week-end de juillet.

VILA NOVA DE MILFONTES

Rua Vasco Mantas, tél. 283 996 599.

Portal da Vila, Rua Sarmento Beires 5, tél. 283 996 823. Ouvert avril-octobre tlj. 11-22h. Délicieuses grillades ; réservation recommandée.
Chave d' Ouro, Rua Custódio Braz Pacheco, tél. 283 996 290. Ouvert 12h-15h30 et 19-22h30, fermé le mer.

VILA VIÇOSA

Pr. da República, tél. 268 881 101.

Ouro Branco, Campo da Restauração 43, tél. 268 980 276. **Os Cucos**, Mata Munícipal, tél. 268 980 806.
A Churrasqueira, Largo Gago Coutinho, tél. 268 980 383.

Museu Biblioteca da Casa de Bragança, au **Paço Ducal**, en été mar-dim 9-13h et 15-17h30, en hiver jusqu'à 17h.
Museu de Arqueologia, **Museu da Caça** (musée de la chasse), **Museu de Arte Sacra** à l'abbatiale de Santa Cruz.
Porta dos Nós (porte des nœuds).

Romaria Santuário de N. Sra. da Conceição : 1er dim de mai. **Grandes foires** : les derniers week-ends de janvier, mai et août.

L'ALGARVE

FARO
SERRA DO CALDEIRÃO
ALGARVE SOTAVENTO
ALGARVE BARLAVENTO
SERRA DE MONCHIQUE

L'ALGARVE

L'**Algarve**, de l'arabe *al gharb*, "l'Ouest" de l'ancien califat de Cordoba, est pour de nombreux touristes d'Europe du Nord et d'Europe centrale, synonyme de soleil, plages, eau limpide et propre ; mais ses températures printanières, ses prairies en fleurs aux papillons multicolores en font également une destination très agréable en hiver.

La côte de l'Algarve s'étire sur 150 km dans le sud du Portugal. Les massifs du centre la protègent des vents froids du nord : la Serra de Espinhaço de Cão (le dos du chien), de Monchique et do Caldeirão. Cette région située à l'extrême sud-ouest de l'Europe est tournée vers le soleil comme une terrasse. Plus de 3000 heures d'ensoleillement par an lui assurent un climat tempéré douze mois par an ; les températures estivales varient en moyenne entre 22 et 30°C, les hivernales entre 15 et 20°C. Il n'y a pratiquement pas de précipitations entre juin et septembre. L'hiver sur l'Algarve correspond plutôt au printemps, car les pluies d'octobre et de novembre donnent une végétation verdoyante et des champs de fleurs ; les orangers fleurissent en décembre, les amandiers en janvier.

Pages précédentes : les petites criques entourées de falaises calcaires sont typiques dans l'ouest de l'Algarve. Ci-contre : le golf des falaises de Vale do Lobo ; ce sport chic se pratique ici depuis 70 ans.

Les étés de l'Algarve sont chauds et ensoleillés, une légère brise atlantique rafraîchit la côte et permet de supporter des températures oscillant autour de 30°C. On peut se baigner de la mi-avril au jour de la Saint-Martin en novembre, le *Verão Sã Martinho*, qui évoque l'été indien portugais.

Sur le plan historique, les nombreux pillages, incendies et ravages provoqués par les guerres ou par les attaques de pirates pendant l'âge d'or du Portugal ne laissèrent que peu de choses à la postérité. Ce qui avait subsisté fut détruit lors du tremblement de terre de 1755.

Comme partout ailleurs sur les côtes du sud de l'Europe, les investisseurs portugais et étrangers ont investi sur l'Algarve en installant des hôtels, des immeubles et des bungalows. La haute concentration en grands immeubles est rare et limitée à peu de villes (Quarteira, Vilamoura, Praia da Rocha) ; seuls les bâtiments communaux sont parfois dotés d'une architecture différente.

Le style architectural moderne est fidèle au style traditionnel de l'Algarve : maisons basses et blanchies à la chaux, toits en terrasse, balcons, cheminées en filigranes et sols carrelés. Bien évidemment, des concessions sont faites au

Carte p. 112-113, Fiche pratique p. 125-127

confort moderne dans l'aménagement intérieur et l'équipement technique.

Vous avez le choix entre près de 70 plages entre Odeceixe, sur la côte ouest, et Monte Gordo, sur le Guadiana, à l'est. La plupart d'entre elles arborent le drapeau bleu décerné comme marque de propreté aussi bien pour l'eau que pour la plage. Ces dernières années, beaucoup de stations balnéaires se sont adaptées aux nécessités touristiques, mais elles ont su garder leur originalité et toutes leurs traditions. Lorsque la plupart des touristes quittent le pays en fin de saison, au mois d'octobre, les *algravios* se retrouvent entre eux et la vie reprend son cours normal.

L'Algarve compte environ 330 000 habitants. Tous ne sont pas natifs de la région ; c'est le cas des *retornados* qui viennent des anciennes colonies comme par exemple du Mozambique, de l'Angola et de Goa ; tous ne sont pas non plus Portugais mais viennent aussi d'Angleterre, de Scandinavie, d'Allemagne, de Suisse ou des Pays-Bas. Ces nouveaux venus vivent en grande partie de l'hôtellerie ou de la restauration.

En haute saison, la population de l'Algarve double en chiffre, les routes sont encombrées et les restaurants souvent bondés. Les vacanciers de l'Algarve ne viennent pas seulement d'Europe centrale ou d'Europe du Nord, mais sont aussi des Portugais, des travailleurs étrangers et des Espagnols, pour qui des vacances au Portugal sont plus avantageuses que dans leur propre pays.

L'Algarve est composée de quatre régions très différentes : les montagnes (*serras*) au Nord, la région des jardins et plantations, *Barrocal,* située entre les montagnes et la côte, et enfin les deux visages opposés de la côte : le *Sotavento*, côte de sable à l'abri du vent avec des paysages de dunes, des lagunes et des îles sablonneuses jusqu'à l'Ouest de Faro, et, en dernier lieu, *Barlavento*, la côte rocheuse escarpée et balayée par le vent s'étalant d'Albufeira jusqu'au cap Saõ Vicente et comprenant des formations rocheuses aux formes mystérieuses, des grottes et de nombreuses baies de sable fin.

70% de la côte a été déclarée réserve naturelle ou zone protégée, et toute

Fiche pratique p. 125-127

construction y est absolument interdite ; seule l'agriculture traditionnelle est autorisée. Le **Parque Natural da Ria Formosa** s'étend sur la totalité du territoire formé de dunes et de lagunes qui va de Vale do Lobo à Cacela Velha. Il mesure environ 35 km de long et a une superficie de 17000 hectares. C'est là que de nombreuses espèces d'oiseaux migrateurs choisissent de passer l'hiver. La deuxième zone protégée, la **Reserva Natural de Sapal**, est dans la région des salines de Castro Marin où l'on rencontre des flamands roses. La totalité de la côte Ouest de l'Algarve, de Sagres à Odeceixe et jusque dans l'Alentejo fait partie du parc naturel de **Costa Vicentina**.

*FARO

***Faro** ❶ est la plus grande ville de l'Algarve et est connue de la plupart des touristes grâce à son aéroport international. Elle fait également office de centre administratif, économique et commercial ; mais sa vieille ville pittoresque possède aussi quelques églises et musées intéressants. Après le départ des Celtibères, les Phéniciens en firent une cité de commerce et d'échanges, et les Romains élargirent non seulement le port et les routes, mais construisirent aussi de magnifiques villas près de Vilamoura, Milreu et Balsa ; ils appelèrent l'agglomération *Ossonoba*. Puis vinrent les Wisigoths et les Suèbes, qui christianisèrent la région en se basant sur le culte de la Vierge. Les Maures rebaptisèrent la ville *Xantamaria,* puis *Farun* pour faire honneur au calife Harun.

Après la reconquête au XIIIe siècle, Faro regagna une certaine importance. Vers la fin du XVe siècle, la première imprimerie du Portugal ouvrit ses portes à Faro. La date exacte est connue, car un de ses premiers livres a été dérobé au XVe siècle, et se trouve maintenant au British Museum à Londres.

Mais cette nouvelle prospérité fut de courte durée : Francis Drake, commandité par la couronne anglaise, pilla et incendia les villes de Faro, Lagos et Sagres, puis trois tremblements de terre

ébranlèrent le Portugal au XVIIIe siècle. Le dernier d'entre eux, en 1755, détruisit non seulement Faro, tout comme Lisbonne, mais aussi pratiquement toutes les villes de l'Algarve. Faro est la capitale de sa région depuis 1756.

Le petit tour de ville devrait commencer par le **Jardim Manuel Bivar**, qui comprend le **Museu Marítimo** sur son côté nord (dans le complexe de l'hôtel Eva). La porte de la ville, **Arco da Vila** (l'office du tourisme est situé juste à côté) nous fait pénétrer dans la vieille ville, et quelques pas plus loin, se trouvent la place de **Sé**, donc de la cathédrale (XIIIe siècle, où se côtoient les styles gothique et Renaissance) avec le **Paço Episcopal** (palais épiscopal), l'**hôtel de ville** et le séminaire dans l'ancien palais de l'Inquisition. Sur la place, derrière la cathédrale, se situe le couvent **Nossa Senhora da Assunção**, aujourd'hui **Museu Arqueológico**, qui comprend entre autres des objets romains trouvés à Milreu. Le cloître Renaissance à deux étages mérite d'être visité.

Une série d'églises baroques valent la peine d'être vues : **São Francisco**, **Misericórdia**, **São Pedro**, **São Luis**, **São Sebastião** et l'**Igreja do Carmo** avec la chapelle ossuaire au cimetière attenant. L'extrémité nord du Jardim aboutit dans la zone piétonne où l'on trouve une multitude de magasins, de cafés et d'agréables restaurants.

La plage de Faro est sur l'**Ilha do Faro** (juste à côté de l'aéroport), une île sablonneuse et plane que l'on peut atteindre par un pont étroit. En haute saison, des bateaux font la navette entre Faro et l'île.

Les serres en plastique marquent le paysage dans le voisinage de Faro. Toutes sortes de légumes y poussent entre septembre et juin, chacun pouvant être récolté plusieurs fois dans la saison. Les toiles de plastique protègent les plantes du vent, de la pluie, mais surtout du soleil.

À l'ouest de Faro, peu avant **Almansil** et sur le bord de la route se trouve l'église ***São Lourenço**, dont l'intérieur est entièrement recouvert de carreaux de faïence bleus et blancs, relatant la vie des saints patrons.

Le **Centro Cultural** est à côté de l'église et offre une bonne vue d'ensemble sur l'art actuel au Portugal, dans les anciennes colonies et les autres pays européens. Le fondateur et propriétaire est un négociant d'objets d'art suisse qui organise depuis de nombreuses années des expositions, des concerts et des lectures publiques.

Ci-dessus : la beauté s'estompe - le palais rococo des comtes d'Estói (au nord de Faro) et ses merveilleuses scènes murales valent le déplacement. Ci-contre : un des poissonniers d'Olhão.

LA SERRA DO CALDEIRÃO

Au nord de Faro, parsemées entre les plantations d'arbres fruitiers, les amandiers et les orangers, se trouvent les villas et résidences secondaires des citadins qui veulent profiter du paysage, du

Carte p. 112-113, Fiche pratique p. 125-127

calme et passer l'été dans des régions fraîches (près de **São Brás de Alportel** et **Sta. Bárbara de Nexe**). Déjà, au cours du XIXe siècle, ceux qui pouvaient se le permettre se faisaient construire des maisons pour passer les mois d'été dans un climat plus frais, et, croyait-on, plus sain. Les façades sont fréquemment décorées d'ornements en plâtre, les *platibandas*, qui cachent parfois une terrasse installée sur le toit plat.

Loulé ❷ est un petit bourg, doté d'un marché animé, et est renommé pour ses défilés de carnaval. Mais c'est également depuis des siècles le siège des vanniers, des selliers et des forgerons. Les restes des remparts et du **Castelo** sont encore en partie visibles et abritent un petit **musée local**. En dehors du village, on découvre la chapelle de pèlerinage **Nossa Senhora da Piedade**, cadre d'une tradition originale le jour de Pâques : on vient alors chercher dans la chapelle une statue sainte pesant 250 kg pour la transporter – au pas de course – dans l'église de **São Francisco**. Puis on la ramène dans la chapelle, en haut de la montagne, le deuxième dimanche après Pâques – toujours au pas de course.

Estói ❸ est un village aux maisons anciennes particulièrement belles. C'est ici que se dresse l'unique palais rococo de l'Algarve : construit au XVIIIe siècle par le vicomte d'Estói, le ***Palácio de Estói** possède un fantastique escalier décoré de carreaux en faïence. Les vieux arbres exotiques du parc sont assez étonnants.

Les ruines de ***Milreu** ❹ sont toutes proches et comprennent des villas et un ensemble thermal du IIIe siècle, qui est savamment décoré de mosaïques représentant des dauphins, des coquillages et des poissons.

L'ALGARVE SOTAVENTO (ALGARVE DE SABLE)

La partie sableuse de l'Algarve qui s'étend de Faro jusqu'au Guadiana comprend plusieurs cités qui ne doivent pas leur renommée au tourisme, mais à leur histoire et à leur importance en tant que ports de pêche et de commerce. La ville "cubique" d'**Olhão** ❺ est située à l'est de Faro, dans le paysage aux lagunes de Ria Formosa. En effet, la vieille ville, avec ses maisons blanches en forme de cubes et à toits plats où habitent les pêcheurs, ressemble plutôt à un village marocain. Depuis la tour de l'église paroissiale, **Nossa Senhora do Rosário**, datant de 1864, on a une belle vue sur les *açoteias,* ces terrasses où les habitants font sécher des figues, des amandes et du maïs, où l'on collecte l'eau de pluie ou bien où l'on dort durant les chaudes nuits d'été. Chaque maison est parée d'une cheminée semblable à un minaret. L'église paroissiale fut construite avec l'argent économisé des années durant par les pêcheurs.

Le nom d'Olhão est dérivé de celui de la grande source d'eau douce *olho de água* qui jaillit près de la plage. Les deux grands ***marchés aux halles** où les paysans des environs étalent leur marchandises le samedi, sont sur le Ria.

Directement sur le Ria, à 2 km à l'est d'Olhão, se trouve la ***Quinta de Marim** ❻ qui fut entièrement reconstruite. Cet immense domaine fermier comprend un moulin à eau activé par les marées, des salines, des postes d'observation ornithologique et une station de soin pour les oiseaux. Un petit centre de congrès abrite le **Museu Maritimo** avec des maquettes de bateaux, des outils et des bassins consacrés aux poissons locaux. Par ailleurs, on y trouve des plantations d'arbres fruitiers (amandiers, caroubiers, figuiers), et on y élève le *cão de agua*, une sorte de caniche, utilisé par les pêcheurs, qui préfère le poisson à la viande et sait très bien nager grâce à ses pattes palmées.

Luz de Tavira ❼ est un petit village typique du Sotavento, "l'Algarve de sable", et est situé à l'ouest de Tavira. L'église Renaissance du XVIe siècle possède un remarquable portail manuélin. Par ailleurs, les vieilles maisons sont très bien conservées et arborent de magnifiques façades décorées ainsi que des cheminées en filigranes.

Ci-contre : la belle Igreja da Misericórdia se distingue parmi les 37 églises de Tavira.

Petit village de pêcheurs, **Santa Luzia** ❽ est situé directement sur le Ria Formosa, au sud-ouest de Tavira. S'y rendre en passant par Pedras d'el Rei est déjà un moment privilégié. À Santa Luzia, on attrape des *lulas*, sortes de poulpes, à l'aide de pots de terre marron qui sont entassés sur le quai. Une route secondaire mène ensuite à Tavira, alors que le ponton du village conduit à l'île sablonneuse d'**Ilha de Tavira** dont la portion de plage s'appelle **Barril**. On peut prendre un petit train pour aller à la mer.

***Tavira** ❾ passe pour être la plus belle ville de l'Algarve orientale. Du haut des ruines du **Castelo**, on jouit d'une très belle vue sur les toits de cette ville autrefois si riche grâce à son port et à ses activités commerciales. Ces toits abritaient jadis les biens précieux provenant d'outre-mer et sont encore appelés *telhados de tesouro* (toits au trésor). Aujourd'hui, le port est ensablé et Tavira est à quelques kilomètres à l'intérieur des terres. L'**Igreja da Misericórdia** est un très bel exemplaire du style Renaissance en Algarve. La salle antique renferme un petit musée et la bibliothèque.

Tavira a conservé son caractère médiéval grâce à une très sage décision du maire interdisant de remplacer une vieille maison par une bâtisse neuve. Les nombreuses églises de Tavira lui valurent le nom de "Rome de l'Algarve" ; l'autre surnom, "Venise de l'Algarve", vient de la situation géographique de Tavira, sur les rives du Sequia qui prend le nom de Gilão à partir du **pont romain**. Ce pont doté de sept arches était sur la voie romaine construite pour le passage des armées de Faro à l'Espagne en passant par Mértola et Beja.

À l'est de Tavira, on découvre des plages, **Cabanas** avec un vieux fort, les bourgs de **Conceicão**, **Fabrica** et ***Cacela Velha** ❿, un village perché sur une

Carte p. 112-113, Fiche pratique p. 125-127

falaise avec un fort. Ce village où l'on cultive des moules est minuscule et a gardé son originalité. Des escaliers descendent vers la lagune et vers les bateaux que l'on peut emprunter pour aller sur le banc de sable (belle promenade le long de la plage vers Fabrica). Ensuite viennent les plages de **Manta Rota**, **Alagoa** et en dernier lieu la station balnéaire de **Monte Gordo** ⓫ sur l'embouchure du Guadiana, juste avant Vila Real de Santo António.

Vila Real de Santo António ⓬, au contraire de Vila Real dans la province nord de Tras-os-Montes, est une ville relativement jeune. Port de pêche, elle fut submergée lors du tremblement de terre de 1755 ; le roi ordonna sa reconstruction qui s'effectua en un temps record de 5 mois et selon les plans du marquis de Pombal, c'est-à-dire que l'on retrouve le même motif de jeu d'échecs que dans la Baixa de Lisbonne. C'est ici que fut fondée la première fabrique de conserves de poisson du Portugal, au XIXe siècle. Le peu de trafic frontalier entre Vila Real et Ayamonte, sur le côté espagnol du Guadiana, se fait en voiture par le nouveau pont de l'autoroute. Autrefois, les Portugais allaient en bateau faire leurs achats à Ayamonte.

En remontant le fleuve, on arrive à ***Castro Marim** ⓭, construit sur un sol rocheux, et dont les châteaux imposants attestent l'importance d'antan. C'est de l'Ordre des Templiers qu'étaient issus les chevaliers du Christ en 1319 ; ils choisirent Castro Marim comme siège provisoire. Déjà habité à l'époque préhistorique, Castro Marim était encore une île du temps de Romains. Aujourd'hui, la **Reserva Natural de Sapal** constitue une véritable oasis pour les oiseaux migrateurs et les flamands roses. Il est très agréable d'emprunter en voiture ou à vélo la petite route qui longe le Guadiana jusqu'à Alcoutim via Foz de Odeleite ; des bateaux d'excursion remontent aussi le Guadiana jusqu'à Alcoutim et Mértola.

Alcoutim ⓮ est un petit bourg endormi, coiffé d'un château. De l'autre côté de la rive, sur le côté espagnol, se trouve le village de **Sanlúcar** avec un château encore plus grand et plus élevé. En

1371, le “traité de paix d’ Alcoutim” fut signé sur terrain neutre, c’est-à-dire au beau milieu du fleuve par les rois portugais et castillan.

L’ALGARVE BARLAVENTO (ALGARVE DE ROCHE)

Quand on part de Faro vers l’ouest, la côte s’incline légèrement et se métamorphose en falaises escarpées d’un grès rouge vif à partir de Vale do Lobo. **Quinta do Lago** ⑮ et **Vale do Lobo** ⑯ sont les noms de complexes hôteliers et de bungalows renommés et huppés, parsemés çà et là dans les vieilles pinèdes, et qui comprennent des restaurants de classe, des terrains de golf et des courts de tennis. Outre un centre ville ancien, **Quarteira** ⑰ a aussi de grands immeubles, objets d’investissement de la classe moyenne portugaise. **Vilamoura** ⑱, le “village maure”, est, en son genre, le plus grand site de vacances d’Europe. Cette ville, également port de plaisance, a vu le jour il y a 30 ans, à distance égale environ entre Sagres et Vila Real, sur une vision du grand patron de l’industrie Artur Cupertinho. Les docks et les emplacements de la marina prévue pour 1000 bateaux (d’une longueur maximale de 43 m) ne pourraient pas être mieux situés qu’ici puisque Vilamoura est au carrefour des voies empruntées par les yachts entre la Méditerranée et l’Atlantique. Vilamoura est actuellement un centre international animé où l’anglais est autant parlé que le portugais. De nombreux restaurants sont sur place, ainsi que des bars, des boîtes de nuit, des agences de voyages et d’activités sportives, des magasins, sans oublier six excellents terrains de golf réputés au-dela des frontières portugaises.

Ensuite vient la plus longue plage du Barlavento, la **Praia da Falésia**, avec une côte escarpée rouge ocre qui est interrompue avant **Olhos d’Agua** ⑲ par des écueils de coquillages. Ce petit village de pêcheurs doit son nom “yeux d’eau” aux sources d’eau douce sur la plage, où les chiens viennent laper de l’eau à marée basse. C’est à partir de là que commence l’Algarve rocheuse avec des formations bizarres et de petites baies de sable fin.

Ci-contre : la Praia da Oura (Albufeira).

⋆**Albufeira** ⑳ est aujourd’hui le centre touristique de l’Algarve et surplombe la mer de façon théâtrale. Cette cité a trois plages reliées les unes aux autres, celle du milieu étant accessible depuis la vieille ville par un tunnel. Le tour de la ville commence sur les marches de l’hôtel Rocamar et mène à mi-hauteur des falaises. Depuis plusieurs années, Albufeira possède à la ⋆**plage des pêcheurs** une jetée où de gros bateaux amarrent pour charger et décharger. L’ancienne place du marché, l’agréable **Praça da Republica**, acueille souvent concerts ou expositions.

Près de Galé, la plage est plate et large, et elle s’étire jusque dans la localité d’**Amarção de Pêra** ㉑. Un *amarção* est un large filet utilisé autrefois pour la pêche au thon, entre autres par les pêcheurs de Pêra. La ville d’Armação possède des immeubles assez laids, dont les appartements appartiennent pour la plupart à des Portugais du Nord. Pour pouvoir rembourser leurs crédits, ils louent ces appartements aux touristes en été. En revanche, la plage des pêcheurs d’Armação est particulièrement belle avec tous ses bateaux bariolés.

Si l’on continue plus à l’ouest, on rencontre de nombreuses criques blotties entre les hautes falaises ; les deux plages qui entourent la petite chapelle de ⋆**Nossa Senhora da Rocha**, perchée haut sur un rocher, méritent une mention particulière. La série des plages se poursuit avec la **Praia da Marinha**, la minuscule baie de **Benagil** et l’élégante station balnéaire de **Carvoiero** ㉒ – un ancien village de pêcheurs. Les pittoresques formations rocheuses d’⋆**Algar Seco** sont encore dans leur état d’origine.

Dans l'arrière-pays d'Albufeira, on peut découvrir de jolies villes anciennes comme **Boliqueime** et **Paderne,** avec son château en ruines sur la colline, **Guia**, qui est renommée pour son poulet grillé *piripiri,* **Porches** ㉓, avec ses ateliers de poterie, ou bien encore la ville viticole de **Lagoa** ㉔ qui est le cadre du plus grand salon de l'agriculture annuel de l'Algarve.

Praia de Rocha se trouve juste avant Portimão. C'est une plage de rochers située directement sur l'embouchure du fleuve de l'Arade, avec le bourg pittoresque de **Ferragudo** sur la rive opposée. Praia da Rocha est la station balnéaire la plus ancienne mais aussi la plus connue de toute l'Algarve, et fut fondée au XIXe siècle par les "magnats de la sardine" en quête de résidences d'été. La ville actuelle possède une impressionnante rangée de gratte-ciels et un réseau de voies express assez confus.

À l'autre bout de l'imposante côte rocheuse se dresse le petit fort Santa Catarina du XVIe siècle, dans lequel sont installés aujourd'hui un café et sa terrasse. Sur l'autre rive de l'Arade, près de Ferragudo, on aperçoit le château **São João**, en propriété privée.

Portimão ㉕ est fondé sur un site préhistorique et fut un lieu de commerce et d'échanges très convoité du temps des Phéniciens, des Grecs et des Carthaginois en raison de son port naturel à l'embouchure de l'Arade. Les Romains l'appelaient *portus hanibali* ou *portus magnus,* d'où dérive probablement le nom actuel. Portimão obtint le statut de ville en 1253, et l'industrie de conserves de poisson en fit le plus grand port de pêche de l'Algarve. Les anciennes fabriques de conserves ont désormais cédé la place aux techniques de congélation plus actuelles ; Portimão est maintenant un centre administratif et commercial moderne, renommé pour la variété de ses magasins et pour ses délicieuses sardines fraîches grillées.

La partie côtière qui s'ensuit présente un caractère plus luxueux, avec les plages de **Vau**, **Três Irmãos** et **Prainha**, des hôtels élégants, des villas et des terrains de golf. Le joli village de pêcheurs, **Alvor**, est caché dans les dunes à l'embouchure du Rio Alvor. La petite

Carte p. 112-113, Fiche pratique p. 125-127

***Igreja da Alvor** possède un portail manuélin qu'il faut absolument voir. Les longues plages de sable des deux côtés du delta invitent à la promenade.

Déjà du temps des Phéniciens, des Grecs et des Romains, le port naturel de ***Lagos** 26 était très apprécié. Ces derniers le nommèrent *Lacobriga* et y organisèrent le commerce maritime du Portugal. Les Maures baptisèrent Lacobriga *Zawaia* et l'encerclèrent de remparts. Après la reconquête définitive par le roi Afonso III au XIIIe siècle, Lagos devint une base maritime et commerciale importante. Le nom d'Henri le Navigateur est intimement lié à l'histoire de la ville. C'est de là, en effet, que la flotte portugaise leva l'ancre pour la bataille de Ceuta. Le prince Henri faisait construire ses caravelles à Lagos, navires qui pouvaient transporter des canons et qui permirent la découverte du nouveau monde. C'est un enfant de Lagos, Gil Eanes, qui eut le courage de passer le cap Bojador derrière lequel "le monde connu s'achève et l'enfer commence". Le roi légendaire Sebastião avait doté la ville de ses droits de cité avant de partir avec sa flotte et son armée de 17 000 hommes pour le Maroc, où il devait périr lors de la bataille d'Alcácer-Kébir.

Ci-desus : atmosphère détendue pour les vacanciers de Lagos. Ci-contre : le Ponta da Piedade et ses étranges formes rocheuses.

Les fortifications cachent une des localités les plus charmantes de l'Algarve avec des zones piétonnes variées, des terrasses de cafés, de vieilles églises et une belle promenade le long du nouveau port de plaisance. Devant les jardins de la place de la République se trouve la **statue d'Henri le Navigateur**, le regard figé sur la mer, au-delà du **Forte da Pau da Bandeira**.

Les arcades de l'ancien office douanier, qui servaient de **marché aux esclaves**, se situent à proximité ; la *companhia de Lagos* (fondée au XVe siècle par des armateurs et riches commerçants de Lagos) y vendit les premiers esclaves africains. Devant le portail du rempart restauré se dresse la **statue** du célèbre capitaine **Gil Eanes**, l'un des compagnons d'Henri le Navigateur.

 Carte p. 112-113, Fiche pratique p. 125-127

Lorsqu'on passe le vieux portail pour pénétrer dans la vieille ville, on se retrouve devant l'église la plus impressionnante de Lagos, ***Santo António**, reconstruite en 1769 après le tremblement de terre, et dotée d'un autel baroque doré (selon la technique de la *talha dourada*). Ses précieux azulejos relatent la vie de saint Antoine, né en 1191 à Lisbonne, et qui, devenu moine franciscain, partit comme missionnaire en Afrique. Sur le chemin du retour vers le Portugal, son bateau fit naufrage dans une tempête, et Antoine fut rejeté sur la côte italienne. Il y resta et y mourut en tant qu'évêque de Padoue.

L'église Santo António a servi d'église de garnison, et cela explique l'absence absolue de chaises dans l'église, car les soldats devaient assister à la messe debout. La statue portant une écharpe rouge d'officier représente saint Antoine qui était le saint patron du régiment et de la ville de Lagos. Le **Museu Regional** est juste à côté de l'église et présente un assortiment un peu hétéroclite d'objets archéologiques, sacrés et régionaux.

Au beau milieu de la **Praça Gil Eanes**, en face de l'**hôtel de ville,** le regard se pose sur une statue de marbre très moderne représentant le roi Sebastião. Ici, dans le centre-ville, le choix est varié entre de nombreux cafés et pastelarias, des boutiques et des magasins ainsi qu'un **marché aux halles** à deux niveaux. Ceux qui opteront pour une belle promenade en mer, le long de la côte, pourront aller voir les formations rocheuses de Dona Ana et Ponta da Piedade. Cette excursion, proposée par les pêcheurs, part du quai situé en face de la statue d'Henri le Navigateur.

Pour accéder à ces rochers "carte postale" de ***Praia Dona Ana** et de ***Ponta da Piedade** (à 3 km au sud de Lagos) à pied ou en voiture, il faut quitter Lagos sur le prolongement de l'Avenida dos Descobrimentos en passant devant le fort. Des tavernes y proposent des boissons et des sardines grillées.

LA SERRA DE MONCHIQUE

Quand la chaleur devient trop insupportable sur la côte, les montagnes sont

un refuge idéal. La **Serra de Monchique**, avec son point culminant **Foia**, s'élève à une altitude de 902 mètres, et forme un mur de protection climatique pour l'Algarve. Ce sommet aride, recouvert d'antennes et de mâts de télécommunication, offre un beau panorama sur la mer et sur l'Alentejo. La route qui mène au sommet est bordée de châtaigniers, d'eucalyptus et d'ifs, et les petites localités de ***Caldas de Monchique** ㉗, **Monchique** ㉘ et **Alferce** ㉙ possèdent de nombreux cafés sympathiques aux terrasses soignées. Le massif de Monchique est un lieu de randonnée prédestiné en raison de son excellent microclimat.

Caldas de Monchique, petite station thermale, est riche en traditions et était déjà estimée du temps des Romains. Aujourd'hui encore, on peut recueillir de l'eau aux différentes sources pour ses propres besoins, ou bien en acheter en bouteille dans chaque magasin du Portugal.

Ci-dessus : récolte des oranges dans la Serra de Monchique. Ci-contre : même par une belle journée d'été, le Cabo de São Vicente est balayé par le vent.

Le versant sud de la montagne est une mer de fleurs et d'arbres fruitiers, alors que les versants ouest et nord sont livrés à un climat beaucoup plus rude. Pratiquement inhabités, ils sont boisés d'eucalyptus et de pins. C'est aussi sur le Monchique que pousse cette espèce spéciale de fraisier-arbre, le *medronheira*, dont les fruits servent à la fabrication de l'alcool blanc *Medronho*.

Le Cabo de São Vicente

Cette excursion en montagne peut être combinée avec un circuit sur la côte ouest, en passant par **Marmelete** ㉚ pour rejoindre **Aljezur** ㉛. De là, on peut effectuer un circuit et accéder aux plages de ***Monte Clérigo** et ***Arrifana** et ensuite, plus au sud, à celles de **Bordeira** ㉜, **Carrapateira** ㉝, Vila do Bispo et Sagres ; ou bien on suit la IC 4 à partir d'Alfambras qui est le chemin direct pour Lagos.

Le littoral entre Sines et Sagres est intégré à la réserve naturelle de **Costa Vi-**

centina. En partant du petit village de **Vila do Bispo** ㉞, on arrive à la partie ouest de la côte où la mer est agitée et fraîche (baignade dangereuse!). Les buissons et les arbres ont poussé inclinés et tordus sous l'effet du vent. La plage peu fréquentée de **Praia do Castelejo** (avec restaurant) est située près de la falaise la plus élevée, la **Torre de Aspa**, de 152 mètres de hauteur.

Plus on se rapproche des plages du cap São Vicente, plus les touristes et les visiteurs sont jeunes, et plus le paysage est aride. Le cap et ses environs sont le paradis des plongeurs, des surfeurs et des amateurs de voile. Les pêcheurs postés sur les falaises font bonne pêche car le poisson est abondant et les espèces variées et nombreuses. Le remous des vagues qui viennent se briser sur les falaises est incessant, par vent fort ou calme. De petites plages difficilement accessibles et en forme de coquillages sont enfouies entre les falaises escarpées.

Sagres ㉟ est resté un petit port de pêche bien qu'il se soit agrandi de quelques auberges pour touristes. Il est blotti dans l'échancrure d'un haut plateau et entouré de baies ourlées de plages : Mareta, Martinhal, Ingrina et Baleira.

Du temps des Romains, le cap s'appelait *promontorium sacrum*, "le cap sacré". Le nom de ★★**Cabo de São Vicente** remonte quant à lui à la légende de Saint-Vincent. En effet, après son martyre au IVe siècle, son corps fut retrouvé dans un bateau échoué ici et gardé par des corbeaux. Selon la légende, le premier roi du Portugal aurait ordonné son enterrement à Lisbonne en 1173. C'est la raison pour laquelle les armoiries de Lisbonne comportent un bateau et deux corbeaux.

Aujourd'hui, le cap est l'emplacement du **phare** le plus puissant d'Europe, perché sur un rocher haut de 62 mètres. On peut le visiter ainsi que son petit **musée**. Entre le phare et le Ponta de Sagres se situent les ruines de l'ancien monastère, qui fut par la suite transformé en **Fortaleza de Beliche**. De nos jours, on y trouve un petit restaurant avec une vue incomparable.

Sur la presqu'île aride de ★**Ponta de Sagres** se dresse le **fort** qui fut transformé à plusieurs reprises. Depuis peu, les bâtiments rénovés servent de **Museu Marítima**. Une petite chapelle, plusieurs canons anciens, une **rose des vents** assez curieuse avec 42 compartiments, et d'immenses remparts de protection sont les seuls vestiges de la gloire passée.

L'ancien monastère, **Mosteiro**, était placé sous la direction des chevaliers du Christ, donc du prince Henri (1394-1460) dont on suppose qu'il avait institué ici une véritable école de navigation.

Sagres et le cap furent le théâtre de nombreuses batailles navales. Francis Drake, sous l'ordre d'Elizabeth Ie d'Angleterre, a attaqué le monastère, l'a pillé puis complètement démoli. Il en fit de même avec les villes riches de Lagos et de Faro. L'admiral Nelson battit l'armada espagnole en 1793 à cet endroit même.

Les petites localités situées à l'est du cap, comme les villages de pêcheurs de **Salema** ㊱, **Burgau** ㊲ et **Luz** ㊳, sont éloignées les unes des autres, et disposent de structures hôtelières réduites.

Silves

Une autre excursion intéressante dans l'arrière-pays est le parcours entre Silves et Loulé.

La ville de ***Silves** ㊴ est reconnaissable de loin grâce aux murs rouges de son ***Castelo dos Mouros**. La cathédrale gothique de ***Sé** est bâtie de la même roche rouge sur les fondations d'une mosquée ; elle abrite quelques tombeaux de croisés. *Xelb* (colline ou sommet) était la capitale de l'empire maure ouest *al gharb* du temps de la domination maure (711-1242) et en était ainsi le centre culturel et intellectuel. Silves, ou Xelb, comptait à l'époque plus de 30 000 habitants et pouvait – dit-on – se mesurer à Grenade. À cette époque, le fleuve Arade était navigable jusqu'à Silves et fit de la ville un important port fluvial. Le fleuve s'ensabla au Moyen Âge et la ville tomba dans l'oubli et l'insignifiance, avec seulement 140 habitants. Jusqu'en 1577, Silves fut un siège épiscopal, et céda sa place de capitale de l'Algarve à Faro un an plus tard.

Outre l'intéressant **Museu Municipal de Arqueologia** qui expose les objets trouvés lors des dernières fouilles en date, on remarquera, à la sortie du village, en direction de Messines, la **Cruz de Portugal**, une œuvre manuéline en calcaire blanc de 3 m de hauteur datant du XVIe siècle.

Se rendre de Silves vers l'est pendant la période de floraison des amandiers est l'un des plus beaux moments à passer dans l'Algarve. Le paysage rappelle l'héritage arabe de l'aménagement des jardins : au milieu de champs verdoyants, les arbres plient sous le poids de leurs oranges de couleur appétissante et de leurs citrons jaune vif ; parsemés dans cette symphonie de couleurs, les amandiers rose pâle ou blancs se découpent sur un ciel d'azur. Les fermes sont enrubannées de fleurs, ça et là une jolie villa et les beaux villages proprets se trouvent au sein de ce paysage paradisiaque ; moutons et chèvres broutent dans des champs aux mille fleurs, les abeilles bourdonnent et butinent les narcisses sauvages au bord des ruisseaux, et les gardes-bœufs blancs suivent la charrue dans les sillons à la recherche de vers.

On découvre alors des bourgs comme **Bartolomeu de Messines** ㊵ avec son église du XVIe siècle, puis ***Alte** ㊶ avec la source **Fonte das Bicas,** encastrée dans des azulejos sur lesquels figurent les vers loueurs du poète Candido Guerreiro. Les collines et le cours de la rivière sont recouverts de rosiers sauvages blancs, un cadre agréable pour se promener.

En dernier lieu, on aperçoit le petit bourg de **Querença** ㊷, haut sur la colline, avec ses 5 maisons et une église blanche ; deux excellents restaurants promettent un festin aux gourmets.

Carte p. 112-113

L'ALGARVE

ALBUFEIRA VILLE

Rua 5 de Outubro, tél. 289 585 279.

Cabaz de Praia, Pr. Miguel Bombarda, tél. 289 512 137. **A Ruina**, Cais Herculano, tél. 289 512 094.

Marché quotidien, **foire mensuelle** : 1er et 3e jeudi du mois.
Romaria (pèlerinage) **da Nossa Senhora da Orada**, procession des bateaux le 15 août.

ALBUFEIRA AREIAS S. JOÃO

Tres Palmeiras, Areias de S. João, tél. 289 585 423.
Café Doris, Av. Dr. Francisco Sá Carneiro, tél. 289 582 455.

Discothèque **KISS**, Areias de São João, tél. 289 590 280.

ALBUFEIRA FALÉSIA

Praia Sta. Eulália, tél. 289 542 047 (seulement en été).

Marsisqueira de Santa Eulália, avec **café** et discothèque **Locomia** sur la plage de **Sta. Eulália**, tél. 289 542 636.

ALBUFEIRA GALÉ

Evaristo, Praia do Castelo, tél. 289 591 666.

ALCOUTIM

Praça da República, tél. 281 546 179.

Castelo et musée. À **Vaqueiros : Parque Mineiro Cova dos Mouros**, mar-dim 10h30-16h, en été jusqu'à 18h ; fermé de mi-décembre à mi-janvier.

ALJEZUR

Largo do Mercado, tél. 282 998 229.

Il y a trois restaurants à Arrifana et quatre à la plage de Monte Clerigo.

ALMANSIL

Don Giovanni, Fonte Santa, tél. 289 397 205. **Chameleon**, Rua da República 40, tél. 289 397 599.

Café rock / discothèque **Trigonometria**, Bungavilia Plaza, Quinta do Lago, tél. 289 396 751.

Église **São Lourenço**, lun-sam 9h30-13h et 14h15-18h.

ALTE

Estrada da Ponte, tél. 289 478 666.

Festival do Maio le 1er mai : grand festival de folklore et de danse avec pique-nique tout autour des sources.

ALVOR

Al-Vila, Sítio das Amoreiras. **Aquarium**, R. Ant. José Almeida.

ARMAÇÃO DE PÊRA

Avenida Marginal, tél. 282 312 145.

Serol, Rua Portas do Mar 10, tél. 282 312 146. **Grelha**, Rua Alentejo 2, tél. 282 312 245.

Chapelle romane **Nossa Senhora da Rocha**.

CARVOEIRO

À la Praia do Carvoeiro, tél. 282 357 728.

Caçarola, Monte Carvoeiro, tél. 282 357 315. **Centianes**, Vale Centianes, tél. 282 358 724. **Tia Rosa**, Covas da Areia, tél. 282 341 072.

CASTRO MARIM

Praça 1 de Maio, 2-4, tél. 281 531 232.

Musée du château, avec centre d'informations, **Reserva Natural de Sapal** (parc naturel) : lun-ven 9-17h30.

ESTOI ET MILREU

Palácio de Estoi, parc : mar-sam 10-12h30 et 14-17h30. **Milreu**, vestiges romains, mar-dim 9-12h30 et 14-17h.

FARO

Rua da Misericórdia 8-12, tél. 289 803 604.

Café Aliança, Pr. D. Francisco Gomes 26, tél. 289 801 621. **Vilaadentro**, Largo Afonso III 17, tél. 919 191 021, lun-sam 10-23h. **Pastelaria & Croissanteria Gardi**, Rua S. António 16 et 33, tél. 289 824 062. **Roque**, Ilha do Faro, tél. 289 824 868.

Cathédrale **Sé**, Largo da Sé, ouverte tlj. 9-18h.
Museu Arqueológico, Largo Dom Afonso III, lun-ven 10-18h.
Museu Etnográfico, lun-ven 10-18h.
Museu Marítimo, lun-ven 9h30-12h30 et 14-17h30, sam 9h30-13h.

Festas de Santo António : 12/13 juin. **Feira de Santa Iría** : 3e et 4e semaine d'octobre.

LAGOA

Leão de Porches, Porches, tél. 282 381 384. **Lotos**, Rua Marquês de Pombal 11, tél. 282 352 098.

Mi-juillet : **FATACIL** – salon de l'agriculture, de l'artisanat et de l'artisanat d'art.

LAGOS

Largo Marquês de Pombal, tél. 282 763 031.

Alpendre, R. Barbosa Viana 17, tél. 282 762 705. **António**, Praia de Porto Mós, tél. 282 763 560.

Église **Santo António** et **Museu Regional**, mar-dim 9h30-12h30 et 14-17h.
Forte da Pau da Bandeira : mar-dim 9-12h et 14-18h. Quartier de la vieille ville, remparts et ancien Castelo dos Gouvernadores.

LOULÉ

Edifício do Castelo, tél. 289 463 900.

Casa dos Arcos, Rua Sá de Miranda, tél. 289 416 713.
Museu de Lagar, Largo da Matriz, tél. 289 413 121. **Bica Velha**, Rua Martim Moniz 17, tél. 289 463 376.

Musée régional dans les vieux remparts, lun-ven 9-12h et 14-17h30. Les églises **Misericórdia**, **Conceição** et **Piedade**.

MONCHIQUE

Abrigo da Montanha, Estr. da Foia, tél. 282 912 131. **Central**, localité de Monchique, tél. 282 912 203.
Poço da Serra, restaurant champêtre, Estrada para Lisboa, tél. 282 912 201.

Ruine du couvent **Nossa Senhora do Desterro**. Bains thermaux de **Caldas de Monchique**.

MONTE GORDO

Avenida Marginal, tél. 281 544 495.

Casino de Monte Gordo, tél. 281 512 225.

Discothèque **Zoom**, Avenida Infante, tél. 281 511 981.

OLHÃO

Largo da Lagoa, tél. 289 713 936.

Aquário, R. Dr. J. Lúcio, tél. 289 703 539. **Henrique**, B. dos Pescadores, tél. 289 703 856.

Parque Natural da Ria Formosa Quinta de Marim, Quelfes, tél. 289 704 134, fax 289 704 165, parc et musée : ouvert tlj. du 1.1-25.12.

Le **Festival Mariscos** a lieu au mois d'août.

PORTIMÃO

Largo 1 de Dezembro, tél. 282 416 556.

A Lanterna, EN 125, Parchal, tél. 282 414 429. **Casa Inglesa**, Pr. Manuel Teixeira Gomes, 2, tél. 282 416 290.

Museu Diogo Gonçalves, lun-ven 9h30-12h30 et 14-19h, sam/dim 9-13h et 14-18h.
Igreja N. Sra. da Conceição tlj. 7-12h et 15h30-19h.

PRAIA DA ROCHA

Av. Tomás Cabreira, tél. 282 419 132.

Fortaleza Sta. Catarina, Av. Tomás Cabreira. **Bachus Bar** im **Casino**, tél. 282 415 001.
Barrote, à côté de l'hôtel Júpiter, tél. 282 415 041, tlj. 12-15h et 18h30-23h, les meilleurs grillades du coin.

SAGRES

Casa de Chá da Fortaleza de Beliche, tél. 282 624 124. **Tasca**, Baleeira, tél. 282 624 177.

Fortaleza, Capela Nossa Senhora da Graça. **Phare** du Cabo de S. Vicente, (les personnes seules peuvent généralement y monter) et son **musée**. Restes du **Forte Beliche** au bout de la baie d'**Esenada.**

SILVES

Rua 25 de Abril, tél. 282 442 255.

Mesquita, Rua 5 de Outubro, tél. 282 442 721. **Marisqueira Rui**, Rua Comendador Vilarinho 23, tél. 282 442 682.

Sé, cathédrale : tlj. 8h30-18h30. **Museu Arqueológico**, mar-dim 10-17h. **Castelo dos Mouros.**

Juillet : **Festival da Cerveija** (fête de la bière). 1er-7 nov. : grand marché paysan et artisanal.

TAVIRA

Rua da Galeria, 9, tél. 281 322 511.

Portas do Mar, Quatro Águas, tél. 281 321 255.
Capelo, St. Luzia, tél. 281 381 670.
Pink Aunt, Cachopo, tél. 281 326 088, fermé le lun.

Discothèque **UBI**, Rua Almirante Cándido dos Reis, tél. 281 324 577.

Ruines du **Castelo**, lun-ven 8-17h30 et sam/dim 9-17h30.
Le **pont romain** et les églises **Sta. Maria do Castelo**, **Nossa Senhora da Graça** et **Misericórdia.**

VALE DO LOBO / QUINTA DO LAGO

Floresta, Estreada Vale do Lobo, tél. 289 394 588.
Paulino, Buganvilia, Quinta do Lago, tél. 289 396 270.
American Café Lucky Luciano, Vale do Lobo, tél. 289 396 168.

VILAMOURA

Casino Vilamoura, tél. 289 302 999. **Casa da Praia**, Praia de Vilamoura, tél. 289 312 081, poisson et fruits de mer.

Discothèque **KADOC**, tél. 289 360 535.

Cerro da Vila, vestiges romains, près de la marina.

VILA REAL DE SANTO ANTÓNIO

Caves do Guadiana, Av. República, tél. 281 514 498.
Joaquim Gomes, R. 5 de Outubro, tél. 281 513 285.

Nacional Galeria Manuel Cabanas, mar-dim 11h30-12h30 et 14-19h, en été 14-20h et 21-23h.
Les localités de **Cacela Velha** et de **Conceição,** à l'ouest, et **Alcoutim**, à l'est de Vila Real.

LES RIVES DU TAGE

SANTARÉM
EN TRAVERSANT LE RIBATEJO
FÁTIMA
TOMAR
CASTELO BRANCO
AU SUD-EST DU TAGE

Avec ses 1007 kilomètres, le Tage est le fleuve le plus long de la péninsule Ibérique ; il partage le Portugal en une moitié nord et une moitié sud. Le fleuve parcourt 275 kilomètres au Portugal et sa portion nord traverse les zones montagneuses de Beira et la Serra da Estrela, sa portion sud, la plaine haute de l'Alentejo. Venant de l'Espagne, le fleuve se fraye un passage profondément creusé dans le relief de ce pays aride et montagneux. Seuls quelques bourgs ont pu trouver leur place dans les vallées étroites. Ce n'est qu'à l'ouest d'Abrantes que la vallée s'élargit et devient fertile, permettant la culture des céréales, du riz, des tomates, des melons, du maïs et de la vigne. Les localités importantes sont situées sur les terrasses du fleuve, à l'abri des inondations, et près des ponts ou au croisement de chemins ; les habitants vivent de l'agriculture et de l'industrie alimentaire.

Les châteaux forts, se dressant fièrement, et les grands pâturages verdoyants caractérisent le paysage du **Ribatejo**, le bas Tage. Les fortifications de l'ordre des Templiers, auxquels on avait concédé le terrain après la *reconquista* au XIIe siècle, surplombent les localités situées sur la ligne de défense historique contre les Maures.

Pages précédentes : Castelo de Vide. Ci-contre : de nombreux cierges pour la madonne au lieu de pélerinage de Fátima.

Dans les *quintas* des grands propriétaires, on élève des chevaux de race et des taureaux de combat. Ceux-ci font leur apparition dans l'arène au cours des corridas qui sont très populaires dans cette région. Des 45 arènes existant au Portugal, 30 se trouvent dans le Ribatejo, les autres dans les grandes villes et sur la côte, où la corrida est un spectacle certes contesté, mais apprécié des touristes.

⋆SANTARÉM

⋆Santarém ❶ est avec ses 28 000 habitants la ville la plus importante du Ribatejo. On prétend que de nombreuses villes du sud sont construites sur sept collines et ont une origine mythologique – Santarém ne fait pas exception. La légende réunit l'Ancien Testament et l'Odyssée grecque, les mythes romains et lusitaniens : Ulysse serait venu jusqu'à Lisbonne où la princesse Calipso aurait donné naissance à leur fils. L'enfant, Abidid, fut abandonné dans une corbeille sur le Tage sur ordre de la grand-mère. Mais le flux porta la corbeille dans les terres jusqu'à Santarém où une louve s'occupa du bébé et l'éleva. Des années plus tard, il fut capturé par des chasseurs, et lorsque sa mère le vit par hasard, elle le reconnut immé-

Carte p. 132-133, Fiche pratique p. 144-145

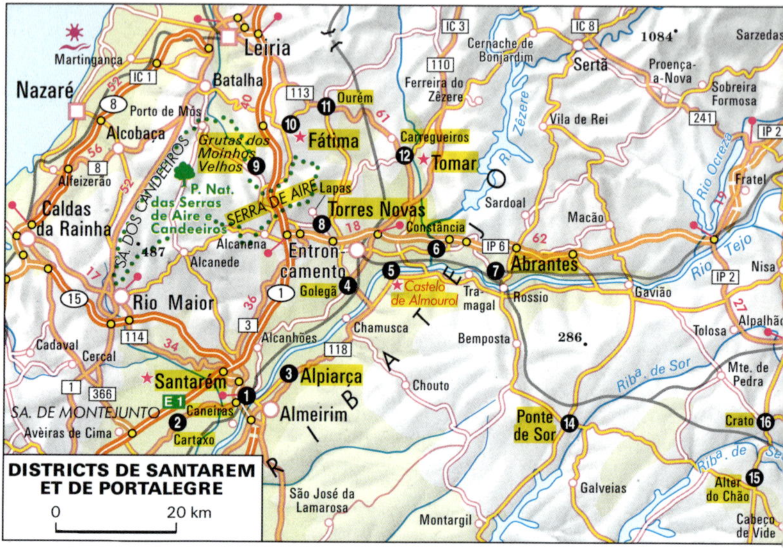

DISTRICTS DE SANTAREM ET DE PORTALEGRE
0 20 km

diatement comme étant son fils. Abidi devint roi et fonda la ville de Scallibis, “nourriture d’Abidi”, à l’endroit où il avait passé son enfance. La ville romaine fut baptisée *Iulianum Scalabitanum* et les habitants sont encore des *Escalabitanos.*

Le nom actuel de Santarém évoque une autre légende. La vierge Iria ou Irène avait fait le vœu de rentrer au couvent, mais son précepteur abusa d’elle. Lorsque son père se rendit compte de sa grossesse, il la fit décapiter et jeter dans le fleuve. Les flots transportèrent le corps à Santarém qui prit le nom de la malheureuse, plus tard canonisée, Sainte Irène.

La petite ville est située à une certaine altitude au-dessus du Tage et les “sept collines” se trouvent entre de profonds sillons creusés dans le versant. Seule une route étroite partant du pont sur le Tage monte vers Santarém, et qui essaie de traverser le centre-ville en voiture se retrouve généralement coincé dans un chaos inextricable. Il est préférable de garer sa voiture aux abords de la ville, près du **marché aux halles**. Celui-ci fut construit en 1927 et est décoré d’azulejos bleu vif retraçant la vie de tous les jours dans le Ribatejo. Sur la **Praça de Sá da Bandeira** se trouve l’église des jésuites, **Igreja do Seminário** qui fut construite au XVIIIe siècle, après le tremblement de terre, à l’emplacement d’un palais de João IV. La magnifique façade est décorée d’éléments baroques et l’intérieur, avec son autel en albâtre et en marbre, des *talhas douradas* et des *azulejos,* fascinera le visiteur.

La vieille ville de Santarém est animée et compte de nombreux petits magasins. Elle possède au moins une demi-douzaine d’églises à voir, entre autres, l’★**Igreja de Marvila** avec des *azulejos* du XVIIe siècle et un merveilleux portail manuélin (XVIe siècle), l’église Renaissance **São Nicolas**, la **Misericordia** et l’église **Graça** de style gothique flamboyant, avec une prodigieuse rosace en pierre. Le chœur abrite le tombeau de Pedro Alvares de Cabral qui découvrit le Brésil. L’église **Santa Clara** est en gothique primitif, est dotée d’un plafond de bois et se situe au nord-est de la vieille ville. L’intérieur de

Fiche pratique p. 144-145

l'église **Santissimo Miracle** est de style Renaissance. Son nom, "le miracle des saints", est lié à une légende qui donne lieu à une fête populaire annuelle : une femme du village qui souffrait des infidélités de son mari, demanda conseil à une sorcière. Celle-ci lui conseilla de ramener chez elle une hostie bénite après l'office pour ensuite ensorceler son mari. Un halo mystérieux éveilla la méfiance du mari qui fit appel au prêtre du village. La femme avoua le stratagème, et l'hostie repose aujourd'hui dans une monstrance en or. Le mari changea-t-il ses habitudes après cet épisode ? L'histoire ne le dit pas.

São João de Alporão, église à une nef, abrite le **Museu d'Arqueológia**. Cet édifice roman du XIIe siècle possède une voûte en forme d'étoile au-dessus du chœur et un cénotaphe gothique. En face, on rejoint la "tour des citrouilles", **Torre das Cabaças**, qui est un reste de l'ancien rempart ; on y accrochait autrefois des citrouilles vidées pour accentuer le son des cloches de l'église. Au bout de la rua Serpa Pinto, on aboutit au ***Miradouro Portas do Sol**, tout ce qui reste du château détruit par le séisme de 1755, pour découvrir une beau panorama sur l'immense plaine du Tage, s'étalant à perte de vue, avec de grandes surfaces cultivées. Une petite route cachée dans la partie sud de la ville vous emmène 8 kilomètres plus bas, dans la plaine, vers Caneiras.

EN TRAVERSANT LE RIBATEJO

Dans le minuscule village de **Caneiras**, les maisons des pêcheurs du Tage sont perchées sur des pilotis de pierre qui les protègent des inondations régulières. Les conditions de vie sont dures avec l'humidité, les nuages de moustiques, et la pêche dans le Tage ne peut plus depuis longtemps nourrir une famille entière.

Un peu plus loin, en aval du fleuve, on rencontre le petit village de **Cartaxo** ❷ dont les activités essentielles sont l'agriculture et la viticulture. De vieilles halles aux vastes proportions y abritent le **Museu Rural e do Vinho**. Ce musée présente de façon très agréable et didactique tout ce qui a rapport au vin et à sa production. Bien sûr, la visite se clôt par une dégustation du vin léger et sec du pays.

Palhota est un autre village lacustre à proximité de Cartaxo ; une ancienne voie romaine y conduit. En route pour Palhota, quelques petits détours s'imposent : la "cathédrale du vin", par exemple, est la fière désignation donnée à la cave Quinta da Fonte Bela ; le palais bucolique Renaissance de **Solar dos Chavões** est le cadre romantique et élégant d'un restaurant qui sort de l'ordinaire.

En face de Santarém et sur la rive gauche du Tage s'étend **Alpiarça** ❸ ; le palais (début du XXe siècle) de l'homme politique républicain José Relvas (1858-1929) se dresse en bordure de la ville et abrite le ***Museu dos Patudos**. Cette remarquable collection privée est composée de meubles choisis

Fiche pratique p. 144-145

avec un grand sens artisitique, de tapis Arraiolos, de sculptures de Machado de Castro et de Teixeira ainsi que d'une galerie de peintures avec des œuvres de Zurbarán, Murillo, Rubens, Delacroix, Le Caravage, Memling et Malhóa.

Golegã ❹ est une petite agglomération agricole plus au nord. L'église paroissiale, l'★**Igreja Matriz**, est toujours ouverte et possède un des plus beaux portails manuélins du Portugal. "Je suis le souvenir de celui qui m'a créé" sont les mots inscrits sur le portail et on suppose que le maître d'œuvre n'était autre que Boytaca, l'architecte de Manuel Ier. L'ancienne prison, en face, est à côté du *pelourinho* gothique et sert de cadre au **Museu Martins Correia**, où 600 sculptures du vieux maître et de ses élèves sont exposées ; c'est une des collections les plus représentatives de l'art contemporain au Portugal. Un autre musée est installé dans l'ancienne habitation de Carlos Relvas, père de l'homme politique originaire d'Alpiarça et premier photographe professionnel du Portugal (XIXe siècle). L'aménagement est classique et sobre, de nombreuses photographies ainsi que les premières plaques photographiques du maître sont présentées.

Ci-dessus : sur les rives du Tage, à proximité de Cartaxo. Ci-contre : l'église du village de Golegã avec son beau portail de style manuélin.

Au sud-est, sur une île du Tage, le **Castelo** d'★**Almourol** ❺ possède douze tours à créneaux. Comme autrefois, un batelier vous attend pour vous faire traverser le fleuve. Une fois sur la rive opposée, on découvre une belle vue sur le château et sur le fleuve. La route qui longe la rive gauche est bien aménagée, et moins fréquentée que celle de droite.

Le bourg dans lequel le Zêzere, rivière paisible, rejoint le rapide Tage, était appelé *Pugna Tegi* par les Romains, d'où le nom de Punhete. Au cours des derniers siècles, les habitants trouvèrent que ce nom n'était pas assez convenable puisqu'il correspond au juron "punaise", et le changèrent en Constância. C'est depuis les ponts que l'on a la meilleure vue sur la jolie petite

Carte p. 132-133, Fiche pratique p. 144-145

ville de **Constância** ❻. Les ruelles escarpées partent de l'église qui renferme une allégorie de la rencontre des deux fleuves, dessinée par le peintre Malhoa, pour descendre sur les berges où s'étend le parc **Jardim Camoniano** ; ce dernier étant proche des ruines de la maison où le grand poète Camões (1546) vécut deux ans enfermé, à cause d'une liaison amoureuse qui avait fait scandale. Peu après, le jeune roi Dom Sebastão vint se réfugier à Constância pour échapper à une épidémie de peste.

Abrantes ❼ trône sur une colline, sur la rive droite du Tage. Seules les ruines du **Castelo** de 1303 témoignent encore de son passé mouvementé. Les Romains l'avaient baptisé Ourantes d'après l'or, *oro*, qu'ils trouvaient dans le fleuve. Abrantes occupa une position stratégique d'importance lors de la *reconquista* sur la ligne du Tage, et c'est aussi à cet endroit que les troupes d'Alvares Pereira et João II se rencontrèrent avant d'aller livrer bataille à Aljubarrota. Les rois João II et Manuel Ier vécurent longtemps dans ces murs qui devinrent ensuite une caserne avant d'être détruits par les soldats de Napoléon.

La vieille ville aux maisons fleuries s'enroule autour du château. L'église en gothique primitif de Santa **María do Castélo** est à l'intérieur des fortifications et contient le **Museu Dom Lopo de Almeida**. Ce musée possède de magnifiques *azulejos* (XVIe siècle), des sculptures gothiques et des monuments funéraires. Mais d'autres églises retiendront l'attention du visiteur ; l'église **Misericórdia** avec son portail Renaissance et des peintures du XVIe siècle, le **monastère** tout proche de **São Domingos** (1492) avec un cloître à deux niveaux et enfin l'**église São João Baptista** avec de beaux ciselages sur bois et un plafond à caissons Renaissance.

Le port fluvial d'Abrantes perdit de son importance lors de la construction du chemin de fer; mais le pittoresque quartier de pêcheurs existe encore. De

nos jours, la commune vit de l'industrie et de la transformation des produits agricoles.

Torres Novas ❽ est au nord de Golegã et son château hérissé de onze tours est doté d'un parc ombragé et soigné. Un méandre du fleuve Almonda forme le fossé ; on peut se promener dans des îlots de verdure et voir une *noria*, une roue à godets arabe qui est encore en état de marche. La zone piétonne et la place centrale sont au pied du château, ainsi que le **Museu Carlos Reis** qui expose des peintures du maître, natif de l'endroit (1863-1940). Des objets romains mis au jour à Cardílio ont été également rassemblés au musée. Le site archéologique quant à lui se trouve au sud-est de la ville ; on peut y admirer les vestiges d'une *villa* romaine et des thermes qui furent agrandis entre les Ier et IVe siècles.

Lapas est à l'ouest de Torres Novas où l'on en dit que "les vivants se meuvent au-dessous des morts". On ne peut saisir le sens de ces propos que lorsqu'on visite les grottes artificielles se trouvant sous l'église et le cimetière.

En effet, d'innombrables galeries ont été creusées dans le tuf tendre du sous-sol ; or personne ne sait par qui ni dans quel but. On dit qu'elles courent jusque sous le château, mais la vieille femme qui détient les clefs de la porte d'entrée ne fait visiter que les cent premiers mètres. C'est avec grand enthousiasme qu'elle raconte comment les jeunes du village célébraient des fêtes et des mariages, avant que les grottes ne soient déclarées patrimoine national.

*FÁTIMA

Il faut se diriger vers la nord-ouest de Torres Novas et Fátima pour accéder à la réserve naturelle de la **Serra da Aire**. Les plus grandes grottes de stalagmites et de stalactites du Portugal se sont formées ici, dans le calcaire : les **Grutas dos Moinhos Velhos** ❾, avec d'étranges formations et un lac souterrain. Les **grottes d'Alvados**, de **Santo Antônio** et de **São Mamede** ne sont pas loin de là.

Ci-dessus : objets de dévotion en vente à Fátima. Ci-dessus à droite : pénitence à Fátima. Ci-contre : des récipients de toutes tailles pour conserver les olives.

Il était une fois un chevalier des Templiers, Gonçalo Hermingues, aussi appelé "dévoreur de Maures" qui enleva la fille d'un prince maure, la belle Fátima, et l'épousa. Elle se convertit au christianisme et se fit baptiser Oureana. Après sa mort prématurée, le chevalier s'enferma dans le monastère d'Alcobaça. La jeune bien-aimée donna son nom aux villes de Fátima et Ourem. ***Fátima** ❿ accueille chaque jour des milliers de pèlerins venus du monde entier en bus, en voiture, à pied ou sur les genoux. L'importance de ce lieu de pèlerinage dépasse les frontières du Portugal. Avec Lourdes et Saint-Jacques de Compostelle, Fátima est l'un des lieux de pèlerinage les plus visités du monde chrétien, mis à part, bien sûr, Rome et la Terre Sainte. À Cova Iría, près de Fátima, trois enfants de bergers d'Aljustrel, âgés de 7, 9 et 10 ans, déclarèrent le 13 mai 1917 avoir vu dans un rouvre une femme qui "brillait plus que le soleil". L'apparition se répéta tous les treiziè-

mes jours du mois pendant 6 mois d'affilée et, le 13 octobre 1917, quelque 70 000 personnes observèrent une rotation solaire étrange. Deux des trois enfants, morts à dix ans, sont inhumés dans le transept de la **basilique Cova da Iría** de Fátima et ont été canonisés par Jean Paul II le 13 mai 2000. Le troisième enfant, cousine des deux premiers, Maria (Lucia) de Jesus dos Santos, est entrée au couvent des Carmélites de Coimbra en 1948 et y resta jusqu'à sa mort le 13 février 2005. Le pèlerinage annuel du 13 mai compte parmi les moments forts du calendrier de Fátima.

La construction de la basilique fut entamée en 1928 et ses contours devaient rappeler la silhouette de la Vierge Marie. Elle fut achevée en 1953 sous la direction de l'architecte néerlandais Gerardus van Kriechen et de João de Souda Araújo qui se chargea des ouvertures. L'immense parvis de l'église et les alentours de la **Capela das Aparições** (chapelle des apparitions), dans laquelle les restes du fameux rouvre sont conservés, se remplissent les week-ends et surtout le 12e jour de chaque mois – c'est alors qu'ont lieu les processions nocturnes. Foi et superstition se mélangent et donnent lieu à des scènes émouvantes parmi les pèlerins et malades venus du monde entier. Le **Museu de Cera de Fátima** relate l'histoire du sanctuaire.

Ourem ⓫ a grandi à l'ombre de la renommée de Fátima. Sa vieille ville est un peu à l'écart de la montagne couronnée par un massif **Castelo** médiéval. Ce château fut construit par les Maures et transformé en lieu de résidence par Afonso V au XVe siècle. Ce dernier était un petit-fils de João Ier, comme l'indique une inscription sur son cercueil dans l'église **Misericórdia**.

*TOMAR

À l'origine, ***Tomar** ⓬ était une ville romaine sur la rive gauche du Nabão. Afonso Henriques fit cadeau du terrain à l'ordre des Templiers au XIIe siècle, et le grand maître Gualdim Pais fit construire leur siège de base sur la colline au-dessus de Tomar ; rien ne changea jusqu'au démantèlement de l'ordre en

1312. Le château et le monastère furent repris par les chevaliers du Christ en 1356, dont le grand maître était Henri le Navigateur. Après lui, les rois Manuel Ier, João III et Filipe Ier firent faire des agrandissements au complexe monacal. La ville fut touchée par l'invasion des Français en 1810 et souffrit de pertes supplémentaires lors de la sécularisation en 1834. C'est à ce moment-là que le noble Costa Cabral acheta les parties sud et ouest du monastère des chevaliers du Christ et les restaura pour le service religieux.

Le château des Templiers du **Convento de Cristo** de Tomar, classé par l'UNESCO depuis 1983, est l'un des plus grands sites historiques du pays. Deux portes s'ouvrent sur la **rotonde de l'église des Templiers** (commencée en 1162) qui comprend 16 côtés, est crénelée et porte un clocher ; cette construction s'inspire de l'église du Saint Sépulcre à Jérusalem. L'intérieur octogonal de style byzantin (*charola*) est richement décoré de boiseries ciselées et dorées ainsi que de statues (XVIe siècle).

Ci-dessus : le Claustro do Cemitério gothique est le plus ancien cloître de l'ensemble de Tomar. Ci-contre : dans la vieille ville de Tomar.

Lorsque la somptueuse **église** manuéline **des Chevaliers du Christ** fut bâtie au XVIe siècle, à l'ouest de la rotonde, on intégra la *charola* comme chœur. On accède dans l'église par le portail sud décoré de statues. La salle de l'autel de la rotonde est élégamment reliée à la nef de l'église grâce au talent de l'architecte manuélin Arrude.

Bien que quelques parties soient en ruines, l'ensemble surprend et impressionne de par sa taille. Le cloître le plus ancien est celui situé au nord-est, attenant à l'église des Templiers, du nom de **Claustro do Cemitério** (cloître du cimetière) avec des azulejos de style Mudéjar. Son sol est constitué de pierres tombales des Templiers. Sous le règne de Manuel Ier, on fit insérer des tombes somptueuses au mur pour les membres illustres de l'ordre comme Baltazar da Faria, grand maître de l'ordre au XVIe siècle, ou Diego da Gama, le frère de

 Carte p. 132-133, Fiche pratique p. 144-145

Vasco de Gama. Le règne de Filipe Ier vit la construction de la sacristie et de la chapelle Portocarreros. La citerne du **Claustro da Lavagem** (cloître de la buanderie) à double étage révèle le système d'origine d'alimentation du monastère en eau ; les anciens lavoirs servent maintenant de bacs à fleurs.

Le plus petit cloître, le **Claustro de Santa Bárbara** se présente sous le style des débuts de la Renaissance. C'est de là que l'on a la meilleure vue sur la façade du chœur de l'église du Christ avec la fenêtre manuéline la plus renommée de toute l'architecture portugaise. Elle est entourée de lourds élément décoratifs comme des cordages de bateau, des guirlandes, cônes et tourelles, que domine une jolie rosace. Le cloître à deux niveaux en terrasse de João III, **Claustro dos Filipes** (1557-1562)de style Renaissance, avec sa fontaine du XVIIe siècle dans la cour intérieure, est le passage pour aller aux dortoirs ; on peut accéder aux cellules des moines ainsi qu'au réfectoire à partir du **Claustro dos Corvos** (cloître des corbeaux). L'infirmerie du monastère se tenait au **cloître de Necessárias**, le **Claustro da Hospedería** était réservé aux laïques et aux visiteurs, et on servait le repas aux pauvres dans le cloître **Micha**.

Tomar possède une jolie ***vieille ville**, et la ville neuve, sur l'autre rive du Nabão, est très animée. La place centrale est décorée avec goût et comporte un monument en la mémoire de Gualdim Pais ; son **église São João Baptista** (1490) en style gothique flamboyant arbore un portail manuélin élégant et des peintures du XVIe siècle. Dans une des ruelles pittoresques de la vieille ville, le **Museu Luso-Hebraico de Abraãs Zacuto** occupe les murs de l'ancienne synagogue du XVe siècle, qui commémore le judaïsme portugais.

Près de **Carregueiros**, hors de Tomar, l'**Aqueduto dos Pegoões** fut construit sous Filipe Ier, de 1593 à 1613, afin d'approvisionner le monastère. C'est un édifice élégant comprenant 180 arches et enjambant la vallée à une hauteur impressionnante. L'eau parcourt 5 km avant d'atteindre la fontaine monacale.

CASTELO BRANCO

Les propriétés terriennes des Templiers s'étalaient autrefois au-dela d'Abrantes, jusqu'à l'intérieur de l'Estrémadure espagnol. Ces vastes paysages arides et leurs oliveraies sont peu peuplés. Le lit du Tage est si profond que la route ne peut plus le suivre. À environ 20 km au nord du fleuve, loin de toutes les autres villes, se trouve **Castelo Branco** ⓭ (château blanc), la capitale de la province de Beira Baixa. Le nom vient d'un château des Templiers dont seules deux tours ont subsisté. La vieille ville s'étend à leurs pieds et comprend maints portails manuélins, de petites places et une cathédrale Renaissance.

Les juifs, qui avait été forcés à se convertir au christianisme, jouissaient encore d'une grande influence au XVIIIe siècle ; de nombreux médecins et intellectuels étaient issus de leurs rangs, comme le poète Ruis de Castelo Branco (XVIe siècle). Sa tombe se trouve dans l'église romane restaurée de **Santa Maria do Castelo**.

L'attraction principale de Castelo Branco est le musée, dans l'***Antigo Paço Episcopal** (ancien palais épiscopal), et son parc situé derrière, le ***Jardim Episcopal**. Plus de 300 statues en granit parent ce merveilleux parc du XVIIIe siècle. Allégories, signes du zodiaque, vertus et figures religieuses décorent les murs, les balustrades et les fontaines. Tous les rois Portugais sont alignés sur la montée d'escaliers, et c'est avec un sourire discret que le guide nous fait remarquer les trois Filipe d'Espagne représentés en miniature aux côtés des rois du Portugal.

Ci-dessus : fleuris et épanouis sur les escaliers du jardin épiscopal – les rois portugais- (Castelo Branco). Ci-contre : un vannier.

AU SUD-EST DU TAGE

La rive sud du Tage, au-delà d'Abrantes, est le point de départ de l'Alentejo, avec des paysages solitaires recouverts de maquis et de chênes-lièges. La première agglomération que l'on rencontre est **Ponte de Sor** ⓮. Elle fut baptisée

Carte p. 132-133, Fiche pratique p. 144-145

d'après le pont qui enjambe le Sor, construit sur la voie romaine reliant Mérida à Lisbonne. Loin derrière le village, le grand lac de retenue d'eau de Montargil est utilisé pour l'irrigation. Les sports nautiques y sont aussi praticables et un "super camping" fait de la promotion pour ses plus de 3500 emplacements.

Entre Ponte de Sor et Portalegre, le paysage vallonné est agréable, peu peuplé et n'a pas encore été découvert par le tourisme. Des petits bourgs aux noms historiques sont parsemés çà et là et entourent des châteaux à l'allure sévère.

La route qui relie Ponte de Sor à **Alter do Chão** ⓯ mène à la voie romaine puis traverse un autre pont romain après Seda. La place centrale d'Alter do Chão est bordée du château résidentiel gothique de Pedro Ier et du palais baroque **Palácio Alamo** (XVIIIe siècle), avec le parc, le **Jardim de Buxo**. Aujourd'hui, le palais sert de centre culturel. Toute une rangée de palais baroques, fontaines et églises prouvent que ce village dans la plaine avait surpassé son voisin, Alter Pedroso, situé en altitude, lors de la période mouvementée des guerres.

Alter Pedroso est un vieux bourg rêveur, au pied d'un château en ruines d'où on a une très belle vue. **Coudelaria de Alter**, au nord d'Alter do Chão, fut fondé en 1748 par João V ; ce haras national a donné le jour à une race de chevaux lusitaniens. Un de ces nobles pur-sang servit de modèle pour effectuer la statue équestre de José Ier à Lisbonne. Le haras se visite, et la foire aux chevaux a lieu chaque année le 24 avril.

Le nom de **Crato** ⓰ a toujours été présent dans l'histoire du Portugal. Après la conquête d'Afonso Henriques, la ville passa aux mains de l'ordre de Saint-Jean qui y établit son prieuré. Seul un élégant balcon Renaissance est resté du palais du prieur de Crato qui tenait un des postes les plus lucratifs et les plus puissants du pays. Le village possède quelques maisons nobles, un **Castelo** à créneaux ainsi que des remparts. Le monastère **Flor da Rosa** fut construit en 1356 comme siège principal de l'ordre de Saint-Jean. C'est aujourd'hui une luxueuse pousada.

De longues promenades permettent de partir à la découverte de la quarantaine de dolmens et monuments mégalithiques qui se trouvent dans les environs. La **Serra de São Mamede**, la montagne voisine, offre elle aussi des sites préhistoriques ainsi que des chemins de randonnée ; le triangle formé par Portalegre, Castelo de Vide et Marvão est assez touristique. La chaîne de montagnes est un parc naturel couvrant 30 000 hectares, dont le point culminant est le **Pico São Mamede**, avec 1025 mètres d'altitude. C'est sur lui que les nuages entraînés par le vent de l'ouest déversent leur pluie, si bien que les ruisseaux et le lac de retenue d'Apertura sont toujours alimentés.

Portalegre

Les Romains l'appelaient *Portus Alecer*, et, la frontière étant proche, Dom

Dinis en fit une fortification. **Portalegre** ⓱ fut donnée à l'ordre d'Avis au XVIe siècle et connut alors une période de prospérité visible encore dans de nombreux palais.

Au XVIIe siècle, la ville devint un des centres textiles les plus importants du pays. La manufacture des tapis et Gobelins fondée par le marquis de Pombal existe toujours.

Au XVIIIe siècle, le siège du diocèse de Castelo Branco fut transféré à Portalegre. La cathédrale de **Sé**, un fier monument Renaissance, trône sur la colline en face du château. L'intérieur abrite des autels maniéristes.

L'ancien monastère situé vis-à-vis abrite aujourd'hui le **Museu Municipal** avec des œuvres qui ont pu être sauvées des lors de la sécularisation ; entre autres, une piéta du XVe siècle, des meubles et toute une série de collections privées étranges, comme celle qui comprend 800 représentations de saint Antoine.

La **Casa Museu José Regio** de l'écrivain décédé en 1969 méritera aussi une visite. Son roman *A casa velha* décrit avec précision la société de la ville. Le **Palácio Amarelo** avec ses grilles de fenêtres en fer forgé du XVIIe siècle, le **Convento de Santa Clara** avec son joli cloître et l'ancien **Convento do São Bernardo** (1518) dont les murs abritent maintenant une école de police, seront aussi à voir. La chapelle du monastère São Bernardo a recueilli la tombe gigantesque (XVIe siècle) de l'évêque et fondateur, Jorge de Melo, qui peut être visitée. Elle est l'une des dernières œuvres de Nicolás de Chanterène.

La **vieille ville** de Portalegre s'étend entre deux collines et se répartit en étroites ruelles. L'ancienne *mouraria* est en dessous du château, et ce quartier maure aux petites rues et aux maisons étroites cache de jolies cours intérieures. Le Portalegre moderne est plus en bas, **l'Avenida da Liberdade** servant de centre ville et de parc. En son centre se trouve un bananier âgé de 150 ans,

Ci-dessus : les travaux manuels s'accompagnent toujours de petits commérages. Ci-contre : la place de la fontaine dans la Juderia de Castelo de Vide.

Carte p. 132-133, Fiche pratique p. 144-145

dont la couronne présente un diamètre de 100 mètres.

*Marvão et *Castelo de Vide

Un court trajet en voiture longeant la Serra de São Mamede vers le nord nous mène à ***Marvão** ⓲ que Dom Dinis fit ériger au XIIIe siècle comme fortification frontalière contre l'Espagne. Ce petit bourg lové entre ses remparts est sillonné de jolies ruelles aux maisons fleuries, et abrite une pousada ainsi que des restaurants.

C'est du haut de la basilique du Monte da Penha (700 m) que l'on a la meilleure vue d'ensemble sur ***Castelo de Vide** ⓳ qui s'appelait seulement Vide jusqu'à ce que Dom Dinis fasse construire un château à l'occasion de la signature de son contrat de mariage avec Isabelle d'Aragon. Le château fut remis à l'ordre du Christ. Les remparts renferment encore le vieux village gothique avec deux églises paroissiales. Les autres communes situées autour des églises de **São Tiago** et de **São João** se formèrent extra-muros. Lorsque les familles juives expulsées d'Espagne vinrent s'installer en 1492 sur les abords de la ville, le quartier de *juderia* se forma : ruelles étroites et raides, portails gothiques, et au centre la place de la fontaine, Fonte da Vila. À mi-chemin en direction du château se trouve la **synagogue** à deux étages qui vient d'être restaurée. Lorsque les juifs furent expulsés du Portugal au XVIe siècle, trois greniers à grain assez particuliers furent encastrés dans l'étage du bas.

Le centre-ville actuel se forma au XVIe siècle à partir de deux grandes places entre lesquelles se trouvent l'hôtel de ville et l'église baroque de **Santa María da Devesa**. À l'autre bout du village, on bâtit la **fortification de São Roque** au XVIIIe siècle, et toute la ville fut encerclée d'un rempart. De nos jours, Castelo de Vide est un des sites médiévaux les mieux conservés et par ailleurs une station thermale renommée. Les nécropoles préhistoriques de **Santo Amarinho** et **Boa Morte** et le **parc mégalithique de Coureleiros** sont situés dans ses environs ; un parcours balisé guide le visiteur.

LES RIVES DU TAGE

ABRANTES

Largo 1 de Maio, tél. 241 362 555, fax 241 365 392.

O Pelicano, Rua N. Sra. da Conceição, tél. 241 362 317. **Herdade de Cadouços**, Água Traversa, Bemposto, tél. 241 760 000.

Museu Dom Lopo de Almeida, dim-ven 10-12h30 et 14-17h30.

ALTER DO CHÃO

Palácio do Alamo, Largo Barreto Caldeira, tél. 245 610 004.

Castelo, mar-dim 9-13h et 14-18h. **Coudelaria de Alter (haras national)**, visite de écuries 9h30-12h et 14-16h30. **Palácio do Alamo** du XVIIIe siècle. Aux environs : **pont romain, le Ponte de Vila Formosa** qui enjambe la Seda.

CARTAXO

Praça 15 de Decembro, tél. 243 700 250, fax 243 700 268.

Marisqueira Rosa de Ouro, tél. 243 779 063. **A Cernelha**, EN 3, tél. 243 770 970. **Condestável**, Trav. do Olival, Ereira, tél. 243 719 786.

Museu Rual e do Vinho, tél. 243 700 265, mar-ven 10h30-12h30 et 15-17h30, sam/dim et jours fériés 9h30-12h et 15-17h30. **Ingreja de Nossa Senhora da Purificação**, Pontével.

CASTELO BRANCO

Alameda da Liberdade, tél. 272 330 339.

Zé dos Cachopos, Rua Dona Emília Oliveira Pinto 13, tél 272 345 537. Fermé le mar. Spécialités régionales, viande et poisson, cadre simple. **Frei Papinhas**, Rua dos Prazeres 31, tél. 272 323 090. Ameublement à l'ancienne, cuisine bonne et peu chère. **Praça Velha**, Largo Luís de Camões 17, tél. 272 328 640. Viande et morue comptent parmi les spécialités de la maison.

Jardim do Paço Episcopal : de 9h jusqu'au coucher de soleil.
Museu Etnográfico : mar-dim 9-12h30 et 14h30-17h30.
Museu Francisco Tavares Proença Júnior, Antigo Paço Episcopal, mar-dim 10-17h.

CASTELO DE VIDE

R. Bartolomeu Álvares da Santa, 81-3, tél. 245 901 350.

Dom Pedro V, Praça Dom Pedro V, tél. 245 901 236.
A Castanha, Estrada de São Vicente, tél. 245 901 100. Ouvert tlj. Plats principaux de 10 à 25 euros.

Synagogue tlj. 9-17h30. **Fonte da Vila**, **Capela Salvador do Mundo**, château et Judiaria.

CONSTÂNCIA

Edificio Câmara Municipal, tél. 249 730 052, fax 249 739 519.

Os Falcões, Rua Luis de Camões 33. **O Pardal**, Estr. do Campo Militar.
A Prensa, Martinchel.

Museo do Castelo, mar-ven 10-12h30 et 14-17h30. **Casa Memória de Camões** : actuellement en travaux.

CRATO

O Condestável, Rua 25 de Abril 5, tél. 245 996 292. **Café A Cascata**, E. N. 245, tél. 245 996 468.

Museu Municipal : 9-12h30 et 14-17h. **Castelo**, **Varanda do Grão-Prior**.

ENTRONCAMENTO

Largo da Estação, tél. 249 719 229, fax 249 718 615.

FÁTIMA

Av. José Alves Correia da Silva, tél. 249 531 139.

Tia Alice, Rua do Adro, tél. 249 531 737. **Coração de Fátima**, Rua Cónego Formigão, tél. 249 531 433. **Santa Isabel**, Rua de S. José 1, tél. 249 531 295.
O Crispim, Estr. do Lombo D'Água, tél. 249 532 781.

Museu de Cera de Fátima : avril-oct. tlj. 9h30-18h30, nov.-mars tlj. 10-17h.
Museu Etnologico : mar-dim 10-13h et 14-18h.

GOLEGÃ

Largo D. Manuel Ier, tél. 249 977 361.

O Central, Lg. da Imaculada Conceição, tél. 249 976 345, ouvert tlj.

Museu Martins Correia : 1.6-30.9 mar-dim 11-12h30 et 15-17h, 1.10-31.5 mar-dim 10-12h30 et 15-18h.
Parc naturel : **Reserva Natural de Paúl de Boquilbo** à **Brogueira**, tél. 249 820 550.

Feira Nacional do Cavalo, grande parade hippique en novembre.

MARVÃO

Rua Dr. Matos de Magalhães, tél. 245 993 866.

Pousada de Santa Maria, tél. 245 993 201. **O Sever**, Portagem, tél. 245 993 192, sur le Rio Sever.

PONTE DE SÔR

Câmara Municipal, tél. 242 204 959.

PORTALEGRE

Estr. de Santana, 25 tél. 245 300 770.

Quinta da Saúde, tél. 245 202 324. **O Escondidinho**, tél. 245 202 728. **Rolo**, Av. Pio XII, tél. 245 205 646, luxueux.

Casa Museu José Regio, mar-dim 10-12h30 et 14-17h. **Museu Municipal**, lun-mer 10-12h30 et 14-17h30.

SANTARÉM

Campo Emílio Infante da Câmara 102, Casa do Campo, tél. 243 304 479, fax 243 304 481.

O Mal Cozinhado, Campo da Feira, tél. 243 323 584.
O Telheiro da Lúcia, Aldeia de Caneiras, tél. 243 322 937. Bar à poisson peu cher.

Églises : **Sta. Clara**, **Marvila**, **S. Nicolas**, **Misericordia**, **Graça**, **N. Sra. do Monte**. **Arch. Musée** à **São João de Aporão**, mar-dim 9-12h30 et 14-17h30.

Juin : **Feira Nacional da Agricultura**, **Feira do Ribatejo**.
Septembre : **Festival Internacional de Folklore**.
Novembre : **Feira Nacional de Gastronomia**.

TOMAR

Rua Serpa Pinto 1, tél. 249 329 000, fax 249 324 322.

Bela Vista, Fonte do Choupo 3, tél. 249 312 294.

Monastère des Chevaliers du Christ, mer-lun 9h30-12h30 et 14-17h (en été jusqu'à 18h).
Museu Luso-Hebraico et **Synagogue Abraão Zacuto** : R. Dr. J. Jacinto 73, jeu-mar 9-13h et 14-18h.

TORRES NOVAS

Largo do Paço, tél. 249 813 019, fax 249 811 696.

Aquário, Largo José Lopes dos Santos, Edif. Sta. Isabel, tél. 249 822 465. Fermé le lun. À goûter : le chevreau et les desserts. **O Lamego**, Trav. do Lamego 2, tél. 249 811 611. Fermé le dim.

Château, tlj. 8-17h, en été tlj. 9-18h. **Grottes** de Lapas : clé au n° 16. **Musée municipal Carlos Reis**, Rua do Salvador, mar-dim 9h30-12h30 et 14-17h30, en été 10h30-12h30 et 14h30-18h30.

COSTA DE PRATA
LA CÔTE D'ARGENT

BATALHA
ALCOBAÇA
LE SUD DE LA CÔTE D'ARGENT
COIMBRA
RIA DE AVEIRO

La **Costa de Prata**, la Côte d'Argent, s'étend sur un peu plus de 200 km, du cap Carvoerio à Porto. D'immenses plages de sable fin se déroulent derrière ses chaînes de dunes. La mer y est agitée, et certains jours, les courants sont tellement forts qu'ils rendent la baignade dangereuse. Les amateurs de plage se protègent du soleil et du vent sous de petites tentes de toile rayée qui sont installées en longues rangées le long du littoral, véritables leitmotive de ces plages atlantiques.

L'arrière-pays se poursuit en immenses pinèdes et en de beaux paysages comme par exemple le haff Ria d'Aveiro, le parc de Buçaco ou les domaines forestiers publics de Leiria. Les activités traditionnelles telles que la pêche et l'extraction du sel de mer ont été depuis longtemps remplacées par le tourisme ; mais les proportions atteintes par ce dernier ne sont pas alarmantes, et n'empêchent jamais de trouver une place tranquille et isolée sur la plage.

Le centre névralgique de la région est constitué par la vieille et honorable ville universitaire de Coimbra ; les monastères les plus importants et les plus célèbres du Portugal, datant du Moyen Âge, sont dans le sud, à Alcobaça et Batalha.

Pages précédentes : les spectateurs à la sortie des filets, ici à Torreira. Ci-contre : les moliçeiros bariolés du haff d'Aveiro.

**BATALHA

Aux abords d'**Aljubarrota** ❶, on découvre une petite chapelle vouée à Saint-Georges. C'est ici que Nuno Alvares Pereira aurait imploré l'aide de Dieu dans sa bataille contre les Castillans. Cette journée d'août 1385 avait dû être très chaude, car les paysans offrirent de l'eau fraîche aux guerriers. Depuis ce temps là, il y a toujours une cruche remplie d'eau près du portail. Dans le combat qui s'ensuivit, 7 000 Portugais réussirent à vaincre 17 000 Espagnols, à l'aide d'un stratagème, et grâce au soutien des fameux archers britanniques. Les soldats portugais avaient préparé des pièges à loup ; ensuite, ils firent mine de battre en retraite et les Espagnols qui les poursuivaient tombèrent dans les fossés où ils furent tous tués par les flèches des archers. Pour remercier la Vierge Marie de son support, João Ier fit alors construire un monastère dominicain, le ****Mosteiro de Santa Maria da Vitória**, que la population rebaptisa vite **Batalha** ❷ (bataille). L'immense parvis du monastère placé depuis 1983 sous la protection de l'UNESCO voit caracoler la statue équestre du vainqueur, Nuno Alvares.

Douze des meilleurs architectes du pays travaillèrent pendant 150 ans à la construction de l'ensemble. Les différentes phases de travaux sont facile-

ment reconnaissables : Afonso Domingues et l'Irlandais Huguet construisirent l'église, le cloître royal **Claustro Real**, la chapelle des fondateurs et la salle du chapitre, sous le règne des rois João Ier et Duarte. La haute église, avec sa double rangée de fenêtres, donne une impression relativement simple par rapport aux formes flamboyantes de la façade et du cloître. Le portail en forme triangulaire avec six archivoltes et les sculptures des apôtres ainsi que la **Capela do Fundador** (chapelle du fondateur) avec sa coupole octogonale en forme d'étoile, reflètent l'influence du gothique flamboyant français.

Dans sa nouvelle *La voûte*, l'auteur Herculano rapporte les difficultés rencontrées lors des travaux : l'architecte Domingues, devenu aveugle, avait prévu une voûte supplémentaire de 19 mètres de diamètre pour couvrir la salle du chapitre. L'Irlandais devait en diriger la réalisation à sa place mais, par contre, il refusait de porter la responsabilité de ce projet osé. Domingues sut s'imposer : la coupole fut construite. Pour prouver qu'il n'y avait aucun danger d'effondrement, il se fit enfermer pendant trois jours dans la salle du chapitre. Domingues y mourut d'épuisement, mais la coupole tient toujours.

A la mort de Domingues, l'architecte Huguet érigea la **Capela do Fundador** (1426-34) avec une rosace en filigrane, et les tombeaux de João Ier, son épouse Filipa et leurs enfants, dont Henri le Navigateur. Sous le règne de Duarte, Huguet dessina les **Capelas Imperfeitas** (chapelles inachevées) qui furent transformées en chef-d'œuvre de l'art manuélin sous Manuel Ier : ces sept chapelles mortuaires entourent une salle centrale octogonale ; le portail haut de 15 mètres est décoré de merveilleux ornements de pierre de Boytaca. L'imposante coupole centrale quant à elle ne fut jamais achevée, car le roi Manuel Ier attachait davantage d'importance à la fin des travaux du monastère hiérony-

Ci-dessus : on admirera dans le calme les superbes ornements du Claustro Real au monastère de Batalha. Ci-contre : en attendant le baptême, sur le parvis du Mosteiro de Santa Maria, à Alcobaça.

Carte p. 153, Fiche pratique p. 163-165

mite de Belém. Sous Afonso V, Martim Vasques et Fernão de Évora bâtirent le **Claustro de Dom Afonso V** et le deuxième cloître.

Batalha, petite ville de province, possède une pousada, quelques petits cafés sympathiques et un marché sur la place du monastère.

ALCOBAÇA

C'est à l'endroit même où l'Alcoa et le Baça se rejoignent que fut fondée la petite ville d'**Alcobaça** ❸ ; déjà, au Xe siècle, les Maures la dotèrent d'une forteresse. Au Moyen Âge, la baie s'étendait de Nazaré à Acobaça, si bien que les fruits cultivés par les moines cisterciens pouvaient être transportés en bateau. Le monastère fut construit à la suite d'une promesse d'Afonso Henriques, prononcée avant la bataille contre les Maures, près de Santarém en l'an 1147. Il faisait ainsi d'une pierre deux coups ; d'une part, le roi avait besoin des Cisterciens et de leur devise (reprise de celle des Bénédictins) "ora et labora" pour peupler les régions nouvellement conquises et autrefois musulmanes ; d'autre part, il tenait les promesses faites au pape Innocent II lors de la déclaration d'indépendance du Portugal. En 1153, le roi posa la première pierre, puis en 1252, le **★★Mosteiro de Santa María** fut inauguré. Il devint le plus important des 18 monastères cisterciens du pays. Les terres du nouveau complexe englobaient treize communes et trois ports maritimes, sur un territoire délimitée par São Pedro de Muel, São Martinho do Porto, Aljubarrota et Caldas da Rinha. À partir de 1269, le monastère fit aussi office de faculté de théologie. Les moines cultivèrent la terre, asséchèrent les marais, créant ainsi la base d'une prospérité agricole dont la région profite encore. Le séisme de 1755 et l'occupation française de 1808 endommagèrent le monastère qui, avec la sécularisation, devint la propriété des treize communes et fut déclaré monument national en 1930.

Le monastère a été modifié plusieurs fois au cours des siècles. C'est ainsi que la façade gothique devint baroque en 1725. Cependant, l'intérieur de la plus grande église du Portugal a conservé sa sobriété gothique d'origine. Les deux absides du **transept** abritent les tombeaux de Pedro Ier et Inés de Castro, couchés face à face, pour pouvoir se regarder dans les yeux lors du Jugement Dernier. Ces tombeaux sculptés au XIIIe siècle par un artiste inconnu, et entourées d'anges maniéristes, sont considérés comme des chefs-d'œuvre d'art tombal gothique. Le socle du sarcophage de Pedro Ier retrace la vie de Saint-Bartholomé, et dans une rosace en tête du tombeau, 18 scènes dépeignent la vie et la mort d'Inés. Le tombeau repose sur des lions de pierre, symboles de la puissance royale, alors que le tombeau d'Inés repose sur les sculptures de ses meurtriers.

Le transept est rattaché à quatre **chapelles latérales** et dans la dernière, des statues en terre cuite et de grandeur nature incarnent des scènes de la vie de saint Bernard. Les tombeaux d'Afonso II et III s'y trouvent également, alors que les tombes de leurs épouses et de luers enfants sont placées dans le caveau avoisinant. Un **déambulatoire** encercle l'autel central et se ramifie en neuf chapelles. La **sacristie** est située à l'arrière et fut créée pendant la Renaissance par João Castilho ; cependant, elle a subi de sévères dommages lors du tremblement de terre de 1755.

Le **Claustro de Silêncio** (cloître du silence) en style gothique fut construit sous Dom Dinis, et les frères Castilho le surélevèrent d'un étage manuélin au XVIe siècle. On remarquera tout particulièrement le petit **puits abrité** devant le **réfectoire**, dans lequel les moines se lavaient en rentrant des champs et avant de passer à table. Dans le réfectoire, on peut encore voir la montée vers la chaire d'où les psaumes étaient lus pendant les repas.

Derrière cette salle s'ouvre une vaste **cuisine** : avec 18 mètres de haut et une immense cheminée décorée d'azulejos du XVIIIe siècle, ses dimensions nous permettent d'imaginer l'activité qui devait régner ici lorsqu'il fallait cuisiner chaque jour pour tant de monde. La **salle du chapitre**, le **dortoir** et le **garde-manger** sont restés dans leur forme d'origine. Dans la **Sala dos Reis** (salle royale) sont alignées des statues en terre cuite des rois portugais, toutes réalisées par les moines. Les murs carrelés évoquent de façon vivante et colorée l'histoire du monastère.

LE SUD DE LA CÔTE D'ARGENT

La forêt descend jusqu'à la mer à ***São Martinho do Porto** ❹. Une baie en ellipse, dont l'ouverture sur la mer ne mesure que 200 mètres de largeur, y constitue un excellent port naturel. Au Moyen Âge, le port était connu pour ses chantiers navals qui existèrent jusqu'en 1923. Le port pouvait alors abriter jusqu'à 80 bateaux ; mais entre-temps, l'ensablement de la baie a progressé, et l'eau n'est plus assez profonde.

Nazaré ❺ est le village de pêcheurs et la station balnéaire les plus connus de la Côte d'Argent. Sa large baie est fermée au sud par les montagnes de Pederneira et cerclée au nord par un haut rocher de 110 mètres, sur lequel est perché le quartier de Sítio. Un funiculaire relie les deux parties de la ville.

Le site panoramique de Sítio, le ***Miradouro**, offre une vue incomparable sur la baie, la plage et la mer de maisons. Une petite chapelle totalement carrelée d'azulejos rappelle le miracle qui sauva autrefois la vie au maire de Porto de Mós ; celui-ci s'était perdu dans le brouillard en chassant. Au moment où il allait se précipiter dans l'abîme, un halo lumineux entourant la Vierge Marie apparut au-dessus du précipice. Le cheval s'effraya et jeta le cavalier à terre avant de chûter du haut de la falaise.

Pataias ❻ est un peu plus reculée dans les terres. Cette commune est entourée de dunes particulièrement protégées car elles n'ont pas été créées sous l'effet des vents ; il s'agit de très ancien-

Fiche pratique p. 163-165

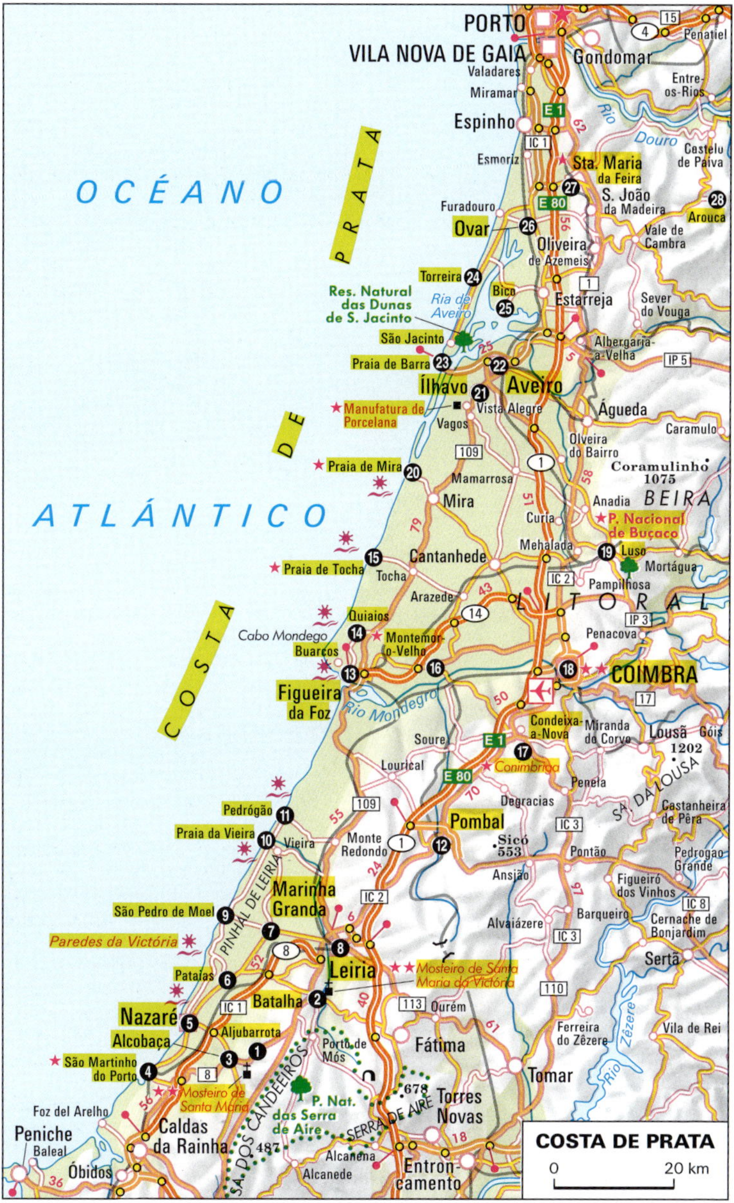

7 Costa de Prata

nes couches de sable pliocènes. La plage de **Paredes da Victória** est peu fréquentée. À partir d'ici, en direction du sud, on compte dix merveilleux kilomètres de plage de sable au pied des falaises.

Au XVIIIe siècle, un Anglais fonda une verrerie et une école de souffleurs de verre à **Marinha Grande** ❼, qui produit aujourd'hui le fameux cristal Atlantis. Le musée attenant, le **Museu de Vidros**, présente une immense et remarquable collection de verrerie traditionnelle.

Leiria ❽ est située dans la plaine du Lis, à environ 10 kilomètres à l'est de Marinha Grande. Avant 1912, date à laquelle l'embouchure du Lis fut ensablée, on pouvait remonter en bateau jusqu'à Leiria. Depuis, le Lis s'est frayé un chemin plus au sud. Leiria vit le jour à l'ombre du ⋆**Castelo** bâti en 1135 par Afonso Henriques. Ce fut aussi la résidence de Dom Dinis. Sous João Ier, au XVIe siècle, le bâtiment fut transformé en palais Renaissance et en partie reconstitué au XXe siècle. Les appartements royaux n'ont conservé qu'une fenêtre gothique et une belle galerie avec vue sur la ville. Un château semblable datant du XIIIe siècle est situé à environ 20 kilomètres en direction du sud, à Porto de Mós.

Ci-dessus : Nazaré n'est vide qu'en dehors de la saison touristique. Ci-contre : Figueira da Foz est l'une des stations balnéaires les plus anciennes de la Costa de Prata. En été, elle vit du tourisme, et le reste de l'année, de l'industrie du poisson.

Au XVe siècle, Leiria comprenait une grande communauté juive. Les juifs animaient la ville et son économie grâce à l'activité de leurs imprimeries et de leurs papeteries. Le vieux centre ville est marqué par l'imposante cathédrale Renaissance **Sé**. Le **Museu Municipal** donne une vue d'ensemble sur les œuvres d'art de la région. Plus petit, mais plus spécifique, le **musée du séminaire** possède des azulejos anciens, des sculptures sur pierre et sur bois à thème religieux et des peintures du XVIe siècle.

En partant de Leiria ou de Marinha Grande, on parvient à la jolie station

Carte p. 153, Fiche pratique p. 163-165

balnéaire de **São Pedro de Muel** ❾, blottie dans une baie longue de 600 mètres qu'encadrent de magnifiques rochers. Là aussi, la mer est tourmentée et imprévisible, les drapeaux de la plage hissent souvent les couleurs jaune ou rouge pour prévenir, voire interdire toute baignade.

La maison du poète Lopes Vieira est au-dessus du village, et a été transformée en **Museu Casa Lopes Vieira**. Une chapelle du XVIIIe siècle, peinte de motifs marins, y est rattachée. Les plages au sud de **São Pedro** sont vastes et peu fréquentées. On peut même aller à pied de São Pedro à **Agua de Madeiros**, où l'on trouvera une pension et un bon restaurant sur la plage. Une petite source d'eau douce jaillissant sur la plage fait de cet endroit un lieu de vacances idéal pour les familles accompagnées d'enfants jeunes. Pour la baignade, on citera également **Praia da Vieira** ❿ et **Pedrógão** ⓫.

La vallée du Rio Soura, au nord-est de Leira, abrite **Pombal** ⓬ qui doit son nom à l'illustre ministre du Siècle des Lumières portugais, le marquis de Pombal. La place principale a été dotée, à côté de l'église **São Martinho**, d'un **monument** en la mémoire de ce personnage mort ici, au ban de la société, en 1782. Pombal n'avait pas seulement réformé l'État portugais, mais il avait aussi mené de front la reconstruction de Lisbonne après le terrible séisme de 1755.

La longue ***plage** entre **Figueira da Foz** ⓭ et le vieux bourg de **Buarcos** est depuis toujours l'une des destinations préférées des Portugais pour aller se baigner en été. Hôtels, immeubles de bureaux et appartements, restaurants et magasins se jouxtent le long de la promenade. Un festival du cinéma y a lieu en automne. La ville vit de la transformation de poisson, du commerce, de l'industrie de la cellulose entre autres petites industries. Le tourisme joue un rôle clef seulement durant les mois de juillet, août et septembre.

À l'extrémité nord de la baie, après Buarcos, la **Serra do Boa Viagem** se rapproche de la mer. Plus au nord, on accède au vieux village de pêcheurs de **Quiaios** ⓮, d'origine phénicienne. Les

lacs de Quiaios, **L. dos Tres Bacos**, **L. da Vela** et **L. da Tocha**, très appréciés, sont nichés parallèlement à la côte au milieu des pinèdes. Dans ces endroits, l'image campagnarde et rurale est restée intacte avec les petites fermes coquettes et les paysans qui vendent le saucisson local à l'ail et pur porc ; ils se servent encore de leurs mains comme unité de mesure.

Vers le nord, derrière de longues chaînes de dunes et d'immenses forêts de pins, l'immense plage de Nazaré aboutit à **Palheiros da Tocha* ⑮, un lieu de villégiature très visité. On peut encore y voir quelques vieux *palheiros* (pilotis) de pêcheurs.

Les pinèdes furent créées au XIIIe siècle, sur initiative de Dom Dinis, clairvoyant, qui pensait déjà à l'exploitation de la résine et du bois, et au maintien des dunes. Peu de routes, à peine balisées, traversent cette forêt ; c'est le hasard qui amène le visiteur jusqu'à de magnifiques plages isolées.

Ci-dessus : vue du rio Mondego sur la ville haute de Coimbra et sa vieille université.

En route pour Coimbra

En remontant vers Coimbra, on suit le fleuve Mondego qui traverse tranquillement une vaste plaine. Entre les rizières et les plantations de maïs se dresse l'imposante silhouette de ***Montemor-o-Velho** ⑯. Les remparts de son **Castelo** pouvaient, au Moyen Âge, offrir protection à 6000 personnes munies de leurs biens ; quatre hospices et autant de monastères étaient situés à l'intérieur. Seule une église a subsisté : **Santa Martía de Alcáçova,** remaniée au XVIe siècle en style manuélin. Le château est un décor unique pour le festival du théâtre, en été. Un peu plus au sud, vers **Condeixa**, se trouvent les fouilles de ***Conímbriga** ⑰ (v. photo p. 17). L'ancienne cité romaine fut détruite en 468 par les Suèbes et resta oubliée jusqu'en 1930, lorsqu'on commença les fouilles. Les vestiges romains les mieux conservés du Portugal furent alors mis au jour : quelques villas avec de belles mosaïques, des thermes, les restes d'un forum, une auberge et les fondations de la ville. Le **Museu Monográfico** ex-

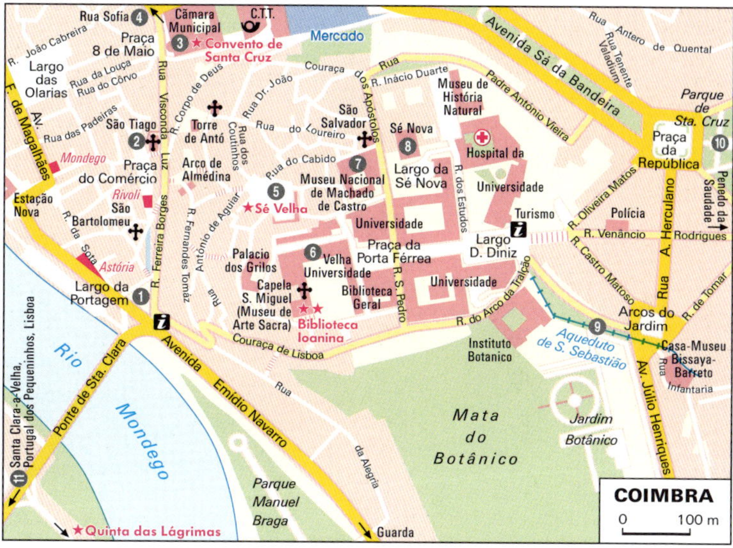

pose d'autres objets et fournit des explications sur l'ensemble qui n'a pas encore été totalement mis au jour.

**COIMBRA

La vieille ville universitaire de **Coimbra** 18, sur le rio Mondego, puise ses origines dans un village romain, *Aeminium,* érigé à un emplacement stratégique pour défendre la route qui menait de Lisbonne à Braga. Lorsqu'au Ve siècle, les Suèbes ravagèrent complètement la ville de Conímbriga, située à 17 kilomètres plus au sud, *Aeminium* hérita de son nom, de son évêché et de son importance.

Sous les Wisigoths, la ville avait sa propre monnaie ; elle tomba aux mains des Maures en 716 et changea souvent de maîtres au cours du XIe siècle, jusqu'à l'arrivée du comte Henri en 1064. Son fils, Afonso Henriques, fit de la ville le point de départ de ses campagnes, et la capitale du royaume qu'il avait fondé.

Coimbra resta capitale de la dynastie de Bourgogne et la cour y résida jusqu'à la reprise de la couronne par la dynastie des Aviz en 1385.

La place **Largo da Portagem** 1, située à côté du pont Santa Clara, constitue le centre de la ville basse. Elle est entourée de restaurants, de bars, d'hôtels et de cafés. La zone piétonne aboutit à la **Praça do Comércio** sur laquelle se tenait le marché au Moyen Âge. Encadrée de hautes maisons et de la romantique église **São Tiago** 2, la place est l'endroit le plus séduisant de la ville. Les ruelles attenantes ont conservé de nombreux traits traditionnels de l'ancienne ville commerçante avec des magasins un peu désuets, des petits bars et des restaurants simples, mais de bonne qualité.

Le couvent des Augustins ***Convento de Santa Cruz** 3 fut sacré en 1131 et représente aujourd'hui le haut lieu artistique de Coimbra ; il a abrité la première faculté de théologie du pays. L'aile sud de l'ensemble comprend l'église, construite en 1131, à laquelle Boytaca et Diego de Castilho rajoutèrent, 400 cents ans plus tard, une façade manuéline ornée de sculptures et un

Claustro de Silêncio (cloître du silence) à deux étages. Au centre du cloître aux nombreux reliefs se dresse une magnifique fontaine Renaissance. Sous le règne de Manuel Ier fut instaurée une école de sculpture d'où émanèrent de fameux artistes ; par exemple, Chanterène qui réalisa la chaire et les tombeaux royaux d'Afonso Henriques et de Sancho Ier dans l'église du couvent. João III poursuivit les travaux d'agrandissement et fit rajouter le cloître, **Jardim da Manga**, au centre duquel se trouve une coupole flanquée de quatre petites chapelles rondes. De nos jours, des bureaux administratifs occupent les salles du couvent.

Dans la **Rua Sofia** ❹ se trouvent non seulement quelques collèges renommés mais aussi les églises de **Carmo**, **Graça** et **São Pedro**, toutes datant du XVIe et du XVIIe siècle. Quelques maisons portent l'inscription *republica* ; ce sont des co-locations d'étudiants qui se partagent le privilège d'employer une aide ménagère.

L'**Arco de Almedina** (*al medina* signifie "la ville" en arabe), une porte du rempart médiéval, donne accès à la ville haute. Pour y monter, les petites ruelles sont raides. Église fortifiée romane datant de 1160, la vieille cathédrale, ***Sé Velha** ❺, trône sur le premier palier. Son entrée nord, la *porta Especiosa*, ne fut réalisée qu'au XVIe siècle. L'édifice comprenant trois nefs est recouverte d'une voûte en cerceau. L'autel central est dû à l'école flamande. Le cloître gothique renferme le tombeau du premier conquérant chrétien de Coimbra, Sisnando.

En arrière-plan de la vieille cathédrale se dessine la colline qu'ornent différents bâtiments : la nouvelle et l'ancienne **université** ❻ (XVIIe / XVIIIe s.), le **Museu Nacional de Machado de Castro** ❼, l'église romane **São Salvador** ainsi que **Sé Nova** ❽ (XVIe / XVIIe s.) et sa façade baroque qui sert de nouvelle cathédrale depuis 1772.

Ci-contre : un moment de repos à l'abri des voutes gothiques du café Santa Cruz.

Le musée s'est installé dans les murs de l'ancien palais épiscopal, qui fut remanié au XVIe siècle. L'édifice fut construit au XIIe siècle sur un porticus romain que l'on peut encore visiter au sous-sol. La collection évolue depuis les objets romains, wisigoths et arabes jusqu'à la peinture portugaise, la porcelaine et l'art sacré en passant par les crèches de Machado de Castro. L'élégante loggia du premier étage offre un panorama unique sur les toits de la vieille ville.

Depuis le XVIe siècle, la ville de Coimbra jouit de la réputation d'avoir été la première, et jusqu'en 1911, l'unique ville érudite du pays. Le palais royal était autrefois perché au sommet de la colline ; c'est João III qui transféra en 1537 le siège de l'université de Lisbonne (fondée par Dom Dinis au XIIIe siècle) à Coimbra, et qui mit à disposition une aile de son palais pour ce faire. En 1555, il remit l'éducation aux mains des jésuites.

On pénètre dans l'immense cour, dont le dallage porte les armoiries de l'université, par la porte maniériste **Porta Férrea** ("porte de fer" de 1634). Des escaliers élégants mènent alors à la **grande salle**. Cette salle était celle du trône dans l'ancien palais royal ; c'est là que l'on découvre les portraits de tous les rois portugais. L'ensemble est dominé par le mince clocher baroque, haut de 34 mètres et datant de 1733, qui est situé un peu en retrait. Étant le point le plus élevé de la ville, il est visible de partout.

Un **Observatório** (observatoire astronomique) flanque le côté Est de la place ; le portail manuélin, du côté ouest, donne sur l'église de l'université de **São Miguel** (XVIe siècle) et son petit **Museu de Arte Sacra** (musée d'art sacré). Le véritable bijou du complexe universitaire est juste à côté : la ****Biblioteca Ioanina** (1716-23), l'une des plus belles bibliothèques du monde.

 Plan p. 157, Fiche pratique p. 163-165

Elle fut construite sous le règne de João V avec pour modèle la bibliothèque royale de Vienne, en Autriche, en style baroque ; elle comprend des peintures murales ainsi que des meubles en marqueterie. 150 000 ouvrages – le plus ancien datant du XIIIe siècle – sont rangés et dorment dans ces murs ; ils sont aujourd'hui encore à la disposition des étudiants.

La vie des 30 000 étudiants fait partie intégrante de l'image de la cité. On ne voit plus que rarement des étudiants avec leurs capes noires typiques, mais les rues et les bars sont remplis d'un public jeune et enjoué. Chaque année universitaire se termine début mai par les *Queimas das Fitas*. Le but et l'intérêt de la cérémonie est le grand bûcher sur lequel les étudiants et étudiantes font brûler leurs rubans universitaires colorés ; la fête dure plusieurs jours et toute la ville y participe activement, soutenue par les sérénades de fado.

À proximité de l'université, on peut voir l'**Aqueduto de São Sebastião** ⑨, construit par Felipe Terzi au XVIe siècle, et qui approvisionnait la ville en eau. Le marquis de Pombal fit aménager le **Jardim Botânico** (jardin botanique) voisin au XVIIIe siècle. Le joli **Parque de Santa Cruz** ⑩, derrière la colline de la vieille ville, attire le promeneur avec ses fontaines romantiques décorées d'azulejos.

Au nord-est du jardin botanique, sur la hauteur, le **Penedo da Saudade** a incité depuis toujours les étudiants romantiques et rêveurs à la flânerie. Leurs poèmes sont gravés sur des dalles de pierre dans le parc.

Ici, le fado est une tradition. Le ***fado de Coimbra** est plus intellectuel, plus critique et politique, et souvent plus osé que celui de Lisbonne ; seuls les hommes le chantent. Lors d'un concert de fado en 1997, le chant d'une étudiante provoqua un véritable scandale.

Sur la berge gauche du Mondego, juste à côté du pont, s'élève l'ancienne église du couvent, récemment restaurée, de **Santa Clara-a-Velha** (fondée en 1286), dans laquelle Isabelle, épouse du roi Dom Dinis, fut enterrée en 1336. Des inondations avaient détruit l'ancien couvent des Clarisses

qui fut reconstruit en 1612 un peu plus haut sur la montagne, et qui porte le nom de **Santa Clara-a-Nova**. De cet emplacement, on embrasse une merveilleuse vue sur le fleuve que dominent les maisons de la vieille ville de Coimbra, emboîtées les unes au-dessus des autres.

C'est aussi sur cette rive du fleuve que se trouve le **Portugal dos Pequininhos**, le "Portugal miniature" dans lequel les principaux bâtiments nationaux sont présentés en miniature.

Un peu plus caché vers l'arrière, on remarquera le domaine des larmes, ***Quinta das Lágrimas**, sur lequel Inés de Castro fut assassinée par ordre d'Afonso IV. C'est un parc romantique jonché d'imitations de ruines autour d'une "fontaine d'amour", **Fonte dos Amores** ; le tout orné de versets issus des Luisiades de Camões sur les faits romantiques de cette légende populaire.

Ci-dessus : l'Arco de Almedina permet d'accéder dans la ville haute de Coimbra. Ci-contre : le palais de Buçaco a été transformé en hôtel de luxe.

Le *Parque Nacional de Buçaco

Le ***Parque Nacional de Buçaco**, près de la station thermale de **Luso** ⓳, s'étend dans un domaine montagneux et boisé dont les arbres ont conservé leur variété et leur nombre. Par temps clair, on peut voir la mer depuis la **Cruz Alta** (549 mètres). La forêt appartenait autrefois à l'évêque de Coimbra qui l'offrit aux Carmélites en 1628. Les moines construisirent un monastère et aménagèrent un jardin exotique encerclé d'un mur de 5700 mètres de long. 400 espèces de plantes locales y poussent aux côtés de 300 plantes et arbres exotiques que rapportèrent les marins portugais d'Amérique du Sud, de Crète, de Goa, d'Italie et du Liban. De merveilleuses promenades à travers le parc mènent encore de nos jours à des chapelles et des fontaines. Un papes avait même jadis interdit d'abattre un seul arbre. Avec la sécularisation, la forêt devint propriété d'État.

En 1810, l'Anglais Wellington battit ici les Français qui étaient sous le commandement du général Masséna ; un

Museu Militar ainsi qu'un obélisque, le **Monumento à Batalha do Buçaco**, témoignent de ce fait militaire. En 1887, le roi Carlos Ier se fit construire une résidence d'été et de chasse juste à côté du monastère des Carmélites, érigé en 1648 ; ce bâtiment rassemble différents styles et matériaux, ce qui correspond bien au style néoclassique et manuélin de l'époque. Le vieux monastère se cache désormais à l'arrière du dernier palais des Bragance qui a été transformé aujourd'hui en hôtel de luxe, le Palace Hotel do Buçaco.

LE RIA DE AVEIRO

Le **Ria de Aveiro** est un labyrinthe de canaux et de noue (terre grasse à bétail) séparé de la mer par une langue de terre de 50 km de longueur. Six cours d'eau aboutissent dans ce haff. Entre eux, on découvre des salines ou des rizières. L'eau peu profonde est l'habitat d'une espèce d'algue appelée *moliço* et utilisée ici comme engrais. Ces algues sont extraites de l'eau à l'aide de grandes barques plates et multicolores, les *moliçeiros*. La région est une zone protégée car elle est un site de repos important pour les oiseaux migrateurs.

La merveilleuse ***plage** de **Praia da Mira** ⑳ est la plus méridionale et la plus fréquentée de cette partie de la côte. La réputation de Praia da Mira, qui serait un village de pêcheurs tranquille et authentique, n'est plus qu'un souvenir. Si l'on veut trouver des *palheiros* typiques (huttes de bois) et ces étranges bateaux colorés à la proue abrupte, il faut aller sur des plages moins courues.

La région vinicole de **Bairrada** est située plus à l'intérieur des terres ; ce vignoble qui compte parmi les plus grands est renommée pour son *espumante*, un vin mousseux fait selon la méthode champenoise.

Ílhavo ㉑ est la plus grande ville au sud du Ria et la patrie des pêcheurs, capitaines et membres de la marine marchande qui firent fortune au siècle der-

nier grâce à la pêche au cabillaud, à la baleine et au thon ; ils se firent construire de jolies résidences dans cette ville. La ***Manufatura de Porcelana** de **Vista Alegre**, l'équivalent portugais de Limoges, est à proximité, avec un intéressant **musée de la porcelaine** et des magasins.

La ville la plus importante du Ria est **Aveiro** ㉒, ville de lagunes qui vit non seulement de l'extraction du sel, mais qui est aussi un port de pêche d'importance. Du temps des Romains, Aveiro, tout comme Ovar et Ilhavo, était en bord de mer. Les alluvions sableuses et rocheuses du Vouga, dont l'embouchure est à cet endroit, les courants maritimes et l'élévation de la plaque ibérique ont donné naissance à cette langue de terre, puis ont enfermé l'eau dans une lagune. La première mention officielle des salines d'Aveiro remonte à 959. Pedro Ier encercla la ville de remparts au XIVe siècle et lui octroya le droit d'avoir un foire annuelle, la *feira do março* ; ce droit est encore valable de nos jours et la foire a lieu du 25 mars au 25 avril. À son apogée, aux XIVe et XVe siècles, Aveiro comptait près de 11 000 habitants, mais un raz-de-marée, en 1575, mit une fin soudaine à la prospérité de la ville en lui bouchant l'accès à la mer. On fit venir spécialement des constructeurs de canaux de Hollande qui tentèrent des années durant de dégager l'accès à la mer, mais en vain. Seul un second raz-de-marée, en 1808, put déloger le banc de sable qui fut immédiatement creusé et renforcé.

De nos jours, il y a encore des salines autour d'Aveiro, mais la région vit du tourisme, de la pêche et de la glaise du Ria. Dans la banlieue industrielle de **Cacia**, la glaise est transformée en dalles et en carreaux, et on y fait sécher et mariner la morue.

Quelques canaux traversent encore la ville pittoresque d'Aveiro. D'un côté du canal central se trouve la **Praça Humberto Delgado** avec d'imposantes façades en style art nouveau dont les pignons à paliers rappellent les maisons hollandaises. Dans la partie ancienne de la ville, sur l'autre berge du **canal central**, se dresse la cathédrale ***São Domingo** avec son cloître, le **Cruzeiro de São Domingo** de style gothique manuélin du XVᵉ siècle. Il a la réputation, à juste titre, d'être l'un des plus beaux du Portugal avec celui de Silves.

Le ***Convento de Jesús,** qui date également du XVᵉ siècle, abrite aujourd'hui le **Museu de Aveiro** dont la pièce maîtresse est une peinture représentant la patronne d'Aveiro, Santa Joana. C'est Nuno Gonçalves qui avait peint la fille du roi Afonso V, dont la beauté fut louée dans de nombreuses chansons ; celle-ci avait préférer entrer au couvent plutôt que d'épouser un des nombreux prétendants royaux d'Europe centrale. Elle mourut en 1480. Son tombeau fut réalisé par João Antumes, le constructeur de l'église Santa Engracia à Lisbonne. En 1693, Joana fut canonisée par le Pape Innocent XII et est depuis ce temps-là vénérée sous le nom de sainte Joana du Portugal. L'église du couvent est encore un exemple d'art baroque portugais avec un bel autel doré avec grand soin. Les azulejos de l'intérieur dépeignent la vie de Santa Joana.

Une promenade dans Aveiro vous mènera le long des petites ruelles du quartier des pêcheurs et vous fera passer devant de nombreuses maisons bourgeoises. C'est autour du marché, au **Largo do Mercado**, que se trouvent les meilleurs restaurants.

En été, on peut faire des promenades en bateau par le Ria jusqu'aux plages du littoral, par exemple **Barra** ㉓, **Jacinto** ou **Torreira** ㉔. Le banc de sable mesure environ 500 mètres de large et forme une plage à double rivage sur environ 20 kilomètres de longueur. Par temps de grand vent et de mer agitée, on peut se retirer sur les plages plus abritées et plus tranquilles du Ria.

Les bourgs de l'autre côté du Ria sont plus calmes : à **Bico** ㉕, le port de **Murtosa**, on peut observer les pêcheurs à bord de leurs *moliçeiros*. Ces bateaux plats et typiques avec leur étrave colorée servent à rassembler les algues utilisées comme engrais ou en médecine.

Ovar ㉖ est à l'extrémité nord du Ria. Elle est renommée pour ses défilés de carnaval et ses processions traditionnelles de Pâques.

À seulement 10 km au nord-est, à ***Santa Maria da Feira** ㉗, se trouvent les fondations d'un des plus importants châteaux du Portugal. Le "nouveau" château du XVᵉ siècle met en évidence l'architecture militaire du gothique flamboyant.

C'est à 20 km au sud du Douro que se situe la ville d'**Arouca** ㉘, au milieu des collines, avec le fameux monastère cistercien **São Pedro**. Le bâtiment a subi maintes transformations. Il faut mentionner son **Museu de Arte Sacra** et ses œuvres religieuses, ses peintures portugaises ainsi que les stalles du chœur et les autels ciselés en *talha dourada*. Les reliques de sainte Mafalda, fille de Sancho Iᵉʳ, morte ici, reposent dans un cercueil de verre ferré d'argent ciselé.

Carte p. 153

COSTA DE PRATA

ÁGUEDA

Estrada Nacional Nr. 1, tél. 234 601 412.

Adega do Fidalgo, Almas de Areosa.

Casa Museu de Etnografia : mar-dim 10-12h et 14-17h, **Museu da Fundação Pinheiro** : mar/mer et sam/dim 15-18h, fermé les jours fériés. **Musée du chemin de fer** : tlj. 9-12h et 14-17h, fermé les jours fériés.

ALCOBAÇA

Praça 25 de Abril, tél. 262 582 377, 10-13h et 15-19h.

Frei Bernardo, R. D. Pedro V.17, **Corações Unidos**, R. Frei António Brandão 39. **Trindade**, Pr. Dom Afonso Henriques 22.

Museu Nacional do Vinho, mai-sept. mar-ven 8h30-12h30 et 14-18h, sam/dim 10-12h30 et 14-18h, oct.-avril mar-ven 8h30-12h30 et 14-18h.
Museu do Mosteiro de Alcobaça, tlj. 9-19h sauf jours fériés. **Casa Museu de Vieira Natividade**, Pr. 25 de Abril 25, collection d'objets trouvés dans 30 grottes préhistoriques près de Carvalhal de Aljubarrota, seulement sur rendez-vous.

Foires annuelles : de **S. Bernardo** le 20 août, de **S. Simão** la dernière semaine d'octobre.

ALJUBARROTA

Museu Militar : mar-ven 14-17h, sam/dim 10-12h et 14-17h.

ARGANIL

Av. das Forças Armadas, tél./fax 235 204 823, 9-12h30 et 14-17h30.

Charles, Av. José Augusto de Carvalho, **O Lagar do Alva**, Coja, tél. 235 721 640 ; ouvert tlj. **O Parque**, Sarzedo, fax/tél. 235 205 820.

AROUCA

Praça Brandão Vasconcelos, tél. 256 943 575, 9h30-12h30 et 14-17h30.

O Manjar de Arouca, EN 1.

Museu de Arte Sacra au monastère **São Pedro**, mar-dim 9-12h et 14-17h.

AVEIRO

Rua João Mendoça, 8, tél. 234 423 680.

A Barca, tél. 234 426 024. **Marisqueira Mercantel**, Rua Anonio Santos Lé 16, tél. 234 428 057. **Cozinha do Rei**, Rua Dr. Manuel Neves 66, téTel. 234 426 802.

Museu de Aveiro, R. de Santa Joana Princesa, mar-dim 10-17h30, fermé lun et jours fériés ; **musée de la pêche et de la chasse**, seul. sam/dim 14-17h.

Kermesse : 25.3-25-4. **Festa da Ria** : août.

BATALHA

Praça Mouzinho de Albuquerque, tél. 262 765 180.

Brisa Do Mar, Av. Vieira Guimarães 10, Nazaré, tél. 262 551197. **O Casalinho**, Praça Sousa Oliveira 7, Nazaré, tél. 262 551 328. **Madeira**, Rua Teófilo De Braga 9, Sítio tél. 262 551 012.

Couvent **Santa Maria da Vitória**, **Claustro Real**, **Museu**, tlj. 9-17h, fermé les jours fériés.

Fête de Santa Maria da Vitória : 14/15 août devant le couvent. **Romaria** (pèlerinage) **Nossa Senhora de Fétal** : fin le premier week-end d'octobre avec le mise aux enchères de gateaux, les **fogaças.**

COIMBRA

Largo da Portagem, tél. 239 588 930, fax 239 825 576. Largo D. Dinis, tél. 239 832 591.

Adega Paço do Conde, Paço do Conde 1, tél. 239 825 605. **Zé Manuel dos Ossos**, Beco do Forno 10, tél. 239 823 790. **Democrátia**, Largo da Sé Velha, tél. 239 823 784, fermé le dim.

Museu Nacional de Machado de Castro, mar-dim 9h30-17h30, fermé lun et jours fériés. **Museu de Arte Sacra** (à la chapelle de la vieille université), mar-dim 10-12 et 14-17h. **Museu Militar**, tlj. 10-12h et 14-17h, **bibliothèque universitaire** et **Sala dos Capelos**, lun-ven 9h30-12h et 14-17h.
Églises : **Sé Velha**, tlj. 9h30-12h30 et 14-17h30, **Sé Nova**, tlj. 9-12h et 14-18h30, **Sta. Cruz**, tlj. 9-12h et 14-17h30, **Sta. Clara a Nova**, tlj. 9-12h et 14-17h. **Portugal dos Pequeninos**, en été tlj. 10-19h, en hiver tlj. 10-17h30, fermé à Pâques, Noël et Toussaint.

Début mai : **Festa da Queima das Fitas**, fête des étudiants.
Juin : **Feira Medieval**.
Fête municipale **Rainha Santa** la première semaine de juillet (seulement les années paires).

CONDEIXA

Câmara Municipal, tél. 239 949 120.

Ruinas de Conimbriga : 16.3- 15.9 : mar-dim 9-13h et 14-20h, 16.9-15.3 : mar-dim 9-13h et 14-18h. **Museu Monográfico**, mar-dim 10-18h, été 10-20h.

FIGUEIRA DA FOZ

Av. 25 de Abril, tél. 233 422 610, 9-24h.

Teimoso, Buarcos, Cabo Mondego, tél. 233 402 720. **Caçarola 2**, R. Bernardo Lopes 85, tél. 233 424 861.

Casa do Paço, collection de faïences, lun-ven 9-13h et 15-18h.
Museu Municipal, mar-dim 9-12h30 et 14-17h30.

On célèbre les **Festas de São João** le 24 juin.

Le **Festival du film** a lieu en septembre.

ÍLHAVO

Praça do Municipio, tél. 234329600, fax 234 329 601, www.cm-ilhavo.pt.

Museu Marítimo e Regional, lun et mer-sam 10-12h30 et 14-17h, dim et mar seulement de 14-17h, fermé les jours fériés.
Vista Alegre, manufacture de porcelaine et **musée**, lun-ven 9-18h, sam/dim 9-12h30 et 14-17h (vente également).

LEIRIA

Jardim Luis de Camões, tél. 244 814 748.

Castelo, tlj. de 9h jusqu'à la tombée de la nuit. **Museu Municipal**, seul. en été lun-ven 9-12h30 et 14-17h30, fermé les jours fériés.
Églises : S. Pedro, Sé, Santuário de N. Sra. da Encarnação.
Grottes calcaires d'**Alvados**, **Mira de Aire** et **Santo António**, tlj. 9-18h, en été jusqu'à 20h.

Grand **foire annuelle** : 1er- 25 mai.

LOUSÃ

Câmara Municipal, tél. 239 993 502.

Abrigo, Av. Combatentes Grande Guerra, 12, **Casarão**, Azoia, EN 1. **Tromba Rija**, Marrazes.

Castelo et **Santuário da Nossa Senhora da Piedade**.

LUSO-BUÇACO

Rua Emidio Navarro, Luso, tél. 231 939 133.

Capela de São João à Luso. **Museu Militar do Buçaco**, en été lun-ven 10-17h30, en hiver tlj. 10-17h. **Parque Nacional de Buçaco**, ouvert aux automobiles mai-oct.

Festa da Nossa Senhora da Vitória : 27 septembre, anniversaire de la victoire de 1810.

MARINHA GRANDE

Rua da Nazaré, tél. 244 566 644.

Albergaria Nobre, R. Alexandre Herculano. **O Largo Verde**, Lg. Ilídio Carvalho 22.

Musée de la verrerie, Rua Santo Barosa, sam 15-17h.

MIRA

Câmara Municipal, tél. 231 480 506, geral@cm-mira.pt.

MONTEMOR-O-VELHO

Câmara Municipal, tél. 239687300 (en été, aussi au château).

Ramalhão, Rua Tenente Valadim 24, tél. 239 689 435. **Café Restaurante Mosteiro**, Av. José Nápoles 7, tél. 239 689 446. **Abrigo O Pescador**, Eireira, tél. 239 676 274.

Castelo et église **Santa Maria de Alcaçova**, mar-dim 10-17h. **Convento de Nossa Senhorra dos Anjos**, clé au Turismo.

Citemor, festival de théâtre au château en juillet-août.

MURTOSA

Romaria (pèlerinage) **São Paio** : 3-8 sept.

NAZARÉ

Av. da República, tél. 262 561 194, tlj. 10-18h, en été jusqu'à 22h.

Beira Mar, Av. República 40. **Riba Mar**, Rua Gomes Freire 11, tél. 262 551 158. **Arte Xávega**, C. do Sítio.

Museu Etnologica, Sítio, 10-13h et 14-18h. **Ermida da Memória**, **Igreja Nossa Senhora da Nazaré**.

OVAR

Rua Elias Garcia (Edif. Câmara), tél. 256 572 215, lun-ven 9-19h, sam/dim 10-13h et 15-18h.

A Toca, Praça da República, tél. 256 572 245.

Casa-Museu da Ordem d. S. Francisco, tlj. 10-12h et 14-17h.
Museu de Ovar, tlj. 10-12h et 14-18h, fermé les jours fériés.

POMBAL

Largo do Cardal. tél. 236 23230.

O Manjar do Marquês, EN 1, à côté de la station Shell, tél. 236 218 194.
São Sebastião, E.N. 1, tél. 236 218 745.

Castelo. **Musée Marquês de Pombal**, avril-sept. lun-ven 10-19h, oct.-mars 9-12h30 et 14-17h30, sam 10-13h et 14-17h30.

Fête **Nossa Senhora das Neves** à Abiúl : 5 août.
Fête **Nossa Senhora das Dores** : 1er dim d'août à Meirinhas.

Corridas d'Abiúl : 1er week-end d'août.

PORTO DE MÓS

Jardim Principal, tél. 244 491 323.

Museu de Aljubarrota, mar-ven 14-17h, sam/dim 10-12h et 14-17h, fermé les jours fériés. **Museu Municipal**, mar-ven 14-17h, sam/dim 10-12h30 et 14-17h30.

SÃO MARTINHO DO PORTO

Praça Eng. J. F. Ulrich, tél. 262 989 110 et 262 989 440, 10-13h et 15-19h.

A Cave, Rua Conde de Avelar 10, tél. 262 989 682.

BILHETEIRAS

PORTO
ENTRADA
PARTIDAS
CHEGADAS
LINHA DESTINO CAT HORA
2 REGUA 16.45
6 COIMBRA-B RAP 17.03
2 BRAGA 17.24
2 VALENÇA RAP 18.17
4 TUA SD 18.30

PORTO ET LA VALLÉE DU DOURO

PORTO
LA CÔTE AU SUD DE PORTO
L'ATLANTIQUE AU NORD DE PORTO
LE LONG DU DOURO

**PORTO

****Porto** ❶ est en taille la deuxième ville du pays. Ce centre économique prospère se caractérise par ses zones industrielles, ses chantiers navals et ses raffineries de pétrole. L'étroitesse, la foule et la pauvreté mais aussi le romantisme du port, l'animation des rues, la beauté des parcs, les nombreux musées et églises baroques du centre ville, tous les genres se côtoient à Porto. Pour beaucoup, Porto est l'incarnation du vrai Portugal, le Portugal du terroir. "On prie à Braga, on s'instruit à Coimbra, et à Porto, on travaille et on gagne tout l'argent que l'on dépense à Lisbonne".

Histoire

Sur la rive gauche du Douro, là où se trouvent aujourd'hui les caves de Vila Nova de Gaia, les Grecs fondèrent la ville de commerce *Cale,* "la belle". Les Romains, eux, nommèrent *Portus Cale* cette cité située à 5 km avant l'embouchure du Douro. Elle devint évêché sous les Wisigoths. En 715, elle fut conquise par les Maures puis libérée définitivement par les chevaliers chrétiens de Gascogne en 1050 ; Porto devint la capitale du jeune Portugal et Fernão Ier améliora l'ancien rempart wisigoth en y effectuant des agrandissements.

Lors du mariage de João Ier avec l'Anglaise Philipa de Lancaster en 1386 à Porto, on fit de la ville la résidence royale et on commença à nouer des échanges commerciaux avec l'Angleterre. C'est à Porto que naquit le prince Henri le Navigateur. Il encouragea la tradition navale de la ville et fit construire les premières caravelles qui entreprirent l'expédition vers Ceuta en 1415. Pour approvisionner l'expédition, on somma la population de conserver toute la viande qu'elle possédait dans du sel. Il ne lui resta que les tripes, *tripas.* C'est à cette époque que remonte la spécialité des *tripas à moda do Porto*, les tripes aux haricots et au jambon. Et depuis ce temps-là, les habitants de Porto sont dédaigneusement surnommés *tripeiros.*

En 1703, le traité de Methuen, le consul britannique signataire du contrat, entra en vigueur. Ce traité assurait aux marchands de textile anglais (un frère du consul Methuen était en effet négociant de textiles) des importations facilitées, et en contre-partie, les Portugais avaient des avantages douaniers lors de l'exportation de porto. Les bateaux qui amenaient les laines à Porto repartaient avec leurs cargaisons de porto pour l'Angleterre. C'est ainsi

Pages précédentes : la gare de Porto fut décorée en 1930 de nombreux azulejos. Ci-contre : sauts courageux du pont Dom Luís.

Carte p. 180-181, Fiche pratique p. 178-179

qu'en un siècle, la production annuelle de vin passa de 7000 à 44 000 tonneaux. Mais les éleveurs de moutons du nord du Portugal ne trouvaient plus preneur pour leur laine en raison des importations anglaises. Et jusqu'alors, le commerce du porto était entre les mains des Anglais.

En 1756, le marquis de Pombal fonda la *Compagnie du vin du Douro*, réduisit par décret l'étendue des vignobles (le premier domaine viticole contrôlé du monde) et ordonna une amélioration de la qualité du porto. La compagnie augmenta le prix du vin, contrôla la qualité et encaissa elle-même les marges bénéficiaires. La production de vin bon marché fut interdite, et les *tascas* simples où l'on buvait le vin le plus modéré durent fermer leurs portes. La conséquence fut un soulèvement populaire qui fut brutalement anéanti par les troupes militaires.

Les profits provenant du commerce du vin ainsi que l'or brésilien enrichirent énormément la ville au XVIIIe siècle. C'est à ce période que Porto se para de son nouveau visage : elle poussa hors des remparts, le centre se déplaça vers la Praça de Liberdade, qui fut aménagée après la suppression de rues entières ; des palais bourgeois ainsi que des cloîtres et des églises furent fondés.

Pombal avait mis en poste des gouverneurs militaires, tout d'abord le père, puis le fils Almada, et leur architecte italien Nicolo Nasoni transforma la ville grâce à ses créations : l'église des Clérigos et l'église Misericórdia, le palais épiscopal, le palais des prélats, la Quinta da Bonjois, le palais Freixo, etc... Lorsque les Français prirent la ville en 1809, les habitants s'enfuirent en masses par le pont flottant en direction de Vila Nova de Gaia. Le pont ne put résister au poids, et plus de 5000 personnes se noyèrent. Aujourd'hui, une plaque commémorative en relief rappelle cette tragédie sur le pont de Dom Luís Ier : *Tragedia da Ponte das Barcas.*

Le XIXe siècle amena avec lui une forte industrialisation et une bourgeoisie prospère. Porto affirma sa position libérale. En 1820, les premières émeutes en vue d'une démocratisation eurent lieu. Les Miguelistes encerclèrent la ville avec 70 000 soldats en 1833, mais ils durent abandonner et furent obligés d'adopter les principes libéraux de Pedro IV. C'est ainsi que naquit la base du mouvement républicain qui devait provoquer une première rébellion en 1891 à Porto ; celle-ci fut toutefois écrasée de façon sanglante.

Avec l'apparition du chemin de fer en 1877, Porto fut reliée aux terres et à la capitale. Gustave Eiffel construisit le premier pont de chemin de fer au-dessus du Douro, et un de ses élèves ajouta

Fiche pratique p. 178-179

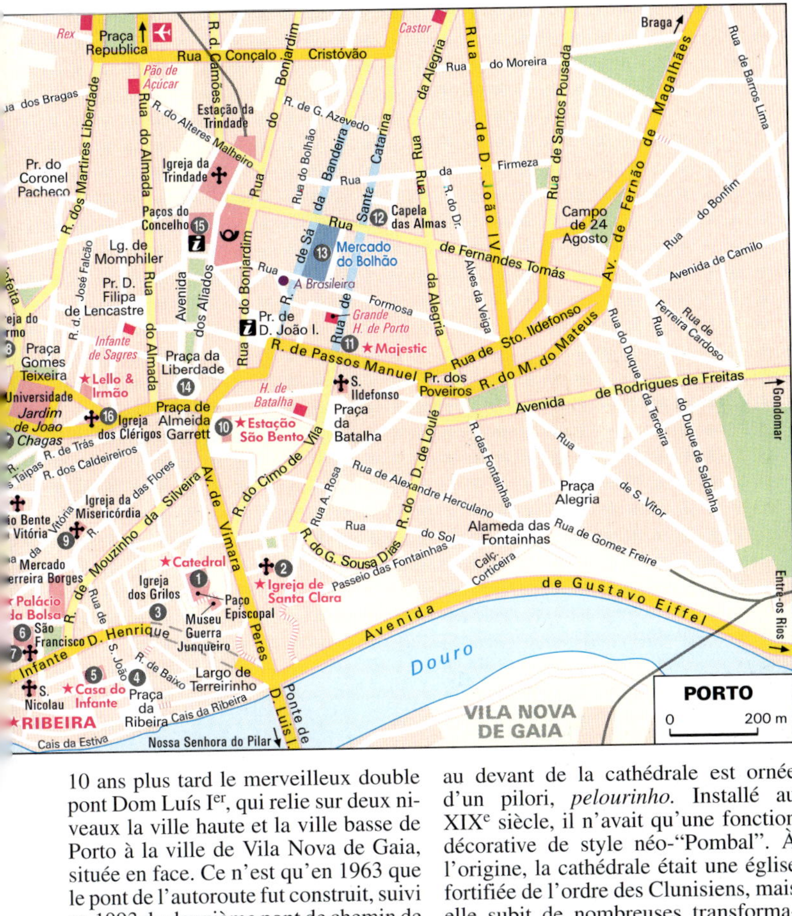

10 ans plus tard le merveilleux double pont Dom Luís Ier, qui relie sur deux niveaux la ville haute et la ville basse de Porto à la ville de Vila Nova de Gaia, située en face. Ce n'est qu'en 1963 que le pont de l'autoroute fut construit, suivi en 1993 du deuxième pont de chemin de fer. La vieille ville de Porto est sous protection de l'UNESCO depuis 1996.

La ★★vieille ville

La véritable vieille ville s'étend entre la Praça de Liberdade et le fleuve. La colline ventilée de Penha Ventosa, dotée de la ★**cathédrale** ❶ aux deux tours, gratifie le promeneur d'une belle vue sur les toits pittoresques du quartir de Barredo. La grande place qui s'étale au devant de la cathédrale est ornée d'un pilori, *pelourinho.* Installé au XIXe siècle, il n'avait qu'une fonction décorative de style néo-"Pombal". À l'origine, la cathédrale était une église fortifiée de l'ordre des Clunisiens, mais elle subit de nombreuses transformations et agrandissements avant d'être dotée d'une loggia baroque attribuée à Nasoni. L'intérieur par contre contient des arches pointus en gothique primitif et l'autel central fut transformé par le Français Claude Laprade au XVIIIe siècle. Dans la chapelle sainte, le retable aux sacrements est une pièce unique en pur argent. Teixeira Lopes a exécuté un relief représentant le baptême du Christ qui est placé dans la niche baptismale. À droite de l'autel se

Fiche pratique p. 178-179

trouvent les **tombeaux Renaissance** de la riche famille marchande Brandão Pereira. Il semblerait que cette famille faisait venir de grands artistes européens et avait de bons contacts avec Dürer. Le collatéral gauche contient surtout l'**autel Wurzel Jesse** du XVIIe siècle qui retrace la lignée des 12 rois de Judée jusqu'à la sainte famille.

Le cloître gothique fut décoré d'azulejos au XVIIIe siècle et reprend des motifs religieux et mythologiques. On a découvert les vestiges d'un cimetière juif tout à côté.

Le **Paço Episcopal** au sud de la cathédrale fut construit en 1771 par l'architecte allemand Ludwig, créateur également du monastère de Mafra. Le **Museu Geurra Junqueiro** est au sud-est de la cathédrale, dans les murs d'un palais baroque dû probablement à Nasoni. Le musée expose une collection de meubles, de céramiques, d'argenterie et de tapis muraux, légués par la veuve de l'auteur satirique Guerra Junqueiro (1850-1923). L'***Igreja de Santa Clara** ❷, au-delà de l'avenue Peres, est une des plus belles églises de la ville ; à l'origine gothique, elle a été réaménagée au XVIIIe siècle avec des autels dorés.

En descendant les escaliers de Colegio depuis la cathédrale, on arrive à une autre église du XVIIIe siècle, l'**Igreja dos Grilos** ❸, construite par Baltasar Alvares dans le style sobre propre aux jésuites. Aujourd'hui, elle abrite le séminaire et le **Museu de Arte Sacra**.

Dans les petites rues qui entourent la cathédrale, on trouve de nombreux petits magasins et restaurants ainsi qu'un marché. En se promenant dans les rues étroites et souvent bordées de maisons pauvres de la limite de la vieille ville en direction du fleuve, on rejoint l'ancien quartier du port, ***Ribeira**, dont le centre plus qu'animé est la **Praça da Ribeira** ❹. Ici, la vie de tous les jours se déroule principalement dehors. Un chemin passe par les interminables marches des **Escadas dos Guindais**, tout près des restes du rempart de Ferdi-

Ci-dessus : vue nocturne sur la cathédrale et la Torre dos Clérigos, Porto. Ci-contre : l'animation des Cais da Ribeira.

Plan p. 170-171, Fiche pratique p. 178-179

nand (XIVe siècle), pour descendre au bord du fleuve.

Sur les **Cais da Riberia** et **Cais da Estiva**, les habitants se mêlent aux visiteurs, les détaillants marchandent avec les touristes ; bars, boutiques et magasins de souvenirs alternent avec restaurants de poisson et bistrots. C'est aussi de là que partent les bateaux sur lesquels on peut faire quelques petites balades, mais aussi des croisières de un à plusieurs jours sur le Douro, jusqu'à la frontière espagnole.

La nuit de la Saint-Jean, la *noite de São João*, du 23 au 24 juin, est un événement particulier à Porto. Dans toute la ville et ses environs, on vend des petits pots de basilic odorant et les jeunes gens parcourent joyeusement les rues en se battant avec des branches d'ail et des tiges de poireaux.

C'est près de la Praça da Ribeira que se tient la ***Casa do Infante** 5, que l'on suppose être la maison natale d'Henri le Navigateur. Le jardin du palais de la Bourse, ***Palácio da Bolsa** 6, abrite un monument érigé en la mémoire de ce dernier. Le palais quant à lui, situé dans la r. do Infante Henrique qui descend vers le fleuve, est le symbole de la richesse marchande de Porto au XIXe siècle. Ses salons élégants – quelques-uns sont ornés de fresques de Soares dos Reis, un autre arbore un merveilleux style mauresque – peuvent être admirés au cours de visites guidées.

L'église gothique **São Francisco** 7 fait face à la Bourse. Remaniée au XVIIIe siècle, elle devint la plus somptueuse de tout Porto. Son intérieur rappelle plutôt une salle de bal qu'une maison de Dieu. Plus de 200 kg de poudre d'or furent nécessaires à sa décoration.

Derrière la Bourse, on découvre un bâtiment dessiné par Nasoni, le **Museu de Etnografia e de História** 8, dans lequel des costumes, des meubles, des objets de culte et des instruments de musique régionaux sont présentés. Les reconstitutions d'une cave à vin ainsi que d'une cuisine campagnarde sont particulièrement réussies. Un peu plus loin à l'est, mais toujours dans la même rue, on parvient au **Ferreira Borges** (1883), le marché aux halles restauré en fer forgé. Ces halles font aujourd'hui

office de salle d'expositions. Dans la rua das Flores se dresse l'**Igreja da Misericórdia** ⑨, également construite par Nasoni. Sa sacristie abrite la fameuse peinture *fons vitae*, réalisée par un artiste inconnu du XVIe siècle. Le sang du Christ représente la source de vie, et le rouge prédomine dans ce tableau impressionnant. Le roi Manuel Ier, accompagné de sa famille, figure au pied de la scène.

Le centre-ville

Le centre-ville est perché sur des rochers de granit escarpés qui surplombent la rive du Douro. Les maisons sont accolées les unes aux autres, et ce centre est un puzzle plein de contrastes unissant les monuments somptueux du début du XXe siècle, les églises baroques aux carreaux de faïence bleue, les quartiers délabrés des ouvriers, les marchés trépidants et les parcs dans lesquels les vieux jouent aux cartes et les enfants traînent la rue.

Ci-dessus : observer les touristes, un divertissement pour les enfants du quartier Ribeira. Ci-contre : la belle façade d'un traiteur au centre de Porto.

En se rendant vers le centre, on passe près de la belle gare ***Estação São Bento** ⑩ qui fut bâtie au début du XXe siècle sur les fondations d'un ancien couvent bénédictin. En 1930, l'intérieur fut tapissé d'azulejos et décoré par Jorge Colaço de peintures mettant en scène l'histoire portugaise. Les cinémas et restaurants ourlent la toute proche **Praça da Batalha**, dont l'église **São Ildefonso**, du XVIIIe siècle, attire le regard ; ses murs extérieurs sont décorés d'azulejos et également de peintures de Colaço consacrées à la vie du saint patron.

De la place partent des rues marchandes, légèrement en pente, dont certaines sont piétonnes, comme l'élégante **Rua de Santa Catarina** et son fameux café 1900, le café ***Majestic** ⑪, ou alors sa chapelle généreusement ornée de peintures, la **Capela das Almas** ⑫ (chapelle de l'âme des pauvres). La **Rua de Sá da Bandeira** est parallèle à la première et abrite les grandes halles de marché du **Mercado do Bolhão** ⑬.

Le cœur de la ville est la vaste **Praça de Liberdade** ⑭, avec la statue équestre du libéral Dom Pedro IV. C'est là que commence la large **Avenida dos Aliados**, sur laquelle s'alignent immeubles de bureaux et banques. Elle se termine de l'autre côté par l'imposant **hôtel de ville** ⑮ de 1920. L'office de tourisme est situé juste à côté.

Le sud-ouest de la Praça de Liberdade est occupé par l'**Igreja dos Clérigos** ⑯ (1732-48), le chef-d'œuvre baroque de l'Italien Nicolo Nasoni qui y repose. L'église a la forme d'un ovale, et son clocher est indépendant du reste. Il est le plus élevé du Portugal, avec une fière hauteur de 76 mètres, et est devenu l'emblême de la ville. Un panorama magnifique se dévoile au sommet de la tour.

L'**université** se trouve un peu plus à l'ouest, près du **Jardim de João Cha-**

Plan p. 170-171, Fiche pratique p. 178-179

gas 17. Au nord-ouest de l'université, on aperçoit l'**Igreja das Carmelitas** (XVIIe siècle) et à sa droite l'**Igreja do Carmo** 18 (XVIIIe siècle). L'ambiance des rues alentours est dictée par la vie étudiante et ses nombreux cafés. Le numéro 144 de la rua das Carmelitas permet de découvrir une livraria (librairie) de tradition, ⋆**Lello & Irmão**, dont on admirera les boiseries de style Art déco. Dans la **Quinta das Virtudes** 19, un palais du XVIIIe siècle, la coopérative des artistes ***Arvore***, installée dans de nombreux ateliers, fait parler d'elle depuis plus de 30 ans.

Dans la partie ouest de la vieille ville se situe le **Palácio dos Carrancas** du XVIIIe siècle, qui fut construit par des négociants en bijoux juifs et qui prit ultérieurement le rang de résidence royale. Il abrite aujourd'hui le **Museu Nacional de Soares dos Reis** 20, d'après le sculpteur du XIXe siècle qui fut également le premier directeur en place. Le musée possède des sculptures de Reis et de Teixeira Lopes, de la peinture portugaise du XVIe siècle jusqu'à nos jours et des céramiques du XIXe et du XXe siècle. Le **Jardim do Palácio de Cristal** est à proximité, avec son palais de cristal de forme futuriste, qui fit fureur en 1865 ; il sert de nos jours de **Pavilhão dos Desportos** 21 (palais des sports).

La **Quinta da Maceirinha** et son **Museu Romântico** 22 s'étendent à l'ouest du parc et reproduisent l'atmosphère d'une grande maison bourgeoise du XIXe siècle. On peut visiter entre autres les pièces où mourut le roi italien Carlos Alberto lors de son exil en 1849. C'est dans le même bâtiment que se trouve le **Solar do Vinho do Porto**, le centre de dégustation de l'institut du orto, avec 200 sortes de vin différentes.

La banlieue

Lorsqu'on quitte le centre-ville de Porto par le nord en empruntant la rue animée de Cedofeita, on arrive à la plus ancienne église de la ville, **São Martinho de Cedofeita** 23 – “vite fait bien fait” serait sa traduction littérale. Ce simple édifice roman fut construit sur ordre d'Afonso Henriques au XIIe

siècle ; en effet, le monument précédent avait été entièrement mis à sac par le conquérant maure Almansor.

À partir de là, on peut prendre l'Avenida da Boavista qui traverse le quartier marchand moderne du même nom autour de la place de Mouzinho de Albuquerque. C'est également à cet endroit qu'est située la **Fundação António de Almeida**. Elle porte le nom du médecin et homme politique qui a mené la révolution de 1910 et qui devint par la suite président de la République. Cette résidence est dans un joli parc, et on peut y admirer la vaste collection de pièces de monnaie du fondateur ainsi que l'aménagement cossu de l'intérieur. Un peu plus au nord de la ville, le **Museu de Fernão de Castro**, qu'abrite la maison de l'homme d'affaires et poète, possède des peintures et des œuvres d'art sacré.

Lorsqu'on quitte le centre ville en remontant le fleuve vers l'ouest, on traverse le quartier de **Miragaia**, "regarde en direction de Gaia", c'est-à-dire au-delà du Douro pour admirer les coulisses pittoresques des caves à porto. Le **Museu do Carro Eléctrico**, une importante collection d'anciens tramways, est au bord du fleuve. Quelques kilomètres plus loin, on accède à la véritable embouchure du Douro.

Un long banc de sable sur la rive gauche obstrue une grande partie de l'embouchure et forme la plage de Porto. On peut l'atteindre de la ville en bateau ou bien en passant par Gaia. L'entrée du port est surveillée depuis le XVIe siècle par le **Castelo de São João**. La vie nocturne se tient dans ce quartier avec ses bars, discothèques et boîtes extravagantes. La banlieue de **Foz Douro** s'étend sur la face atlantique, et fait office aussi bien de quartier résidentiel que de station balnéaire avec quelques hôtels et de nombreux restaurants sur la promenade. La plage se termine par le **Castelo do Queijo**, "château du fromage", qui fut construit au XVIIe siècle comme protection contre les pirates.

Au cours des dernières décennies, Porto a dépassé de loin ses limites d'origine. La ville compte près de 350 000

Ci-dessus : cave à porto à Vila Nova de Gaia. Ci-contre : une petite dégustation ?

Carte p. 180-181, Fiche pratique p. 178-179

habitants mais en rassemble 1,5 million avec sa banlieue. Elle s'étale vers l'est jusqu'à l'ancienne petite ville artisanale de **Gondomar** ❷, dont la spécialité est le travail du bois et la fabrication de bijoux en filigranes. Vers le nord, Porto a englouti la petite ville industrielle de **Matosinhos** avec le port de Leixões ; c'est là que se concentrent non seulement l'industrie pétrochimique du pays, mais aussi l'industrie lourde, l'industrie textile, de traitement du cuir et l'industrie alimentaire. Mais on y trouve aussi un centre ancien, avec l'église **Bom Jesús de Bouças** et son grand autel orné de *talha dourada* ; elle fut construite par Nasoni.

LA CÔTE AU SUD DE PORTO

Vila Nova de Gaia ❸ repose comme un amphithéâtre sur la côte escarpée que forme la rive gauche du Douro. Au cours des dernières années, les urbanistes y ont réalisé une **promenade** bordée de cafés et de restaurants. En outre, toutes les grandes caves à porto, les ★**Armázens**, y ont leur siège, la plupart d'entre elles portant encore le nom de leur fondateur. Les caves remplies de tonneaux où l'excellent vin repose jusqu'à 40 ans, ont été taillées dans le rocher, garantissant ainsi une température constante tout au long de l'année. On peut en visiter la plupart, quelques-unes possédant des terrasses avec une vue imprenable : les maisons pittoresques alignées sur la rive d'en face, les ruelles montantes, les bateaux *rabelo* ancrés dans le fleuve qui servaient autrefois au transport des tonneaux, et enfin le **Ponte de Dom Luís Ier** construit en 1881-85 sur deux niveaux. La voie supérieure mène directement au **Mosteiro da Nossa Senhora do Pilar,** que l'on peut voir de loin, et qui fut probablement conçu par Filippo Terzi au XVIe siècle. Cet ancien monastère augustin comprend une église à coupole de plan circulaire ainsi qu'un cloître de même forme du XVIIe siècle.

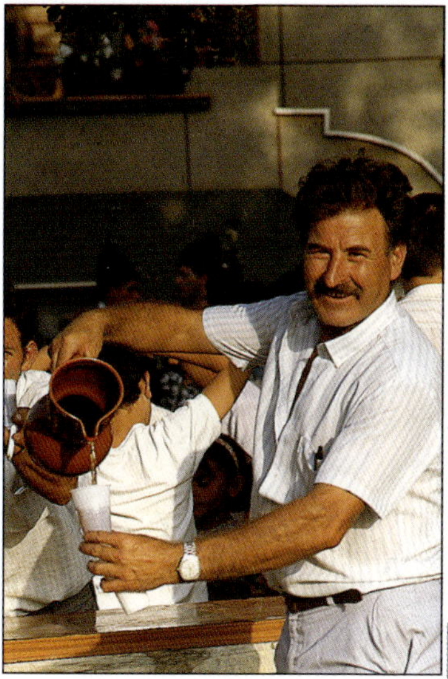

Un peu plus haut dans le village, on découvre l'habitation de Teixeira Lopes, élève de Soares dos Reis. Lopes passe pour la figure de proue du mouvement intellectuel de Porto au tournant du XXe siècle. Ses sculptures ornent la ville à de nombreux endroits et certaines sont exposées dans l'agréable cadre de son domicile.

Un peu plus vers l'ouest, en direction de l'embouchure du Douro, on rencontre le village de pêcheurs d'**Afurada** et ses bons restaurants de poisson. C'est là que commence la zone de villégiature des habitants de Porto qui viennent remplir les plages le week-end jusqu'à Ria d'Aveiro. La première plage de l'Atlantique est particulièrement appréciée : **Lavadores**. Plus au sud viennent les plages de **Madalena** et **Valadares**. À partir de **Miramar**, la ligne de chemin de fer venant de Porto rejoint le rivage. La roche y porte la chapelle baroque **Senhor da Pedra**. Même un terrain de golf est à mentionner.

On fera un arrêt à **Granja**, ne serait-ce que pour admirer les magnifiques azulejos de la gare. **Espinho** ❹ est une station balnéaire moderne avec des plages bondées, d'innombrables immeubles et des rues qui quadrillent la ville. **Esmoriz**, située un peu plus au sud et plus petite, a davantage de cachet. Son activité traditionnelle est le tonnelage pour le porto.

LA CÔTE ATLANTIQUE AU NORD DE PORTO

Au nord, ce n'est qu'à 10 kilomètres derrière Porto que commencent les plages, à **Leça da Palmeira**. Il ne reste de l'ancien couvent de l'ordre des Hospitaliers, **Leça do Balio**, qu'une église fortifiée en gothique primitif avec de beaux chapiteaux, des tombeaux et des fonds baptismaux.

Les plages près de **Labruge** et **Vila Châ** se font plus propres et plus solitaires. **Vila do Conde** ❺ possède une vieille ville de charme. L'**église São Francisco** de l'ancien couvent de Santa Clara, perchée au-dessus du fleuve, méritera une visite. Sa chapelle funéraire gothique à la voûte en forme d'étoile abrite le sarcophage savamment sculpté d'un des fils naturels de Dom Dinis, Afonso Sanches. Sa statue de pierre ainsi que celle de sa femme, Teresa, datent du XVIe siècle. Le couvent devait son approvisionnement en eau à un **Aqueduto** construit au XVIIIe siècle sur une longueur de 7 km, et venant de Póvoa de Varzim. Le quartier de Caxinas est doté d'un intéressant **Museu de Oceanografia**. Au sud de l'ancien village de pêcheurs **Azurara** se dresse une belle église manuéline. Les femmes des alentours sont de merveilleuses dentellières, et leurs travaux sont en vente partout.

Póvoa de Varzim ❻ est la principale station balnéaire de cette région. Des hôtels, un casino et de nombreuses auberges sympathiques peuplent le vieux quartier, derrière la citadelle pentagonale. Le **Museu Municipal de Etnografia e História** est dans les murs du **Palácio dos Carneiros**.

PORTO ET LA CÔTE

ESPINHO

Rua 23, tél. 227 340 911, fax 227 311 053, 9.30-19 , sam/dim 10-13/15-19h.

Solverde Casino de Espinho, Rua 19, Nr. 85, tél. 227 335 500, Internet : www.solverde.pt/casino-espinho. **À Vossa Mercê**, Rua 23, 94, tél. 227 340 254. Fermé le mar.

MATOSINHOS

Tito I et **Tito II**, tous les deux Rua Heróis da Franca. Lun-sam 12-15/19-23h. Excellents poissons grillés au feu de bois.

Museu Abel Salazar, mar-dim 10-12h30 et 1h.30-18h.

PORTO

Rua Clube dos Fenianos 25, tél. 223 393 470, fax 223 323 303, et Praça de D. João Ier, n° 43, tél. 222 057 514, ainsi qu'à l'aéroport et dans le quartier de Ribeira. Internet : www.portoturismo.pt.

Chez Lapin, Cais da Ribeira, tél. 222 006 418. **Filha da Mãe Preta**, Cais da Ribeira 39/40, tél. 222 086 066. Fermé le dim. Spécialité : morue.
SALONS DE THÉ, BARS : **Café Majestic**, Rua Santa Catarina 112, joyau Art Nouveau. **Solar do Vinho do Porto**, Rua de Entre-Quintas 220, tél. 226 094 749, lun-ven 10-23h30, sam 11-22h30.

DISCOTHÈQUES : **Chic**, Rua Manuel Pinto de Azevedo 2, tél. 226 163 220. **Estado Novo**, Matosinhos, Rua Sousa Aroso 772, tél. 229 385 988, Internet : www.estadonovo.com. **Via Rápida**, Rua Manuel Pinto de Azevedo 567, tél. 226 109 427.

ÉGLISES : **Sé**, lun-sam 9-12h30 et 14-18h. **Torre dos Clérigos** (tour des clé-ricaux), tlj. 9h30-13h et 14-19h. **São Franzisco**, tlj. 9-18h. **Santa Clara**, tlj. 9-11h30 et 15-19h. **Igreja dos Grilos**, seulement sur rendez-vous. **Igreja das Carmelitas**, tlj. 8-12h30 et 14h45-19h. **São Pedro de Miragaia**, lun-

Carte p. 180-181

sam 16-19h, dim 9-12h. **São Martinho de Cedofeita**, lun-sam 9-12h30 et 16-19h.
MUSÉES : **Casa do Infante**, lun-ven 9-19h. **Paláçio da Bolsa**, tlj. 9-19h, hiver : 9-13h et 14-18h. **Fort São João da Foz Douro. Castelo do Queijo**, mar-dim 13h30-19h. **Fundação de Serralves**, mar-dim 10-19h, en été : mar-ven 10-19h, sam/dim 10-20h. **Museu Nacional Soares dos Reis**, mer-dim 10-12h30 et 13h30-18h, mar 14-18h, fermé le lun. **Casa Museu Guerra Junqueira**, mar-dim 14-19h. **Museu Romântico**, mar-sam 10-12h et 14-17h, dim 14-17h.

GARES : **Estação de S. Bento**, grandes lignes, Pr. Almeida Garret, tél. 222 002 722. **Estação da Trindade**, lignes régionales, Rua A. Malheiro, tél. 222 005 224.

Arvil : **Festival Intercéltico do Porto** (musique populaire). 1e semaine de mai: **Queima das Fitas** (fête des étudiants). Juin : **festival du théâtre**, 23/24 Juin : fête de la **São João** et **régatte** des **rabelos** (bateaux de porto). Septembre : **festival du fado**. Octobre : **festival de jazz**.

Livres : librairie **Lello & Irmão**, Rua das Carmelitas 144. **Guitares** : Rua Mouzinho da Silveira 165. **Filigranes** : Rua das Flores. **Marché aux puces** : près de la cathédrale, les 2e et 4e samedis matin du mois. **Pièces, timbres** : Pr. do João Ier, dim matin.

SORTIES EN BATEAU : **Douro Azul**, Rua de São Francisco 4, tél. 223 402 500. Transferts en bateau et en hélicoptère, train à vapeur et Pousada Solar da Rede.

PÓVOA DE VARZIM

Av. Mouzinho de Albuquerque, 166, tél. 252 614 680.

Costa, Rua Dr. C. Oliveira 104, tél. 252 684 139. **O Forno**, tél. 252 681 474. **Casino de Póvoa**, tél. 252 690 870, tlj. 15-3h du matin ; dîner à partir de 20h30, spectacle 23h.

VILA DO CONDE

Dans la Rua 25 de Abril, 103, tél. 252 642 700.

Mar-a-Vista, Av. Brasil. **Ramon**, R. 5 de Outubro 176, tél. 252 631 334.

Museu Agrícola de Entre-Douro e Minho, Castro Vairão, tlj. 9h30-12h30 et 14-17h.
Museu de Arte Sacra da Confraria do Santíssimo Sacramento, Rua da Igreja, lun-sam 10-12h et 14-17h, dim 14-17h.
Museu das Rendas (dentelles), Rua de S. Bento, lun-ven 9-12h et 14-19h, en été aussi sam/dim 15-18h.

Juillet/août : **salon de l'artisanat**.

VILA NOVA DE GAIA

Av. Diogo Leite 242, tél 223 703 735.

Adega e Presuntaria Transmontana II, Avenida Diogo Leite, 80, tél. 223 758 380.
Horta dos Reis, Rua Camilo Castelo Branco, 947, tél. 223 770 324.
Boucinha, Av. Vasco da Gama, Oliveira do Douro, tél. 227 827 764.

Casa-Museu Teixeira Lopes e Galerias Diogo de Macedo, mar-sam 9-12h30 et 14-17h30.

CAVES À PORTO : **Ferreira**, Rua das Carvalhosas 19, tél. 223 746 107, lun-ven 10-12h et 15-17h. **Caves Calém**, Av. Diogo Leite 26, tél. 223 746 660, lun-ven 10-12h30, sam 10-19h.
Ramos Pinto, Av. Ramos Pinto 480, tél. 223 707 000, lun-ven 10-12h30 et 14-17h, sam 10-13h. **Real Companhia Velha**, Rua A. Magalhães 314, tél. 223 775 100, uniquement sur rendez-vous. **Sandeman**, Largo M. Bombarda 3, tél. 223 706 807, lun-ven 10-12h30 et 14-18h.
Taylor, Fladgate & Yeatman, Rua do Choupelo 256, tél. 223 742 800, lun-ven 10-18h, et restaurant **Barão de Fladgate**. **Cave Real Vinícola**, Rua A. Magalhães 314, tél. 223 03013, lun-ven 9h30-18h. **Cockburn Smithes & Cia.**, Rua das Coradas 13, tél. 223 794 031, lun-ven 9h30-12h et 14-16h.

LE LONG DU ★★DOURO

Si vous séjournez à Porto, vous ne manquerez pas de consacrer un ou plusieurs jours à la vallée du ★★**Douro**. Pour remonter le fleuve, vous aurez le choix entre le train, la voiture ou encore de confortables bateaux de croisière. La meilleure période de l'année est le printemps ou l'automne : en avril, les orangers sont parés de fruits, les genêts fleurissent d'un blanc ou d'un jaune éclatant sur les versants abrupts de la vallée et le parfum des eucalyptus se répand dans les secteurs reboisés. Début septembre, les feuillages se colorient et les vendanges commencent. La visite de cette merveilleuse vallée permet de découvrir les paysages les plus divers.

La région viticole de production de porto, placée sous la protection de l'UNESCO depuis 2001, ne commence qu'à 100 kilomètres de Porto et se compose d'interminables terrasses recouvertes de vigne, parsemées çà et là de fermes blanches. Plus l'on s'avance dans les terres, plus la terre est sèche et les maisons rares. Près de la frontière, la vallée du Douro fait une entaille profonde dans le granit et forme ainsi un paysage bizarre, unique en soi.

Avant de se lancer vers le Douro, on effectuera un détour par quelques monastères et églises situés à l'est de Porto. Ces édifices sont à quelque distance de l'itinéraire principal, avant le confluent du Tâmega et du Paiva avec le Douro. Le couvent des Bénédictins de **São Bento** se trouve à **Santo Tirso** ❼, à 20 km au nord-est de Porto, et remonte à l'époque wisigothe. Ce bâtiment, roman à l'origine, a subi maints remaniements au cours de l'époque baroque ; il en va de même pour sa façade. L'endroit le plus impressionnant de ce complexe orné de nombreuses sculptures sur bois est le cloître Renaissance à double étage, avec des chapiteaux à figurines.

En quittant Porto vers l'est, au sud de l'autoroute, on découvre à la hauteur de Paredes **Paço de Sousa** ❽, et son monastère clunésien de **São Salvador**. Cet ensemble est également de style roman. Dans l'église, des lions supportent le sarcophage gothique d'Egas Moniz,

Fiche pratique p. 188-189

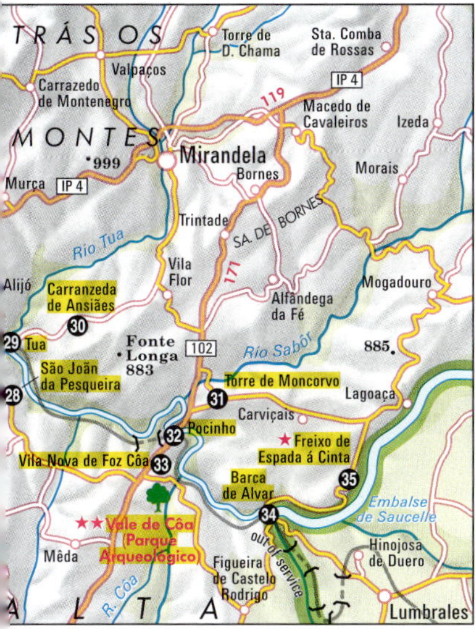

l'éducateur et maître d'armes d'Afonso Henriques ; la vie de cette personnalité renommée, qui est par ailleurs le symbole de la loyauté, est sculptée dans la pierre qui orne le tombeau. La représentation de la légende est encore reconnaissable, bien qu'elle soit assez endommagée : lorsque le roi castillan fit le siège de Guimarães, c'est Egas Moniz qui était en charge de mener les négociations. Les Castillans devaient lever le siège, moyennant quoi on leur promit de renoncer aux projets d'indépendance vis-à-vis de l'Espagne. Mais Afonso Henriques rompit le pacte en se nommant roi d'un Portugal indépendant. En signe de repentir, Egas Moniz vint voir le roi castillan à genoux avec une corde autour du cou et suivi de son épouse et de ses enfants ; le roi castillan lui aurait généreusement pardonné.

Il y a deux autres petites églises romanes encore intactes dans la vallée du Douro, peu avant Entre-os-Rios : l'une à **Eja** ❾, et l'autre, **São Salvador**, un peu plus haut dans la montagne. On a trouvé dans les environs un castrum celte, le **Monte Mozinho**.

Les bords du Tâmega et du Paiva

Penafiel ❿ donne accès à la vallée du Tâmega, un des plus beaux affluents du Douro. Les ruines d'un château du XIVe siècle dominent Penafiel. C'est dans les vignes des alentours qu'est cultivé le cep du *vinho verde*.

Marco de Canaveses ⓫ compte aussi des églises romanes, tout comme São Gens à Boelhe et Taboado.

Amarante ⓬ s'étend sur un site très pittoresque sur les deux rives du Tâmega. Un pont du XVIIIe siècle, le **Ponte de São Gonçalo**, relie la rive animée de la rue principale, avec ses cafés et restaurants aux terrasses surplombant l'eau, au **Convento de São Gonçalo**. Devant le monastère, le café de la place invite le pèlerin au repos. Juste à côté, un escalier raide part vers le haut pour longer la façade de l'église et arriver au-dessus du monastère, d'où l'on découvre une belle vue romantique sur la ville et la rivière.

L'église du monastère São Gonçalo possède une belle façade Renaissance donnant sur la place et qui est close par une galerie royale. Les rois de l'époque y furent immortalisés : le fondateur, João III, Dom Sebastião, le cardinal, les rois Henrique et Filipe Ier. L'église doit son nom à un ermite qui y est enterré depuis le XIIe siècle et qui est vénéré comme étant le saint de la fécondité. Le jour de sa fête en juin, on vend des gâteaux en forme de phallus et les jeunes filles prient le saint de bien vouloir leur donner un mari, les parents stériles de leur donner un enfant.

Le monastère, avec ses deux cloîtres, abrite aujourd'hui un **musée d'art moderne**. Les œuvres du cubiste Souza Cardoso y méritent une attention particulière.

La ville de **Travanca do Monte** ⓭ mérite un détour pour son abbaye bénédictine de **São Salvador**, son abbatiale romane et enfin un donjon d'origine maure.

Fiche pratique p. 188-189

Les vignobles de Porto

La région des vignobles de porto commence là où le Douro s'enfonce dans l'ardoise et où les précipitations n'atteignent que la moitié ou le tiers de celles de la côte atlantique. Les terrasses couvertes de vigne partent des rives du fleuve pour grimper sur les sommets et se répandent dans les vallées transversales. L'ardoise foncée irradie la chaleur accumulée au cours de la journée et les gouttes de rosée sont souvent la seule source d'humidité dont disposent les ceps. *Terra quente* (terre brûlante) est la désignation donnée à cette région qui longe le Douro, où les températures estivales dépassent souvent les 40°C.

Mesão Frio ⓮, situé à l'abri du vent grâce à la Serra de Marão, est considéré comme la limite nord-ouest du vignoble. Ce bourg possède de vieilles fortifications et son hôtel de ville est installé dans un ancien monastère franciscain.

Ci-dessus : les vignes près de Peso da Régua, au cœur des vignobles du porto. Ci-contre : les vendanges près du Douro.

La région de production de vin rouge s'étend à l'est jusqu'à la frontière espagnole. Le centre névralgique de la région est aujourd'hui encore la ville de **Peso da Régua ⓯** où le marquis de Pombal fit rassembler 300 pierres de granit afin de démarquer les nouvelles limites du domaine viticole en 1756.

De nos jours, le vignoble couvre une superficie de 25 000 hectares, cultivés par 25 000 vignerons. Moins de la moitié de la production deviendra du porto, le grand reste servant à celle de vins de table – les vins du Douro –, de rosés et de vins mousseux. Autrefois, les raisins pressés étaient transportés par les *rabelos*, des bateaux fluviaux, vers Vila Nova de Gaia (en face de Porto) car la production, la mise en bouteille et le chargement du porto n'était (et n'est) autorisée que là-bas. La vieille *Real Companía Vinícola do Norte de Portugal* veille au respect de cette disposition depuis sa fondation par le marquis de Pombal en 1756.

La ligne de chemin de fer reliant Porto au nord-est du pays longe le Douro durant toute une partie du trajet. Elle offre un spectacle incomparable pendant les deux heures et demie que dure le voyage entre Cinfães et Pocinho. Il est par ailleurs possible d'effectuer une croisière fluviale de plusieurs jours sur toute le longueur du parcours, de Porto à Barca de Alva (à la frontière) – un voyage assez étonnant si l'on pense que l'on franchit, à l'aide d'écluses, des paliers allant de 5 à 30 mètres. En voiture, on longe généralement la vallée depuis le haut de la falaise, et la route ne descend que rarement jusqu'au rivage. Les ponts sont plutôt rares sur le Douro, mais pratiquement tous les murs de rétention sont carrossables. Cependant, avant de parcourir de longues distances, il sera préférable de décider à l'avance quelle rive on empruntera.

Au cours du voyage, ce ne sont pas seulement les yeux qui se régalent, mais

 Carte p. 180-181, Fiche pratique p. 188-189

aussi le palais. Les différentes sortes de porto, les excellents vins de table du Douro ou encore les *vinhos verdes* du nord-ouest du Douro (région de Minho), les spécialités de poissons d'eau douce comme la truite et la lamproie peuvent faire de ce voyage un véritable régal.

Entre Peso da Régua et Pinhão, la route suit la rive sud du Douro pour la quitter définitivement peu après ; seuls les voyageurs en bateau ou en train peuvent jouir du merveilleux paysage. Il n'y a pratiquement plus de villages, seulement des vignobles aux noms connus comme Sandemann, Ferreira, Croft ou Calem.

Au nord de Peso da Régua, la vallée du Rio Corgo se hisse littéralement vers les montagnes, c'est l'une des vallées latérales les plus pittoresques du Douro. Chaque mètre carré des terrasses soigneusement aménagées est couvert de ceps de vigne. C'est de là que proviennent les meilleurs – et aussi les plus onéreux – portos comme par exemple **Santa Marta de Penaguião** ⓰. Le nom signifie "punition de Guio" d'après une légende contant comment le vin arriva ici : le duc français de Guillon avait tout simplement incendié la chapelle de sainte Marthe. Elle dérangeait le projet qu'il chérissait : cultiver des ceps apportés de France. C'est alors que sainte Marthe lui apparut et lui ordonna de cultiver ses terres de ses propres mains. Plein de repentir, le comte se mit à la tâche et bientôt ses plantes produisirent le meilleur vin du pays. Pour se faire pardonner de son pêché, il voua son vin à la sainte qui lui pardonna et donna sa bénédiction au vin.

*Vila Real

***Vila Real** ⓱ surplombe la rive gauche du Corgo. De belles places ainsi que des palais élégants parent cette petite ville animée. Deux personnages illustres attisent la fierté des habitants : l'explorateur Diego Cão, né ici, qui découvrit l'embouchure du Congo, et l'écrivain Camilo Castelo Branco, qui y vécut à Vila Real au XIXe siècle et fit de cette ville le cadre de certains de ses romans.

L'ancien hôpital, qui ressemble plutôt à un palais avec son large escalier double baroque, fait aujourd'hui office d'**hôtel de ville**. La cathédrale gothique **Sé São Domingo**, abritant les pilastres romans du bâtiment précédent, était auparavant rattachée à un monastère dominicain. La zone piétonnière renferme la **Capela Nova** attribuée à Nicolo Nasoni, dont on remarquera les scènes bibliques représentées sur des azulejos.

Si les ruelles de la vieille ville respirent encore l'air du XIXe siècle, la Vila Real moderne est dotée d'une université publique récente et d'agréables magasins.

À quatre kilomètres à l'ouest de la ville se trouve un véritable trésor : l'**église paroissiale** du village de **Vila Marim** ⓲. Restaurée depuis peu, elle date de l'an 1006 et vous dévoilera les plus belles fresques gothiques du Portugal.

La **Serra de Alvão** s'élève à 1300 mètres derrière Vila Marim et a été déclarée parc naturel. On y découvre le village de **Bisalhães**, connu pour ses céramiques noires. Le village d'**Agarez** en revanche a conservé sa tradition de tissage de lin. Il faut certes chercher un peu sur place, mais vous serez récompensé de vos efforts : les femmes travaillent et tissent le lin comme on l'a toujours fait depuis des siècles, dans l'arrière-cuisine, et arborent fièrement le produit de leur dur travail.

Il faut aussi absolument visiter le ***Solar de Mateus**, le palais du comte de Mangualde. L'ancien siège de la cave Mateus, un chef d'œuvre de Nasoni, est devenu propriété d'État et sert de nos jours d'école de musique et de salle de concert. Le double billet d'entrée ouvre les portes du parc et permet une visite guidée dans les bâtiments élégamment meublés et les somptueuses salles, telles la magnifique bibliothèque, qui font penser à un château rococo. On peut aussi se promener dans les jardins aux haies taillées avec imagination, parmi les fleurs, les tunnels de plantes et les étangs – tout cela avec pour cadre féerique un palais du XVIIIe siècle aux armoiries imposantes, aux figures allégoriques expressives, avec une cour intérieure et une large montée d'escaliers – les témoins de la richesse d'une puissante famille.

Des panneaux tout proches indiquent le chemin du lieu de culte de ***Panóias**, site étrange et mystérieux du dieu gréco-égyptien Serapis. C'est entre ces immenses rochers ronds et ces plaques de granit que devaient exister autrefois une grande ville celtibère et son sanctuaire. Les cavités rectangulaires avec leurs rigoles et leurs bassins peuvent laisser supposer que des sacrifices humains avaient lieu ici.

Au sud du Douro

Le Paiva se jette dans le Douro en venant du sud. Ses méandres cheminent sur une bonne centaine de km au bas du flanc sud de la Serra de Montemuro.

Ci-dessus : vue sur le Palais Solar Mateus.
Ci-contre : la vallée du Douro.

Carte p. 180-181, Fiche pratique p. 188-189

Cette vallée dégage une certaine nonchalance et un calme propres à une région restée longtemps sans communication régulière avec le reste du monde.

La principale localité de la vallée est **Castelo de Paiva** ⓳. De nombreux palais élégants du XVIIe et du XVIIIe siècle avec parcs et jardins lui donnent un cachet très particulier.

Si vous optez pour la rive sud du Douro, vous parviendrez en premier lieu au petit village de **Gralheira**, perché audessus du Paiva, près de **Souselo**. Ses vieilles maisons de pierre sont encore recouvertes de toits de chaume, comme c'était le cas autrefois dans toute la région. Viennent ensuite les jolis bourgs de **Tarouquela** ⓴, **Cinfães** ㉑ et la station thermale **Caldas de Aregos** ㉒. Le monastère **Nossa Senhora de Cárquere** est situé entre Cinfães et **Resende**. Egas Moniz l'aurait fait construire au XIIe siècle en remerciement de la guérison miraculeuse des jambes déformées de son protégé, le successeur au trône Afonso Henriques.

Lamego ㉓ est célèbre depuis que les états portugais, les *cortes*, se réunirent pour reconnaître Afonso Henriques comme premier roi du Portugal en 1143. Lamego, à 10 km au sud de Douro, est certainement l'une des plus belles escales de la route. À la limite du village, un escalier en chemin de croix mène les pèlerins jusqu'au sanctuaire baroque de ★**Nossa Senhora de Remédios.** La basilique fut construite au milieu du XVIIIe siècle, alors que le large escalier orné de faïence bleue, comptant 680 marches, fut réalisé en 1960 sur le modèle de Bom Jesus do Monte à Braga. Le chemin de croix comprenant une chapelle baroque pour chacune des 14 stations se remplit de milliers de pèlerins au mois de septembre qui viennent vénérer la Vierge de Remédios à l'époque de la *Romaria de Portugal.*

Les ruines d'un **Castelo** médiéval d'origine maure se dressent sur une colline que l'on atteint par une jolie rue de la vieille ville. Cette rangée de maisons abrite une chapelle dont une inscription évoque la première cathédrale de Lamego, érigée à cet endroit en 435. Les hauteurs offrent une jolie vue sur l'ensemble de la ville : l'avenue centrale

bordée de cafés et de villas abrités par des grands arbres et, au bout de l'avenue, l'ancien palais épiscopal avec l'intéressant **Museu de Lamego**. Ce musée possède des objets archéologiques et des tombeaux médiévaux, entre autres celui de la comtesse de Barcelos. En outre, on y découvre des tapisseries flamandes du XVIe siècle, des peintures, des azulejos et enfin des meubles. Le musée conserve également des chapelles baroques entières, qui ont été démantelées lors de la sécularisation et de la fermeture de couvents. Enfin, cinq tableaux d'autels que Grão Vasco avait créés pour l'autel central de la cathédrale sont également présentés ; on remarquera l'un d'entre eux, la fameuse "création des animaux", et sa licorne blanche lumineuse.

Un monument dédié à Miguel du Portugal, évêque de Lamego, est érigé devant le musée. C'est à son intervention que l'on attribue l'accord papal de l'indépendance du Portugal. La construction de la sévère **cathédrale** fut commencée en 1129. Seule la tour date encore de cette époque, la façade étant de style gothique sobre. L'intérieur fut transformé pendant la Renaissance et plus encore au XVIIIe siècle. Derrière le château se trouve une petite église romane, **Santa María de Almacave**. À cet emplacement se situait il y a mille ans de cela un cimetière arabe, d'où le nom de l'église, *almokab*, ou "domaine des morts".

De bons restaurants vous attendent dans toute la ville ; jambon fumé et saucisses sèches sont accrochés au pas des magasins qui attirent le touriste avec leurs spécialités régionales.

Une ruelle escarpée descend de Lamego à la rivière Varosa et à ★**São Pedro de Balsemo**. Cette église d'origine wisigothe à trois nefs, qui date du VIIe siècle, est l'une des plus anciennes de la péninsule Ibérique. Le chœur et les arcs en forme de fer à cheval, caractéristiques de leur époque, sont conservés dans leur forme d'origine. Par contre, le plafond de bois à caissons décoré de fleurs et d'oiseaux et datant du XVIIe siècle forme un contraste singulier avec le reste. L'église abrite le tombeau d'un des évêques de Porto, Afonso Pires, du XIVe siècle.

L'Est de la vallée du Douro

Les petites localités de l'Est sont pour la plupart en retrait du fleuve : avant que le cours de celui-ci ne fut régularisé, on craignait les crues. À de nombreux endroits, les rives sont si escarpées qu'aucune route ne pourrait les longer. Sur d'autres portions du fleuve, seule la ligne de chemin de fer traverse la tranquille vallée.

Les agglomérations de **Tarouca** ㉔ et de **Salzedas** ㉕ qui sont plus éloignées du fleuve, possèdent deux abbatiales qui valent le détour. Dans l'église de

Ci-dessus : les peintures sur faïence de Colaço dans la gare de Pinhão reprennent le thème de la viticulture. Ci-contre : le vignoble de la partie orientale de la vallée du Douro, près de São João da Pesqueira.

 Carte p. 180-181, Fiche pratique p. 188-189

São João, à Tarouca, on verra le tombeau du comte de Barcelos, du XIVe siècle, ainsi que ceux des fils naturels de Dom Dinis.

Les amateurs de baignade qui ne craignent pas de faire un détour seront récompensés à **Moimenta da Beira** ㉖. Les montagnes Leomil et la Serra da Lapa renferment une retenue d'eau, le **Barragem de Vilar**, avec une eau cristalline.

Pinhão ㉗ sur la rive nord du Douro, est connue pour les azulejos de Colaço qui ornent sa gare, retraçant les traditions locales et le travail des viticulteurs.

São João da Pesqueira ㉘ est planté de façon pittoresque dans un paysage rocailleux, au-dessus du Douro. La chapelle São Salvador do Mundo y offre un beau panorama sur le fleuve et les vignes. Les palais quant à eux attestent la richesse de la noblesse du porto.

La prochaine gare est à **Tua** ㉙ ; à partir de là, une jolie ligne de chemin de fer part vers le nord et traverse la vallée du Tua. Si l'on prend le train tôt le matin à Porto, on peut effectuer une merveilleuse excursion qui se termine le soir par le retour en bus à partir de Mirandela.

La région environnant **Carrazeda de Ansiães** ㉚ se nomme *terra quente* ou "terre brûlante", peut-être à cause des bains thermaux aux alentours. Ici, le climat est très sec et seuls les amandiers poussent aux côtés de la vigne. Les véritables curiosités sont, à 5 km, le château en ruines et les églises romanes de São João et São Salvador du bourg **Ansiães**.

Près de la frontière

Torre de Moncorvo ㉛, au nord de la Serra do Roboredo, était autrefois un poste-frontière fortifié, avec un château qui céda sa place à l'**hôtel de ville** au XIXe siècle. On verra, à l'intérieur de l'**Igreja Matriz** (église paroissiale) Renaissance à trois nefs, de splendides ornements en *talha* ainsi qu'un tryptique de bois consacré à la vie des saints Anne et Joachim, les parents de Marie.

Pocinho ㉜ est la station terminus de la ligne de chemin de fer du Douro. Huit kilomètres plus au sud se trouve **Vila Nova de Foz Côa** ㉝ aux environs de laquelle on a trouvé en 1992, dans la vallée du Côa, des milliers de dessins préhistoriques à même la pierre. Les plus anciens sont estimés à 30 000 ans. En 1996, le parc de ****Vale do Côa** fut inauguré ; l'UNESCO a inscrit les dessins au patrimoine mondial en 1998. Depuis, des visites guidées y ont lieu tous les jours. Bien que les représentations d'animaux (v. p. 16) ne soient pas en couleur, les dessins sont pleins de vie et proches de la réalité ; ils permettent une rétrospective détaillée des styles rupestres connus jusqu'à ce jour. Un petit musée est rattaché au site.

La véritable frontière avec l'Espagne se trouve derrière **Barca de Alva** ㉞. Les mauvaises herbes ont envahi les rails, et la petite ville ne s'anime que lors de l'arrivée du bateau du Douro qui amène les touristes pour quelques heures.

À ***Freixo de Espada à Cinta** ㉟, la tour octogonale "du coq", la **Torre de Galo**, devait servir de résidence royale. L'église paroissiale, avec une peinture de Grão Vasco, compte comme l'un des meilleurs exemples d'architecture manuéline.

Le Douro serpente en direction du nord, derrière Barca de Alva, et constitue la frontière avec l'Espagne sur environ 100 km. Dans la suite de son cours, cinq barrages hydroélectriques ont été construits, qui approvisionnent le pays ainsi que son voisin en électricité ; on peut maintenant difficilement imaginer la puissance d'origine du fleuve qui a, au cours des siècles, creusé des gorges de 300 mètres de profondeur.

Ces gorges, inaccessibles, profitent d'un climat plus doux que celui qui règne sur les sommets environnants. Ceci a permis la naissance d'un microclimat ; les gorges abritent des espèces végétales très particulières, et sont de par ailleurs le refuge des oiseaux et d'autres petits animaux terrestres.

LA VALLÉE DU DOURO

AMARANTE

Alameda Teixeira de Pascoaes, tél. 255 432 259 ; Rua Cândido dos Reis, tél. 255 432 980.

Zé da Calçada, avec jardin, R. 31 de Janeiro, tél. 255 422 023,
Grelha, Murtas-Madalena, tél. 255 423 272.
O Almirante, Rua António Carneiro, tél. 255 432 566.

Monastère de **São Gonçalo** et **Museu Municipal Amadeo de Souza Cardoso**, mar-dim 10-12h et 14-17h.

Fête de **São Gonçalo** : 1er samedi de juin.

CASTELO DE PAIVA

Fêtes de **S. João** et de **S. Pedro** fin juin. **Romaria S. Domingos** (pèlerinage) : 3/4 août.

CINFÃES

Rua Flávio Resende, tél. 255 561 297.

Varanda de Cinfães, R. Gen. Humberto Delgado 20, tél. 255 561 236.

LAMEGO

Av. Visconde Guedes Teixeira, tél. 254 612 005, www.douro-tourismo.pt.

Avenida, Av. Comb. Grande Guerra, tél. 254 612 344.
O Lampião, Rua Diseita 30, tél. 254 612 550, cuisine régionale simple.

Museu de Lamego, Largo de Camões, mar-dim 10-12h30 et 14-17h.
Église **Nossa Senhora dos Remédios** et cathédrale **Sé**.
À 4 km se situe la plus vieille église du Portugal : la **Capela de São Pedro de Balsemão** datant des Wisigoths (VIIe siècle).

Pèlerinage de **N. Sra. dos Remédios** (Romaria de Portugal) : 6-8 septembre.

MARCO DE CANAVESES

Alameda Dr. M. da Rocha, tél. 255 534 202, fax 255 534 032.

Quinta dos Agros, tél. 255 581 473.

MESÃO FRIO

Av. José Maria Alpoim, tél. 254 891 500.

Santo André : fêtes et marché pendant 10 jours à partir du 30 novembre.

MONDIM DE BASTO

Rua Com. A. Alves de Carvalho, tél. 255 381 479.

Romaria Nossa Senhora da Graça (pèlerinage) : 1er dim de septembre.
São Tiago : 25 juillet.

PESO DA RÉGUA

Rua da Ferreirinha, tél. 254 312 846, 9-12h30 et 14-17h30.

Arco-Iris, Av. Sacadura Cabral, tél. 254 313 524.
Gato Preto, Av, João Franco, tél. 254 323 367.
Maleiro, Rua dos Camilos, tél. 254 313 684.
Panorâmico, Largo Estação da CP, tél. 254 320 700, vue magnifique sur le Douro, service avenant.
Zé do Telhado, Coves, Godim, tél. 254 322 839.
Palácio, Rua Gueder Amorim, tél. 254 314 350.
Churrasqueira Xanoca, Rua Josí V., Osório, tél. 254 315 524.

Institudo do Vinho do Porto, Rua dos Camilos 90, tél. 254 320 130, 9-12h30 et 14-17h30.
Casa do Douro, maison du porto, Rua dos Camilos, tél. 254 323 811, ouvert lun-ven 9h30-17h.

PINHÃO

Largo da Estação, tél. 254 732 883, lun, jeu, sam 10-12h et 14-18h.

Ponto Grande, Rua Central 103, tél. 254 732 456.
Veladouro, Praia Flurial, tél. 254 731 794.

Azulejos à la gare.

RESENDE

Câmara Municipal, tél. 254 877 653 et 254 877 153.

Quinta da Granja.

TORRE DE MONCORVO

Rua Manuel Seixas, tél. 279 252 289.

O Artur, Carviçeis, tél. 279 939 284.
Churrasqueira Chef' Osvaldo, Estrada Nacional 220, tél. 279 252 519.

VILA NOVA DE FOZ CÔA

O Trovão, Estr. Nacional 102, tél. 279 762 750.
Pastelaria Ritz, Estr. Nacional 102, tél. 279 762 687.

Site archéologique à ciel ouvert de **Vale do Côa**, visites guidées mar-dim en 4X4, prise de rendez-vous obligatoire : tél. 279 764 317.

VILA REAL

Av. Carvalho Araújo 94, tél. 259 322 819.

Transmontano, Rua Teixeira de Sousa, tél. 259 323 540.
Espadeiro, Av. Almeida Lucena, tél. 259 322 302.
Excelsio, Rua Teixeira de Sousa 29.

Igreja dos Clérigos, **Capela Nova** et **Capela de S. Pedro**.
Palácio de Mateus, nov-fév. tlj. 10-13h et 14-17h, mars/mai et oct. tlj. 9-13h et 14-18h, juin-sept. 9-13h et 14-19h.
Lieu de culte préhistorique de **Panóias**.
Parque Natural do Alvão et les villages **Ermelo** et **Lamas de Olo**.

LES MASSIFS DU CENTRE

GUARDA
SERRA DA ESTRELA
VISEU ET LE DÃO
SERRA DO AÇOR
SERRA DA LOUSÃ
ENTRE LE ZÊZERE ET LE TAGE

Les terres intérieures du Beira, entre le Douro et le Tage, sont la zone la plus montagneuse du pays. La région entre Mondego et Zêzere comprend les montagnes des Serra da Estrela, Serra do Açor et Serra da Lousã. Les vallées tranchent de profondes entailles dans les monts de granit et rendent le voyage souvent difficile.

La face nord est très pluvieuse, et la végétation y est donc florissante et verdoyante. Elle se compose principalement de chênes, de rouvres, de châtaigniers, de rosiers. Les versants sud sont plus secs et recouverts de pins et d'eucalyptus. À partir de 1300 mètres d'altitude, le rocher nu prédomine.

Les routes qui sillonnent les montagnes sont étroites et sinueuses, les petits villages sont éloignés les uns des autres. Les chemins de randonnée menant aux points panoramiques, les aires de pique-nique et la baignade de rivière sont les attractions principales de ces montagnes, sans oublier la bonne odeur des genêts et du thym, et la solide cuisine du terroir. Les ingrédients de base en sont le gibier, la viande de porc et de bœuf, les poissons d'eau douce, le pain de maïs et les fromages de chèvre et de brebis.

Pages précédentes : courte halte ; des bergers dans la Serra da Estrela. Ci-contre : le plaisir de la baignade dans les eaux froides de la Serra da Estrela, une région recherchée en période estivale.

GUARDA ET SES ALENTOURS

Perché sur sa montagne, le **Castelo Rodrigo** ❶ se voit de loin avec ses donjons. Son intérieur renferme une citerne maure et les ruines du palais dans lequel vivait le traître Cristóvão de Moura ; il avait aidé Philippe II d'Espagne à accéder au trône du Portugal au XVIe siècle.

La bourgade légèrement plus accessible de **Figueira de Castelo Rodrigo** obtint le droit de tenir un marché au XIXe siècle. Le monastère cistercien **Santa María de Aguiar** (XIIIe siècle) se trouve à la limite du village, et est aujourd'hui propriété privée ; il comprend une église gothique à trois nefs, une splendide salle capitulaire et une loggia avec des colonnes toscanes.

Pinhel ❷ est un petit village viticole posé sur la montagne ; il est couronné par les deux tours du château construit par Dom Dinis au XIVe siècle. ⋆**Almeida** ❸ possède l'une des citadelles en étoile les mieux conservées de style Vauban (XVIIIe siècle). C'est à cet endroit que les troupes de Napoléon rencontrèrent celles de Wellington. L'emplacement semblait imprenable jusqu'à l'explosion accidentelle de la tour aux poudres qui força les Anglais et les Portugais à se rendre. On peut visiter les

Carte p. 194-195, Fiche pratique p. 202-203

murs du bastion jusqu'à l'endroit où a été malencontreusement intégrée une pousada moderne.

Près de la ville frontalière de **Vilar Formoso** ❹ dont la gare est décorée de beaux azulejos, se trouvent d'autres fortifications : **Castelo Bom** et **Castelo Mendo**. Elles étaient censées protéger la région d'invasions espagnoles impromptues.

Guarda ❺ est située à une altitude de 1075 mètres, étant ainsi la ville la plus élevée du Portugal. Elle fut fondée par le roi Sancho Ier au XIIe siècle. Pour consolider sa nouvelle conquête, Sancho fit construire des châteaux, ce qui eut pour conséquence la venue de brigands et de bandits de grand chemin dans cette région isolée. Les pierres de fondation de la première cathédrale romane furent posées sous le règne de Sancho, dont un monument érigé sur la place de la cathédrale évoque le souvenir. Dom Dinis continua à promouvoir la ville en l'entourant de remparts et en transférant l'évêché d'Egitania, Idanha-a-Velha de nos jours, à Guarda.

La Guarda moderne est une ville provinciale animée qui tient bien sa place de capitale régionale avec l'industrie alimentaire, les structures éducatives et les administrations. Les ruines du château et l'imposante ⋆**cathédrale** sont situées sur le point culminant de la ville. Ce bâtiment fortifié gothique fut bâti entre le XIVe et le XVIe siècle et a su conserver sa sobriété malgré les transformations ultérieures. Le portail ouest

Fiche pratique p. 202-203

et certaines parties de la salle d'autel furent aménagés en style manuélin par le maître constructeur Boytaca. La pièce maîtresse de l'édifice est le retable Renaissance (1550) de Jean de Rouen. Cependant, il ne fut doré qu'au XVIIIe siècle. Du haut de la cathédrale, la ⋆**vue** sur la ville, ses alentours verdoyants et aujourd'hui paisibles, est magnifique.

Le plus vieux quartier de la ville est juste à côté de la cathédrale et entouré des restes du rempart gothique avec la **Torre dos Ferreiros**. Les élégantes mais simples façades de granit des vieilles maisons et palais sont décorées de fleurs et d'armoiries. Près de la vieille ville se situe la *judiaria*, dans lequel les juifs se réfugièrent à la fin du XVe siècle après leur expulsion d'Espagne, et avant de devoir quitter le Portugal. Nombre d'entre eux furent forcés au baptême, mais conservèrent secrètement leur foi. Dans les régions montagneuses plus éloignées, loin des griffes de l'État, certaines communautés juives de "nouveaux chrétiens" trouvèrent leur refuge jusqu'au XVIIIe siècle.

L'ancien séminaire des prêtres du palais épiscopal (XVe / XVIe siècle) abrite aujourd'hui le **Museu Regional**. Il documente l'évolution de la région depuis l'époque paléolithique, a tout un département ethnologique et expose au dernier étage des peintures contemporaines.

L'église **São Vicente** (1790), recouverte d'⋆**azulejos**, est également un point d'attraction dont on admirera l'autel baroque tardif et un imposant plafond en bois.

Au nord de Guarda, jusqu'au Douro, et à l'est, jusqu'à la frontière espagnole, s'étale une vaste étendue montagneuse aride. On y trouve de petits villages endormis qui furent autrefois transformés en solides fortifications frontalières : **Trancoso** ❻ transperce l'air translucide des montagnes. C'est ici que se marièrent Dom Dinis et Isabelle d'Aragon en 1282. L'imposant rempart aux cinq tours, la tour des hommages et les quatre portes de la ville datent encore de cette époque. Et c'est également depuis ce temps là que se tient une foire aux bestiaux annuelle dont l'importance dépasse les limites régionales. Trancoso avait autrefois une importante communauté juive.

À l'ouest de Guarda, tout près de la voie express, se trouve une autre fortification en altitude. Les ruines du **Castelo** de ⋆**Celorico de Beira** ❼, datant du Xe siècle, ont été détruites par les troupes françaises au XIXe siècle. La vieille ville se caractérise par ses ruelles étroites et moyenâgeuses. La petite ville est renommée pour son fromage à pâte molle, le *queijo da serra*, fabriqué entre les mois de décembre et mai. Tous les

Fiche pratique p. 202-203

quinze jours, le vendredi, le marché a lieu sur la place où les paysannes des environs vendent leur fromage.

Dans la vallée de Cova da Beira au sud de Guarda, la vieille et honorable petite ville de **Belmonte** ❽ est accrochée au flanc de la montagne Esperança et logée au bord du Zêzere. Elle est connue comme ville natale de Pedro Alvares de Cabral, qui découvrit le Brésil. Les armoiries de sa famille sont placées au-dessus de la fenêtre manuéline, sur la tour des hommages du **château**.

La famille de Cabral repose dans la chapelle en gothique primitif de **Santiago**, alors que le navigateur repose à Santarem. Belmonte avait encore au XVIIIe siècle une grande communauté juive, qui contribua fortement à la prospérité de la ville.

Sur la route de Guarda s'élève la mystérieuse tour **Centum Cellas** qui, comme son nom l'indique, contenait autrefois 100 cellules. D'origine romaine, elle servait vraisemblablement de prison.

Ci-dessus : la judiaria de Guarda. Ci-contre: imposé au sol rocheux, un pâturage dans la Serra da Estrela.

LA **SERRA DA ESTRELA

L'imposant massif de granit de la ****Serra da Estrela**, le plus haut du Portugal avec ses 2000 mètres d'altitude, a été déclaré parc naturel dans sa totalité. Sangliers, loups et oiseaux de proie rares font partie de son patrimoine. Les vallées profondes, les parois rocheuses, un paysage varié, des chemins de randonnée tranquilles, des ruisseaux propres et de petits villages avec des restaurants sympathiques font le charme de cette partie du pays. Mais la visite est loin d'être facile. Les camions transportant le bois, les vacanciers et la circulation locale essaient de se croiser sur les routes étroites et sinueuses. Le brouillard fréquent et la pluie brouillent la vue. En hiver, il y a même de la neige et quelques remonte-pente permettent de skier.

C'est dans la Serra que les plus grands cours d'eau uniquement portugais ont leur source : le Mondego et le

Carte p. 194-195, Fiche pratique p. 202-203

Zêzere, qui forment la limite de la montagne au nord et au sud.

Covilhã ❾ est nichée sur le flanc sud-est de la Serra da Estrela. Au XVIIe siècle, cette petite ville était la plaque tournante du marché portugais de la laine ; en 1703, le traité de Methuen sur l'importation des textiles anglais entraîna une chute brutale des activités. La chapelle romane de **São Martinho** et l'église **Santa María Major** avec ses beaux azulejos méritent une visite.

Juste derrière Covilhã, le parc naturel commence, avec des formations rocheuses étranges dont certaines rappellent des têtes humaines. La route la plus au sud traverse les villages de **Lorigã** et de **Lapa dos Dinheiros** ❿ qui sont situés dans une région ravagée par les incendies. La deuxième route serpente vers le nord ; elle forme de nombreux virages en épingle à cheveux avant d'atteindre la station de ski et de tourisme fréquentée de **Penhas da Saúde** ⓫ et le bourg de **Sabugueiro** ⓬. La route longe le lac de retenue **Lagoa Comprida**, à 1600 m d'altitude, puis continue au pied du **Torre**, le point culminant du pays (1993 m). Il est également possible de tourner à droite peu après Penhas da Saúde et de se diriger vers le nord sur une route toute droite, sur un ancien glacier, pour arriver à la petite ville de montagne de **Manteigas** ⓭. Les bains thermaux, **Caldas da Manteigas**, avec leurs sources sulfureuses chaudes, sont à 2 kilomètres au sud.

À six kilomètres de Manteigas se trouve le **Poço do Inferno**, la "source infernale" : il s'agit en fait d'une cascade qui se précipite dans un bassin rocheux. Une route serpente de Manteigas jusqu'au haut plateau de *Penhas Douradas,* ou roches dorées, avec un observatoire, un poste de montagne et des résidences secondaires. On peut admirer des blocs de granit aux formes étranges comme la *cabeça do velho*, "la tête du vieux". À peine trois kilomètres plus loin, la pousada São Lourenço se dresse à une altitude de 1500 mètres.

La descente s'effectue par une route agréable, cheminant à travers des collines cultivées, jusqu'au flanc nord du massif et **Gouveia** ⓮. L'office du tourisme local procure des informations

sur le parc naturel, ses hôtels et ses restaurants.

En partant de Guarda, on peut emprunter des petites routes qui traversent la partie nord du massif, pour atteindre la **Cabeça Alta** (1287 m) et de ravissants petits villages de montagne ; par exemple le bourg médiéval de ***Linhares** ⓯, dont le château surveillait autrefois les allées et venues sur le Mondego. L'église conserve des peintures du célèbre peintre Grão Vasco. Le concours annuel de deltaplane de Linhares, au mois d'août, compte parmi les manifestations les plus fascinantes de la région.

VISEU ET LE DÃO

Les jolis villages sobres du sud de Viseu, entre les rivières Dão et Mondego, méritent notre attention surtout, mais pas exclusivement, pour les excellents vins qui y sont produits. Également, le **Palácio dos Marqueses de Anadia**, à

Ci-dessus : danse folklorique dans la Serra da Estrela. Ci-contre : dans certaines maisons, on tisse encore à la main.

Magualde ⓰, avec des azulejos du XVIIIe siècle, ne nous laissera pas indifférents. Appartenant à des particuliers, il est ouvert à la visite.

Viseu ⓱ est un marché important au centre d'un vaste vignoble, au croisement des anciens axes reliant Guarda à Aveiro, et Vila Real à Coimbra. C'est là que se serait caché Viriathe au IIe siècle avant J.C., le résistant lusitanien que les Romains ne purent vaincre qu'en le faisant lâchement assassiner. Un monument en sa mémoire est érigé aux limites de la ville. La vieille ville se trouve sur l'emplacement de l'ancien site romain et est ceinturée d'un rempart qu'Afonso V fit construire sur les restes de la muraille romaine. À la limite de la vieille ville, se dresse la ***cathédrale** romane qui subit de grandes transformations au XVIe siècle et fut pourvue d'une façade baroque en 1640. À l'intérieur, le mélange des styles se poursuit : la voûte manuéline repose sur des colonnes romanes, le cloître à double étage date de la Renaissance. Le **Museu de Arte Sacra da Sé**, installé dans les annexes de la cathédrale, expose le trésor et, entre autres, des œuvres de Machado de Castro et des émaux de Limoges.

L'ancien palais épiscopal, le “palais aux trois marches”, abrite le ***Museu Nacional de Grão Vasco** et une collection consacrée à ce peintre du XVIe siècle. Le “grand basque” (qui s'appelait en fait Vasco Fernandes) naquit à Viseu en 1480 de père basque. Il fonda l'école locale de peinture qui devint l'une des plus fameuses du Portugal. Ses portraits de Saint Pierre comme premier pape et un paysage englobant la cathédrale de Viseu sont considérés commes des œuvres maîtresses.

Au nord de Viseu, alors que commence la Serra de Montemuro, on découvre une charmante ville médiévale, **Castro Daire** ⓲. L'hôtel de ville et le **Museu Regional** sont logés dans le **Palácio Casa da Cerca** (XVIIIe siècle). L'église paroissiale, avec son plafond à

Carte p. 194-195, Fiche pratique p. 202-203

caissons et son autel en *talha dourada*, vaut la peine d'être visitée.

Castro Daire est un point de départ idéal pour visiter le massif de Montemuro, la vallée du Douro et les montagnes de Moledo. Les environs regorgent de chemins de randonnée, de baignades de rivière et de vieux moulins, le tout dans un paysage naturel resté intact. La vallée haute du Paiva avec la chapelle romane primitive **Ermida de Piava**, à 5 kilomètres à l'ouest de Castro Daire, est particulièrement pittoresque.

Viseu est entourée de villes de cure, comme la station climatique renommée de **Carvalhal** ⓳, ou les stations thermales de **São Pedro do Sul** ⓴, **Vouzela** et **Oliveria de Frades** ㉑, dont les bains remontent au temps des Romains.

Au sud-ouest de Viseu, une seule chaîne de montagnes se détache de son environnement valloné : la Serra do Caramulo, dont le sommet **Caramulinho** culmine à 1074 mètres. Les pics dénudés dont l'aridité est en contraste frappant avec les vertes vallées du bas, offrent un panorama vers les quatre points cardinaux.

La ville d'eau de **Caramulo** ㉒ se distingue par ses nombreux parcs et son **Museu do Caramulo** constitué d'une collection privée ; outre une importante série de peintures, allant de Grão Vasco à Picasso, on y admirera une vaste exposition d'automobiles.

C'est au-dessus du Dão, peu avant le confluent avec le Mondego, que se situe **Santa Comba Dão** ㉓. Dans cette jolie petite ville, on ne se souvient qu'à contre-cœur du dictateur Oliveira Salazar, né ici (1889-1970).

SERRA DO AÇOR ET SERRA DA LOUSÃ

De belles excursions se proposent dans les jolies vallées du flanc nord de la serra et dans les montagnes d'Açor et Lousã ; le point de départ sera **Oliveira do Hospital** ㉔ dont le nom évoque l'hospice de l'ordre de Saint-Jean, qui résidait ici au Moyen Âge. La plus belle vallée de la région encercle la petite rivière Alva qui sort des montagnes près de Sandomil pour couler tranquillement dans de petits villages aux jardins soi-

gnés. Avant d'aboutir dans le lac de retenue du **Barragem de Fronhas**, puis de se jeter dans le Mondego, l'Alva nous gâte avec 30 kilomètres de paysages pittoresques. Chaque village a sa place avec un bar, un *pelourinho* et une fontaine, un ou deux palais qui témoignent de temps meilleurs, et une église baroque.

À **Ponte das Tres Entradas**, où un pont en forme de "y" enjambe deux petits cours d'eau, un terrain de camping s'étend sur le rivage. Sur les pentes plus en hauteur sont perchés les villages de **Lourosa** ㉕ avec une église pré-romane, et **Aldeia das Dez** ㉖, où se trouvent des vestiges de palais baroques.

Les régions montagneuses isolées de la **Serra do Açor** voient rarement un visiteur. Plus on monte en altitude, plus les villages sont authentiques, avec leur ardoise brute ; seules quelques églises passées à la chaux apportent un constrate. Le plus beau de ces hameaux est

Ci-dessus : Piódão, village retiré dans la Serra do Açor. Ci-contre : perché sur le rocher, Monsanto jouit d'un horizon sans fin.

***Piódão** ㉗, qui ne compte que 240 âmes, et colle au flanc raide de la Serra do Açor.

À **Avô** ㉘, **Coja** et **Arganil** ㉙, vous trouverez plusieurs restaurants sympathiques. La vallée, verdoyante et luxuriante, offre des conditions idéales pour un séjour en période estivale.

Les amateurs de baignade peuvent partir de **Góis** ㉚ pour suivre la rivière **Ceira** vers la montagne, où elle forme différents petits lacs dans sa partie supérieure. On trouve d'autres villages isolés et authentiques dans ces montagnes. Mais le romantisme qu'ils dégagent ne saurait effacer les conditions difficiles dans lesquelles on vit ici. Il n'est pas rare que seules cinq ou six maisons y soient habitées, et ce, par des personnes âgées.

La **Serra da Lousã**, moins isolée, est plus proche de Coimbra. **Lousã** ㉛ a toujours été un lieu de résidence d'été et peut regarder fièrement sur son passé industriel, avec la première usine papetière du Portugal. Quelques somptueuses villas datent de cette époque. Trois km plus haut, les ruines du château

 Carte p. 194-195, Fiche pratique p. 202-203

d'**Arouce** (XIIIe siècle) se dressent au beau milieu de la forêt ; en fait, seule la tour aux hommages a subsisté.

En bas, on peut se baigner dans la petite rivière Arouce. La chapelle **Ermida da Piedade** étincelle de blanc dans la forêt proche.

ENTRE LE ZÊZERE ET LE TAGE

Au sud-est de la Serra d'Estrela s'étend un paysage vallonné et peu peuplé, interrompu de plaines fluviales vertes et de plantations d'arbres fruitiers, qui rejoint le paysage aride des steppes de l'Extremadura espagnole. La petite ville de **Fundão** ㉜, au sud de Covilhã, est au pied du massif de la Serra da Gardunha, qui atteint une altitude de 1227 mètres. Le village pittoresque **Alpedrinha** ㉝ est le point de départ de belles balades dans ces montagnes.

Le ***Monsanto** ㉞ (758 m), ou montagne sainte, s'élève près de la frontière espagnole. Un château médiéval trône entre ses immenses pics de granit. Le regard se perd jusqu'à la Serra da Estrela et l'Espagne. Les rocs et le château sont illuminés la nuit. Monsanto a obtenu le titre de “village le plus portugais du Portugal” en 1938. Cet endroit ensorcelant fut, autrefois, un site celte.

Au pied de la montagne, coté sud, se cache ***Idanha-a-Velha** ㉟, l'ancienne *Egitania* romaine. Quelques douzaines de maisons, un vieux *pelourinho* sur la charmante place du village, trois églises, les vestiges d'un château et des remparts sont restés d'une petite ville qui fut le premier évêché de la région du temps des Romains et des Wisigoths. Tout autour des ruines de l'ancienne **cathédrale**, on est à la recherche d'autres traces historiques ; une portion de voie romaine, une arche, des fonts baptismaux et de nombreuses pierres portant des inscriptions ont déjà été mis au jour.

Pour aller jusqu'à la frontière, il faut traverser **Penha García** et atteindre **Monfortinho** ㊱. Cette station thermale très appréciée ne possède que peu d'hôtels ; les installations soignées, les piscines, les terrains de golf et les courts de tennis, entourés d'une nature sauvage, font le charme de cet endroit de villégiature.

SERRA DA ESTRELA ET BEIRAS

ALMEIDA

Portas de S. Francisco, tél. 271 574 204. 9-12h30 et 14-17h30.

Granitus, Largo 25 de Abril, tél. 271 574 834, prox. porte principale, café.

Casemattes, petits musées à la **porte de S. Francisco**.

Feira de Pentecôte avec pique-nique au Convento da Barca.

ARGANIL

Av. das Forças Armadas, tél./fax 235 204 823.

O Parque, Sarzedo, tél. 235 205 820. **O Lagar do Alva**, Coja, tél. 235 721 640, ouvert tlj.

Museu Regional de Arqueologia, lun-ven 10-12h30 et 14-17h.

5-8 septembre : **Feira do Mont'Alto**.

BELMONTE

Praça da República, tél. 275 911 488.

Les clés du **Castelo** et de la **chapelle Santiago** sont disponibles au Turismo. **Centum Cellas** romain.

CARAMULO

Av. Jerónimo Lacerda, tél. 232 861 437.

Museu do Caramulo, Abel de Lacerda-Stiftung, tlj. 10-13h et 14-18h.

CASTRO DAIRE

Museu Municipal, tél. 232 382 214.

Braseiro, Av. Ant. Cerrado, tél. 232 382 026.

Museu Regional, lun-ven 9-12h30 et 14-18h.

3 août : **Feira de N. Sra. da Ouvida**.

CELORICO DA BEIRA

Estrada Nacional 16, tél. 271 742 109.

Célèbre vente aux enchères du **queijo da Serra**, pour les lève-tôt : un vendredi sur deux de 5-8h.

COVILHÃ

Praça do Município, tél. 275 322 170.

Solneve, R. Visconde da Curiscada 126, tél. 275 323 001.

Museu de Lanifícios (fabrication de laine aux débuts de l'industrialisation), université, mar/mer 14h30-18h, jeu-dim 10-12h et 14h30-18h.

FUNDÃO

Av. da Liberdade, tél. 275 752 770.

Casa do Bico, Est. da Neve.

GOUVEIA

Av. dos Bombeiros Voluntários, tél. 238 492 185.

Estrela, Santa Cruz.

Museu Abel Manta, Rua Direita 44, peinture portugaise contemporaine, mar-dim 10-12h30 et 14-17h30.

GUARDA

Praça Luis de Camoes, tél. 271 205 530, 9-12h30 et 14-17h30.

Belo Horizonte, Largo S. Vicente, tél. 271 211 454. **Beira Serra**, Rua Infante D. Henrique 36, tél. 271 212 392.

Museu da Guarda, Rua General Alves Roçadas, mar-dim 10-12h30 et 14-17h30. Cathédrale **Sé**, mar-dim 9-12h et 14-17h.

Feiras de São João.

Fête municipale la dernière semaine de juillet.

IDANHA-A-VELHA

R. Senhora do Almortão, tél./fax 277 434 223 (en été).

Cathédrale, **Igreja Matriz**, **Torre dos Templários**. Objets romains et wisigoths provenant de fouilles à la **basilique**. **Ponta Romana**.

LOUSÃ

Câmara Municipal, tél. 239 993 502, fax 239 991 156.

Igreja da Misericordia, **Palácio dos Salazires**. Belles promenades jusqu'au **Castelo de Arouce** et au **Santuário da Nossa Senhora da Piedade**.

MANTEIGAS

Rua Dr. José Carvalho, tél. 275 981 129.

MONSANTO

Rua Marquês da Graciosa, tél. 277 314 642, lun-ven 10-13h et 14-18h30, sam/dim 10-18h.

Randonnée à travers Monsanto puis vers le **château en ruine**.

Festas das Marafonas : 3 mai.

OLIVEIRA DO HOSPITAL

Casa da Cultura César de Oliveira, Rua do Colégio, tél. 238 609 269.

SABUGAL

Câmara Municipal, Pr. da República, tél. 271 751 040.

Sol-Rio, Av. Infante D. Henrique, tél. 271 753 197. **Santa Isabel**, Largo do Cinema, tél. 271 750 100.

SÃO PEDRO DO SUL

Largo dos Correiros, tél. 232 711 320.

Restaurant David, Rua dos Correios, tél. 232 711 305.

Chapelle gothique de **S. Martinho**, vestiges d'un **bain public** du XVIe siècle.

SEIA

Rua Pintor Lucas Marño, tél. 238 317 762.

SORTHELA

O Celta, tél. 271 388 291. **D. Sancho**, tél. 271 388 267.

VISEU

Av. Calouste Gulbenkian, tél. 232 422 014.

O Cortiço, Rua Augusto Hilário 47, tél. 232 423 853.

Museu Nacional de Grão Vasco, Paço dos Três Escalões, mar-dim 9h30-12h30 et 14-17h30.
Casa Museu Almeida Moreira, Largo Major Teles, mar-dim 10-12h30 et 14-17h30.
Museu de Arte Sacra da Sé, Adro da Sé, lun/mar et jeu/ven 10-12h et 14-17h, sam/dim 14-17h.

Feira de São Mateus le 2e dim de septembre.

VIE NOCTURNE : **The Day After**, Via Caçador (dir. Lamego), Campos Viseu, tél. 232 424 444 et 232 450 645. La plus grande discothèque du Portugal comprend trois pistes de danse (de la heavy metal à la musique brésilienne), un karting, un casino, plusieurs bars et un restaurant. On y trouve en moyenne 2000 à 3000 clients. Mar-sam 23-6h, ouverture le dim dès l'après-midi.

ENTRE-OS-RIOS ET TRAS-OS-MONTES

VALLÉE DU MINHO / COSTA VERDE
BARCELOS / BRAGA
GUIMARÃES / VALLÉE DU LIMA
PARQUE NACIONAL DA PENEDA-GERÊS
LE NORD-EST

Une région logée entre les fleuves et derrière les montagnes : comment mieux décrire le nord du Portugal ? Les rivières Minho, Lima, Cávado, Ave et Tâmega traversent le nord-ouest du pays, l'une des régions les plus riches en eau de toute la Péninsule Ibérique. Les cours d'eau sont propres et forment de nombreux lacs – un paradis pour se baigner, pêcher, faire de la randonnée et observer la faune et la flore dans d'immenses étendues protégées. Les petites bourgades des vallées encerclent des châteaux, des forteresses et des palais au passé millénaire.

LA VALLÉE DU MINHO

Le Minho est le fleuve frontalier entre le Portugal et l'Espagne et représente ainsi la plus ancienne limite territoriale de cette partie de l'Europe. Mais de part et d'autre de cette démarcation, le paysage semble sorti du même moule : maisons de granit foncé, entrepôts à maïs sur pilotis, les *espigueiros,* et la langue des Galiciens, le *galego*, qui ressemble plus au portugais qu'à l'espagnol.

À plusieurs endroits, des bateaux relient les deux berges car récemment encore, seul le **pont** près de ***Valença do Minho** ❶ faisait la jonction. Il fut construit en 1885 par Gustave Eiffel, à l'endroit même où passait l'ancienne voie romaine. Valença est encore conservée dans sa totalité dans l'enceinte d'une **fortaleza** (fortification) en forme d'étoile du XVIIIe siècle.

Pendant le week-end en particulier, le trafic frontalier se fait tellement dense que ses quelques ruelles sont encore plus étroites. Le linge à des prix avantageux attirent les Espagnols comme par magie, pendant que les Portugais font patiemment la queue sur le pont pour aller acheter de l'essence en Espagne, où elle est meilleur marché.

Les autres petites villes du bord du Minho sont moins fréquentées et plus calmes. En amont, on trouve quelques villes de cure et de villégiature. On y découvre de ravissantes églises comme l'église paroissiale **Santa Maria dos Anjos** à **Monção** ❷ ou la chapelle romane **Nossa Senhora da Orada**, près de **Melgaço** ❸.

Vila Nova de Cerveira ❹ est une petite bourgade en direction de la côte, sur les rives du Minho, qui attire l'attention car elle organise tous les deux ans (impairs) un festival d'art. C'est Dom Dinis Ier qui a fait construire le château en 1321 ainsi que les bâtiments de l'enceinte – ceux-ci abritent de nos jours l'une des pousadas les plus réussies du

Pages précédentes : Valença do Minho, ville fortifiée à la frontière de l'Espagne. Ci-contre : la basilique Bom Jésús do Monte à Braga.

Portugal. Le Minho coule autour de quelques îlots, et près de **Caminha** ❺ – à l'embouchure du Coura –, il s'ouvre sur la mer. Caminha était une principauté du temps de Filipe II au XVIIe siècle. Les réminiscences de ce riche passé sont nombreuses : l'**hôtel de ville** manuélin, la tour de l'horloge, **Silva Torres**, la fontaine Renaissance sur la place principale, le **Palácio das Pitas** gothique, et enfin l'**Igreja Matriz**, une église fortifiée en gothique flamboyant aux entrées Renaissance magnifiques et au plafond en bois sculpté de style *Mudéjar.*

LA COSTA VERDE

La côte verte, **Costa Verde**, est la portion nord des 1000 km de côte atlantique du Portugal, et ses plages ne sont pas moins belles que celles du sud, même si le temps y est moins stable.

Ci-dessus : intense échange frontalier à Valença do Minho ; beaucoup d'Espagnols viennent faire leurs courses ici. Ci-contre : le marché hebdomadaire de Barcelos.

Le nom de **Vila Praia de Âncora** ❻ rappelle selon la légende la mort de la reine Urraca au Xe siècle. Comme elle avait été infidèle, son époux, le roi des Asturies Ramiro II, la fit noyer en la jetant à l'eau, une ancre autour du cou.

★Viana do Castelo ❼, à l'embouchure du Lima, allie le charme d'un village fluvial au flair d'une ville côtière. La place principale avec ses cafés et restaurants, l'hôtel de ville gothique et le *chafaritz*, la grande fontaine du XVIe siècle, forment un ensemble animé. La zone piétonne partant de cette place comprend des édifices historiques, des cafés agréables et conduit dans les ruelles de la vieille ville. Il y a beaucoup à voir : couvents, églises baroques, le **Palacete dos Barbosa Maciel** qui abrite le **Museu Municipal**, avec entre autres une riche collection de meubles et de porcelaines ; la **cathédrale** gothique avec des œuvres en *talha dourada* et des décorations manuélines, le vieil hospice, murs de l'office de tourisme actuel, et l'**Igreja da Misericórdia** en style Renaissance unique, avec ses merveilleux azulejos du XVIIe siècle.

Carte p. 212-213, Fiche pratique p. 219-221

Jusqu'au port, de longues rues s'étirent, ourlées de maisons de pêcheurs bariolées et de bars simples. Le port clôt l'ensemble de la fortification à cinq bras qui fut construite sur ordre de Filipe Ier. La ville est couronnée par la basilique **Santa Luzia**, un bâtiment datant de 1920 que l'on peut atteindre en cabine téléphérique.

Les restaurants à poisson d'**Esposende** ❽ et surtout de la vieille ville de **Fão** sont renommés bien au-delà de leurs limites. Exception faite de l'unique grand hôtel à proximité de la plage (hôtel Ofir près de Fão), les activités sportives et les divertissements sont assez limités dans les petites stations balnéaires.

En contre-partie, les plages sont d'autant plus belles et elles se prêtent à la perfection aux longues balades, comme par exemple celle qui part d'★**Apúlia** ❾ où quelques moulins à vent font face à la mer ; en longeant la pinède, on accède à la partie nord de la plage d'Ofir pour aller ensuite jusqu'à la bande de terre de l'embouchure du Cávado, en face d'Esposende.

BARCELOS

Le coq de **Barcelos** ❿ qui, selon la légende, aurait sauvé la vie à un pieux pèlerin galicien, est devenu le symbole de tout le Portugal. Ce pèlerin était accusé à tort d'avoir commis un crime, et il jura au juge lors du déjeuner que le poulet grillé que celui-ci était en train de déguster attesterait de son innocence. Il fut quand même pendu, mais c'est alors que le poulet se leva de la table du juge et se mit à crier à tue-tête. Le juge effrayé se précipita vers la potence et trouva le malheureux encore en vie, car São Tiago (Saint-Jacques) lui avait apporté son soutien. Le rescapé revint sur les lieux après un pèlerinage et fit don d'un *cruceiro*, une croix sur laquelle la légende et le coq sont représentés. Cette **croix** du XIIIe siècle est placée dans la zone en plein air du **Museu Arqueológico**. Les artisans de Barcelos s'inspirent du fier animal héraldique sous les formes les plus diverses et vendent leurs produits sur le marché hebdomadaire du jeudi, la ★**feira semanal** très animée.

Carte p. 212-213, Fiche pratique p. 219-221

Le vieux centre-ville, au sein des remparts, juste à côté du pont gothique sur le Cávado, est restreint. Le palais des comtes de Bragance, dont le premier, Dom Afonso, y résida au XVe siècle, était près du pont. Depuis le tremblement de terre de Lisbonne, le palais n'est plus qu'une ruine. Le sous-sol intact abrite aujourd'hui le **Museu Regional de Olaria** et sa collection de céramiques régionales.

Les églises de Barcelos figurent sur la liste des monuments à voir : l'église principale gothique **Igreja Matriz** dans le vieux centre avec, comme sainte patronne, une sculpture de bois de la Vierge ; derrière le jardin municipal baroque, sur le côté nord du Campo da República se trouve l'église **Nossa Senhora do Terço**, avec des murs recouverts d'azulejos du XVIIIe siècle et un plafond de bois à caissons dont les peintures rapportent l'histoire des Bénédictins.

Ci-dessus : ornement haut en couleurs dans des villages gris - les portes d'entrée sont souvent fleuries. Ci-contre : une fontaine rafraîchit les pèlerins dans l'escalier de Bom Jesus do Monte, à Braga.

La chapelle octogonale baroque **Bom Jesus da Cruz** possède un intérieur richement décoré et se trouve au sud-ouest de la place ; un plus vers l'extérieur, on peut visiter l'église fortifiée romane du couvent d'**Abade do Neiva** avec un clocher indépendant, et l'église du couvent **Vilar de Frades**, en style manuélin, à **Areias de Vilar**.

*BRAGA

***Braga** ⓫, *Bracara Augusta,* était la capitale d'une province romaine. Les bornes gravées de la *via augusta* et les fouilles de la montagne Collina de Maximinos sont les témoins de cette époque. Braga passe pour être le creuset du christianisme dans l'ouest de la Péninsule Ibérique. Elle était déjà évêché au IVe siècle. Sous le règne du roi Afonso VI, elle devint la première capitale du duché de Portucale au XIe siècle et resta siège de l'archevêché et métropole religieuse jusqu'au XVIIIe siècle. Cette ville d'environ 100 000 habitants est le

Carte p. 212-213, Fiche pratique p. 219-221

point névralgique du Portugal du nord, avec une université et différents instituts et académies, des foires importantes, un parc d'attractions et des centres commerciaux modernes. Braga s'enorgueillit en outre de la moyenne d'âge la plus basse du pays.

Le centre historique est traversé de grandes avenues modernes avec de nombreux magasins. Des anciennes fortifications, seules la **Torre de Menagem** (tour aux hommages, 1378) et l'**Arco da Porta Nova** (porte de la ville, XVIIIe siècle) ont été conservées. Une promenade vous conduira sur la **Praça Municipal** avec sa **Fonte do Pelicano** (fontaine du pélican) devant **hôtel de ville** baroque et aboutira aux plus belles églises – pour la plupart baroques – de la ville : l'**Igreja da Misericórdia** de style Renaissance italienne avec un plafond de bois peint (sud-est de la Praça Municipal), **São Vicente** et **Santa Cruz** avec des autels en *talha dourada*, l'**Igreja do Populo** au nord de la place de l'hôtel de ville avec des azulejos relatant la vie de l'ordre des Augustins, et l'hôpital **São Marcos** avec son église Renaissance.

De fiers palais Renaissance laissent deviner à quel point la ville était riche au XVIe siècle. Le **Palácio dos Coimbras** a sa propre chapelle, le **Palácio dos Biscainhos** (à l'ouest de l'hôtel de ville) abrite le musée municipal. L'ancien palais de l'archevêque est situé sur le Largo do Paço. Il est aujourd'hui bibliothèque et centre de la nouvelle université du Minho.

La ⋆**cathédrale**, **Sé**, fut consacrée en 1089 et remplaçait un monument wisigoth qui fut détruit par les Maures au VIIIe siècle. Seul le portail sud est roman. Le parvis ouest fut complété par de merveilleuses grilles au temps de la Renaissance. L'intérieur à trois nefs comprend des traits assez remarquables, comme l'autel qui représente l'Assomption, une Vierge du XIVe siècle, le tombeau de l'infant Afonso, fils de João Ier, le chœur surélevé ainsi

que les stalles du XVe siècle. La chapelle royale **Capela dos Reis** attenante au bas-côté gauche abrite les tombeaux du premier duc de Portucale, Henri de Bourgogne et sa femme Teresa (XIIe siècle). Un petit musée expose le trésor, des objets en céramique, des peintures et sculptures.

L'importance primordiale de l'évêché est attestée par les églises, couvents et lieux de pèlerinage de la région. L'évêque wisigoth Frutuoso, qui effectuait des missions dans tout le nord de l'Espagne au VIIe siècle, fonda de nombreux couvents. Il fit ériger l'église ⋆**São Frutuoso**, à la limite de Braga, comme son propre lieu de sépulture. Cet édifice classique et sobre, bâti en 660, n'a conservé que la coupole de la croisée et une abside. À l'intérieur, des colonnes corinthiennes soutiennent des petites arches maures. La reconstruction effectuée au XIe siècle, après la destruction du bâtiment par les Maures, expliquerait ce phénomène. La tombe du saint est vide, ses restes reposeraient dans l'église voisine de l'ancien couvent franciscain de Montélios.

Sur les montagnes à l'est de la ville se situent trois lieux de pèlerinage d'importance. ★**Bom Jesús do Monte** est perchée à près de 300 mètres au-dessus de la ville dont elle est l'emblème. L'architecte Carlos Amarante édifia ici, au XVIIIe siècle, une montée d'escaliers monumentale : ces marches portent le chemin de croix et 14 chapelles pour se terminer devant le parvis de l'église et ses fontaines allégoriques. Des sculptures grandeur nature représentant la condamnation du Christ entourent le demi-cercle face à l'église. Les jardins renferment d'autres chapelles avec des scènes du Nouveau Testament, un petit étang et des équipements sportifs.

Un lieu de pèlerinage voué à la Vierge, du XIXe siècle, se situe sur le **Monte Sameiro** au cœur d'un joli parc. Non loin de là, sur le versant d'une montagne, près de **Falperra**, et près des fouilles romaines, se trouve l'église baroque **Santa María Madalena**.

La ★**Citânia de Briteiros** est à la même altitude. L'archéologue Sarmento y a mis au jour à la fin du XIXe siècle les vestiges d'une des plus importantes villes celtibères qui soient. Des voies, des murs de fondation, des conduites d'eau et d'égouts, des fontaines et un rempart à trois épaisseurs ont été découverts. Les outils et les objets utilisés par le demi-millier de personnes qui vivaient ici il y a déjà 3000 ans sont exposés au Museu Martins Sarmento à Guimarães.

★GUIMARÃES

★**Guimarães** ⓬ est considérée comme le berceau du Portugal. C'est en fait la ville natale d'Afonso Henriques (né en 1111) qui se battit contre les troupes de sa mère au XIIe siècle dans le but d'obtenir l'indépendance du Portugal par rapport à l'Espagne, et c'est aussi ici que fut instaurée la première capitale du nouveau royaume.

Guimarães est une des plus belles villes du nord du pays et figure depuis 2001 au patrimoine mondial de l'UNESCO pour avoir su conserver son caractère médiéval. La construction de l'imposant **Castelo de São Miguel** remonte à l'initiative de Mumadona,

Fiche pratique p. 219-221

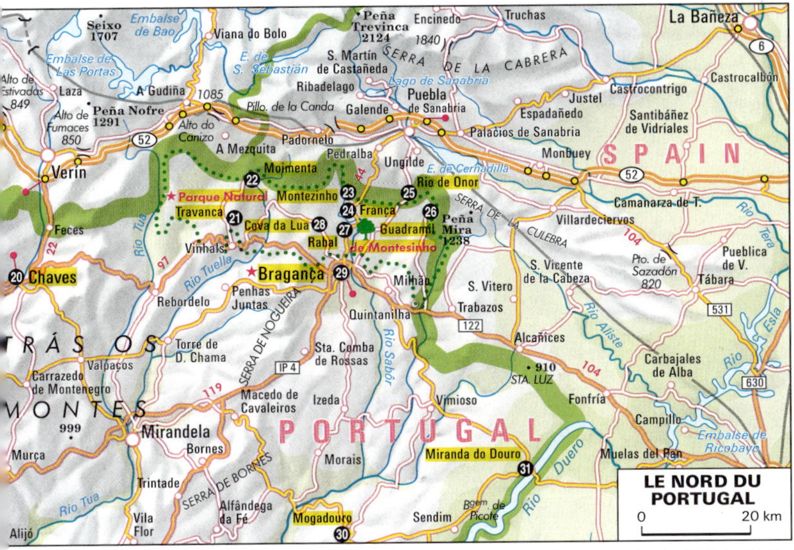

comtesse de León, qui avait fondé ici un couvent au Xe siècle et qui désirait le protéger des attaques maures. Si la tour des hommages, **Torre de Menagem**, est encore celle d'origine, due à Mumadona, en revanche, les sept autres tours et les belles fortifications datent du début du XIIe siècle, de l'époque d'Henri de Bourgogne.

Au XIXe siècle, le château fut rénové par le Français Viollet-le-Duc qui devait sa renommée à la reconstitution de la cité de Carcassonne. Entre le château et le palais se dresse la petite église romane **São Miguel**, où Afonso Henriques fut baptisé. Les deux personnalités marquantes de la ville ont été immortalisées dans deux monuments près du palais : Afonso Henriques par Soares dos Reis en 1880, et Mumadona par Alavaro de Brée en 1960.

Le **Paço dos Duques de Bragança** fut construit par un autre Afonso au XVe siècle, le comte de Barcelos et premier duc de Bragance. Il rappelle les modèles des châteaux français, souvent ceux de la Loire, mais certaines salles comprennent également des décorations manuélines. Après le XVIe siècle, le palais ne fut plus habité par les ducs et se détériora de plus en plus. Il doit son bon état actuel à une réfection de base au début du XXe siècle.

La rua de Santa Maria descend du quartier du château pour aller dans la **vieille ville**. Celle-ci comprend maints restaurants et monuments historiques comme l'église du **Convento do Carmo** qui faisait partie autrefois du couvent São José, et le **couvent Santa Clara** dont les murs abritent l'**hôtel de ville**. Les ruelles et places alentours se caractérisent par de nobles palais anciens.

La Praça de Santiago et le **Largo da Oliveira**, séparés seulement par la halle aux colonnes de la mairie, forment le cœur de la ville à proprement parler. Le Largo da Oliveria nous présente l'église **Nossa Senhora da Oliveira** ; l'édifice qui la précédait à cet endroit faisait partie de l'ancien couvent fondé par Mumadona. Après sa destruction par les Maures, l'église fut reconstruite au XIVe siècle selon une promesse prononcée par João Ier après sa victoire

dans la bataille d'Aljubarrota. La tour manuéline pour sa part fut construite en 1523. Elle possède un magnifique autel d'argent - le travail d'orfèvres locaux - dans la chapelle aux sacrements.

Afonso IV a fait construire le pavillon gothique au centre de la **place Santiago** en 1340, au-dessus de la plaque commémorant la victoire contre les Maures lors de la bataille du Salado. La petite ruelle qui mène du Largo da Oliveira à la vieille porte de la ville abritait jadis le couvent d'Oliveira. Dans ce qui reste de ses murs fut installé le **Museu de Alberto Sampaio** qui expose des objets d'art sacrés provenant des couvents abandonnés lors de la sécularisation du XIXe siècle. Une aile du cloître du XIIIe siècle a été également conservé dans le musée. Vis-à-vis du musée, en diagonale, on accède dans la **rua Egas Moniz**, l'une des plus anciennes rues de la ville. Ses jolies maisons anciennes, ses cafés et ses restaurants furent construits directement contre le rempart.

Ci-dessus : dans la ville basse de Guimarães. Ci-contre : la vallée du Lima.

Les autres couvents et églises de la ville se situent extra muros, hors de l'enceinte médiévale : l'église gothique **São Francisco**, entièrement tapissée d'azulejos, avec un cloître à double étage, est l'un des plus beaux bâtiments de la ville. Le couvent **São Domingo,** qui se distingue par son église gothique, abrite le **Museu Martins Sarmento** consacré aux objets découverts sur le site celtibérique de Citânia de Briteiros.

Offrant un beau panorama, la colline de la **Penha** se dresse au sud de la ville et comprend une église de pèlerinage ainsi que de nombreux restaurants. Sur ses contreforts, on découvre le couvent fondé par Dona Mafalda, épouse d'Afonso Henriques, **Santa Marinha da Costa**. Seule l'église qui est un mélange des styles Renaissance et rococo a entièrement résisté au grand incendie de 1951. Le reste du couvent a été entretemps transformé en une jolie pousada.

LA VALLÉE DU LIMA

Le Lima prend sa source en Espagne et forme une des plus belles vallées de

la région ; c'est un lieu de vacances privilégié, qui offre de nombreuses possibilités de loisirs : randonnée, pêche, baignade. On y trouve peu d'hôtels, mais un bon nombre de pensions sympathiques et de chambres privées dans les anciennes maisons seigneuriales, ainsi que des appartements dans les domaines vinicoles et les fermes – si on le désire, avec participation à la vie de famille. Les villages sont à proximité les uns des autres et invitent à une promenade à pied, à vélo ou en voiture. Dans cette région, on ne manquera pas de déjeuner ou de prendre un verre de *vinho verde* dans une auberge de campagne. On peut se baigner dans tous les ruisseaux, et un grand nombre de cours d'eau et de rivières ont été aménagés en bains dans les villages.

Les localités les plus importantes de la vallée sont ***Ponte de Lima** ⓭, **Arcos de Valdevez** ⓮ sur le petit affluent Vez, et **Ponte da Barca** ⓯. Ce sont des petites bourgades romantiques aux fortifications médiévales, aux églises baroques, aux plages soignées le long du fleuve, aux ponts gothiques, sans oublier les inévitables *pelourinhos*.

Peu avant d'arriver à Ponte da Barca, à **Bravães** ⓰, on est surpris de voir une petite église romane sur le bord de la route, vestiges solitaires d'un couvent disparu depuis la nuit des temps, São Salvador. L'intérieur sobre n'a plus ses fresques, qui sont maintenant exposées dans un musée (Lisbonne : Arte Antigo – Porto : Soares dos Reis) – seuls les portails naïvement décorés lui sont restés.

LE *PARQUE NACIONAL DA PENEDA-GERÊS

Le seul parc national du Portugal s'étend sur une superficie de 72 000 hectares et possède différents types de paysage, de nombreux biotopes et zones climatiques. En forme de faucille, il enrobe de sa courbe la frontière espagnole. Deux hauts-plateaux – Mourela à l'est et Castro Laboreiro au nord – en constituent les limites. Entre eux, quatre chaînes de montagnes s'élèvent : Peneda (1373 m), Soajo (1217 m),

Amarela (1092 m) et Gerês qui est la plus haute avec 1545 m. Une route bien aménagée longe les limites ouest et sud du parc ; de petites routes en cul-de-sac conduisent au cœur du parc et aux villages de Castro Lobreiro, Soajo, Lindoso, Ermida, Gerês et Pitães das Júnias. La flore allie la végétation méditerranéenne aux espèces européennes et sibériennes : rouvres, chênes-lièges, bouleaux, pins, ifs, genêts et bruyère. Des loups, des sangliers, des cerfs, des renards et des loutres, mais aussi des aigles royaux, des faucons et des hulottes vivent ici.

L'homme s'est adapté très tôt à cette région. Aujourd'hui encore, le pâturage prédomine, et dans les villages de Peneda et Soajo, on connaît encore les deux formes traditionnelles d'habitat : *inverneiras,* les appartements pour l'hiver dans la vallée, et *brandas*, les quartiers d'été des alpages.

Ci-dessus : les greniers à maïs sur pilotis (espigueiros) de Soajo, dans le parc national de Peneda-Gerês. Ci-contre : Chaves et son vieux pont romain.

Dans les villages pittoresques de ★**Soajo** ⓱ et ★**Lindoso** ⓲, on bat le blé sur le rocher nu pour l'entreposer ensuite dans les *espigueiros,* ces greniers à grain en granit aérés. Pour protéger les récoltes des souris, les greniers sont surélevés sur des pilotis.

La rivière Cávado coule dans la partie sud-est du parc. Un chemin de randonnée balisé (environ 5 heures de marche) relie les localités de Cabril et de Paradela, sur le Cávado. Près de la petite station thermale **Caldas do Gerês** ⓳ se situe le seul terrain de camping du parc. On découvre un très beau panorama sur les montagnes alentours et les lacs de retenue depuis la **pousada São Bento** près de **Caniçada** (à la limite sud du parc).

LE NORD-EST

Dans la partie nord-est du pays, les montagnes s'aplanissent, il y a moins de forêts et de verdure, mais plus de champs de céréales. Le centre de la région, sur le cours supérieur du Tâmega, est la station thermale de **Chaves** ⓴,

Carte p. 212-213, Fiche pratique p. 219-221

fondée au 1er siècle av. J.-C. sur la voie romaine de Braga à Astorga. Le ★**Ponte Romana** (pont romain) porte deux colonnes gravées – les bornes romaines – qui relatent les faits de l'époque et honorent l'empereur Vespasien.

Les thermes, dont l'eau jaillit à une température constante de 73°C, étaient déjà appréciés des Romains rhumatisants. Le **Castelo** surplombant la ville remonte à l'époque des luttes contre les Maures, mais il a subi de constantes transformations sous les ducs de Bragance d'abord, puis au cours des siècles suivants. Il abrite aujourd'hui un **Museu Militar**.

Chaves est une petite ville de province affairée et la vie bat son plein sur la place principale. Le **Paço dos Duques de Bragança** (XVe siècle) abrite le **Museu da Região Flaviense**. On remarquera l'église paroissiale – romane à l'origine – ainsi que l'église baroque **Igreja da Misericórdia**, mais la plus belle se trouve à quelques kilomètres au nord de la ville, à ★**Outeiro Seco**. Il s'agit d'un monument de pur style roman. Ses fresques uniques ont cependant été enlevées et réparties entre les musées de Porto et de Chaves.

La région Tras-os-Montes commence au-delà du fleuve Rabaçal. Elle devient plus aride, dépouillée et recluse, les bourgs sont très éloignés les uns des autres et les parcelles de terrains sont immenses. Les précipitations étant moins importantes qu'ailleurs, seuls les oliviers et les amandiers poussent ici ; les troupeaux de moutons et de chèvres broutent dans des prairies au caractère de steppe. Cette région retirée attire les chasseurs et les pêcheurs de tout le pays, qui se retrouvent surtout vers Macedo de Cavaleiros.

Le ★**Parque Natural de Montezinho** (75 000 hectares) longe la limite nord et culmine à 1481 m. La variété des paysages est la caractéristique principale de ce parc au charme très particulier : prairies, vallées traversées de ruisseaux et nombre d'arbres, forêts de chênes et de châtaigniers, jolis villages et falaises d'ardoise.

Les villages de **Travanca** ㉑, **Moimenta** ㉒, **Montezinho** ㉓, **França** ㉔, **Rio de Onor** ㉕, de **Guadramil** ㉖ et

Carte p. 212-213, Fiche pratique p. 219-221

de **Rabal** ㉗ ont gardé leur visage traditionnelle. Un petit lac de retenue se situe au-dessus de Montezinho, et à **Cova de Lua** ㉘, on trouve encore des *pombales*, ces pigeonniers couverts de toits en ardoise.

La ville ducale de ***Bragança** ㉙, appelée *Juliobriga* par les Romains, est située sur une colline de forme allongée. On jouit d'une vue magnifique sur la **Fortaleza** (forteresse) depuis le flanc de la montagne Serra de Nogueira et la pousada São Bartolomeu. Au XVIe siècle, les juifs poursuivis par l'Inquisition espagnole se cachaient dans le château. Le bâtiment **domus municipalis** remonte aussi à la période romane. Ce monument original à cinq côtés irréguliers servait vraisemblablement de lieu de réunionau XIIe siècle. Le *pelourinho* à l'ombre du mur a été doté d'un socle hors de l'ordinaire : un cochon de pierre.

La **cathédrale Sé**, un édifice sobre Renaissance, l'**Igreja da Misericórdia**, le couvent **São Francisco** du XIIIe siècle et quelques églises du XVIe siècle se trouvent à l'extérieur des remparts. C'est dans l'église **São Vicente** tapissée d'azulejos que Pedro Ier aurait épousé secrètement Inés de Castro.

Plus à l'est, le pays est pratiquement inhabité. Le village **Mogadouro** ㉚ fait face à la montagne du même nom et fut fondé sur les murs d'un *castrum* celte. La fortification romaine, puis arabe, devint un château des Templiers au Moyen Âge, avant de devenir la propriété des Távora. Avec la suppression de la noblesse par le marquis de Tombal, le petit village sombra dans l'oubli.

Le village frontalier de **Miranda do Douro** ㉛ est plus animé. Sa longue rue principale est bordée de maisons seigneuriales et de palais des époques gothique et Renaissance ; elle aboutit à la cathédrale. De nombreux Espagnols viennent faire leurs courses ici le week-end. Les fortifications qui surplombent le Douro aux gorges profondes et escarpées, offrent une vue imprenable sur le fleuve et ses paysages, les *Arribes do Douro*.

Ci-dessus : sol aride et agriculture ancestrale dans le Tras-os-Montes.

Carte p. 212-213

ENTRE-OS-RIOS / TRAS-OS-MONTES

ARCOS DE VALDEVES

Campo de Transladário, tél. 258 516 001, lun-sam 9h30-12h30 et 14h30-18h, fermé dim.

BARCELOS

Largo da Porta Nova (Torre Menagem), tél. 273 811 882.

Bagoeira, Av. Dr. Sidónio Pais 495, tél. 273 811 236. **Dom António**, Rua Duque de Bragança, tél. 273 812 285, **Turismo**, Esplanade, avec terrasse.

Museu Arqueológio de Barcelos, Lg. do Município, mar-dim 9-19h, en hiver mar-dim 9-12h30 et 14-17h30. **Museu de Olaria** (musée des céramiques), Rua Conego Joaquim Gaiolas, mar/mer et ven-dim 10-12h30 et 14-18h, jeu 10-18h. **Igreja do Senhor da Cruz**, Lg. da Porta Nova, tlj. 9-12h et 15-18h30. **Igreja Matriz**, Lg. do Município, tlj. 10-12h et 15-20h.

Chaque jeudi, le **marché** le plus célèbre du Portugal.

BRAGA

Praça da República 1, tél. 253 262 550, lun-ven 9-19h, sam/dim 9-12h30 et 14-17h30.

Café Brasileira, Rua do Souto. **Abade de Priscos**, Pr. Mouzinho de Albuquerque 7, Campo Novo, tél. 253 276 650. **Conde D. Henrique**, Rua Forno 17. **Inacío**, Campo das Hortas 4, tél. 253 613 235. **Casal de S. José**, Monte de Sameiro.

Torre de Menagem, **Museu de Arte Sacra da Sé** (trésor de la cathédrale). **Palácio dos Biscainhos**, mar-dim 10-12h15 et 14-17h30.
Museu Nogueira da Silva, mar-sam 10-12h et 14-17h.
Museu Regional de Arqueologia, lun-ven 9-12h et 14-18h. **Sé,** cathédrale, Rossio da Sé, 8h30-13h et 14-18h30.

Alentours : église de **São Frutuoso de Montélios**, gothique, tlj. 10-12h30 et 14-17h30. Monastère bénédictin de **Tibães**, mar-dim 10-12h et 14-16h30.

Vendredi saint : retraite aux flambeaux **Ecce Homo**.

BRAGANÇA

Av. Cidade de Zamora, tél. 273 381 273, lun-ven 9-19h, sam 9-12h30 et 14-17h, dim 9h30-13h.

Pousada de S. Bartolomeu, tél. 273 331 493. **Tulipa**, Rua Dr. Francisco Felgueiras 8-10, tél. 273 331 675.
Solar Bragançano, Praça da Sé 34, tél. 273 323 875.

Museu do Abade de Baçal, Rua Abilío Beça 27, mar-ven 10-17h, sam/dim 10-18h. **Museu Militar,** dans le fossé du château, ven-mer 10-17h. Château et **pelourinho, Domus Municipalis**.

Romaria (pèlerinage) pendant la 3e semaine d'août.

Marché les 3, 12 et 21 de chaque mois.

CAMINHA

Rua da Ricardo Joaquim Sousa, tél. 258 921 952.

CHAVES

Terreiro da Cavalaria, tél. 276 340 661, fax 276 321 419, www.rt-ato.pt.

Trajano, Tv. Cândido Reis, tél. 276 332 415. **Carvalho**, Alamed Tabolado, Bloco 4, tél. 276 321 727.
Cubata, Campo da Fonte, tél. 276 332 179.

Museu da Região Flaviense, mar-dim 9h30-12h30 et 14-17h. **Museu Militar** au donjon, mar-dim 9h30-12h30 et 14-17h. Le **pont romain** qui enjambe la Tâmega dans la vieille ville. Chapelle **Nossa Senhora da Azinheira** à Outeiro Seco. Village de potiers de **Nates**.

1er novembre : **Festas dos Santos** (Toussaint).

ESPOSENDE-FÃO

Esposende, Rua 1 de Decembro, tél. 253 961 354.

Rita Fangueira, Fão, R. Azevedo Coutinho, tél. 253 989 442, **Café Juventude**, Fão, Rua das Cordas 1, tél. 253 982 275, **Trocadinho**, Fão, Av. S. Januário 21, tél. 253 981 218. **San Remo**, Apulia, Av. da Praia 45, tél. 253 981 585.

Le vieux centre de **Fão**, les ruines de **Castros** et le **dolmen** près de **Vila do Châ**.

GERÊS

Terras do Bouro, Av. Manuel Ferreira da Costa, tél. 253 391 133, fax 253 391 282.

Les villages de **Soajo** et de **Lindoso**. Église **N. Sra. da Peneda**, couvent **Pitões das Júnias**, les restes de la **voie romaine** près de Portela do Homen.
Casas Abrigos, inscription pour pouvoir utiliser les abris lors de randonnées dans le **parc national** : Quinta Parretas, Braga, tél. 253 613 166, 253 613 167 et 253 613 168.

GUIMARÃES

Largo Cónego José Maria Gomes, tél. 253 518 394, fax 253 515 134. Alameda de São Dâmaso 86, tél. 253 412 450. Praça de Santiago, tél. 253 518 790.

Solar do Arco, Rua de Santa Maria 48, tél. 253 513 072.
El Rey, Praça Santiago 20, tél. 253 419 096. **São Gião**, Lugar de Vinhas, Moreira de Cónegos, tél. 253 561 853.

Museu de Alberto Sampaio, Rua Alfredo Guimarães, mar-dim 10-12h30 et 14-17h30. **Museu Martins Sarmento**, Rua de paio Galvão, mar-dim 9h30-12h et 14-17h. **Castelo de S. Miguel** et **Paço dos Duques de Bragança**, tlj. 9-19h30, en hiver jeu-mar 10-17h30.

Site celto-ibérique **Citânia de Briteiros**, tlj. 9-19h30, en hiver jusqu'à 18h.

Août : les **Festas Gualterianas** (fêtes de Walter) ont lieu depuis 1452, défilés, marchés médiévaux, retraites aux flambeaux.

MELGAÇO

Câmaro Municipal, tél. 251 410 100.

Panorama, Mercado Municipal, tél. 251 410 400, fermé le lun.
Adega do Sossego Penso, Paderno, tél. 251 404 208, fermé le mer.

MIRANDA DO DOURO

Largo do Menino Jesús da Carolinha, tél. 273 431 132.

Pousada Santa Catarina, tél. 273 431 225.
Babbina, Rua Rainha Dona Catarina 1, tél. 273 432 394, ouvert tlj.

Museu da Terra de Miranda, Praça D. João III, mar-dim 10-12h30 et 14-17h. Cathédrale **Sé** et la figure sculptée dans le bois du **Menino Jesús da Cartolinha** (avec chapeau).

Feira São Tiago : 25 juillet. **Romaria** (pèlerinage) autour du 15 août.
Festa de Santa Bárbara à Dua Igrejas : 3e dim d'août.
Danses des **Pauliteiros** au changement d'année.

MONÇÃO

Casa do Curro, Praça deu-la-Deu, tél. 251 652 757, 9-12h30 et 14-18h, fermé le dim après-midi.

Restaurant Mané, tél. 251 652 355.

Palácio da Brejoeira, réplique du palais d'Ajuda à Lisbonne datant du XIXe siècle. **Igreja Matriz**, dans la chapelle adjacente du XIIIe siècle, tombeau de Deu-la-Deu Martins.

MONTEZINHO

Largo do Loreto, tél. 273 652 757.

Parc naturel : **Museu Rural de Palácios, Museu Rural de Caravela** et **Museu Rural de Babe** : musées dans trois villages, chacun présente un aperçu ethnographique de la vie paysanne et de l'artisanat traditionnel de la région. Demander la clé sur place ou prendre rendez-vous : tél. 273 381 444, fax 273 381 179.

PONTE DE BARCA

Largo da Misericórdia, tél. 258 452 899, lun-sam 9-12h30 et 14h30-18h.

Bar do Rio, avec terrasse en bord de rivière, tél. 258 452 582.

L'**Igreja de Bravães** romane.

En août : **Festas de S. Bartolomeu**, avec kermesse, défilés costumés, salon de l'artisanat.

VALENÇA DO MINHO

Av. de Espanha, tél. 251 823 374, lun-sam 9-12h30 et 14h30-18h, dim 9-12h30.

Arcádia, Tuído, tél. 251 823 346.
Mané, Esplanada, tél. 251 823 402.

PONTE DE LIMA

Praça da República, tél. 258 942 335, fax 258 943 579.

A Tulha, Rua Formosa, tél. 258 942 879. **Encanada**, Largo Dr. Rodrigues Alves, tél. 258 941 189.
Madalena, Monte Madalena, avec terrasse, tél. 258 941 239. **Solar do Taberneiro**, au bord de la Lima, tél. 258 942 169

Le mercredi avant la Fête-Dieu : **Festas de São Jorge** et corridas mimées *(Vaca das Cordas).*
3e dim de septembre : **Feiras Novas**, foire depuis le XIIe siècle, sous des tentes le long de la Lima, salon de l'agriculture, danses populaires.

Un lundi sur deux, grand **marché** au bord de la Lima.

VIANA DO CASTELO

Rua do Hospital Velho, tél. 258 822 620, fax 258 827 873.

Casa D'Armas, Largo 5 de Outubro 30, tél. 258 824 999. **Os Tres Potes**, Beco dos Fornos 9, tél. 258 829 928. **Cozinha das Malheiras**, Rua Gago Coutinho 19, tél. 258 823 680, célèbre pour ses plats de *bacalhau* (morue). **Camelo**, Rua de Santa Marta de Portuzuelo (EN 202), tél. 258 830 517.

Museu Municipal, Lg. de São Domingos, importante collection de faïences, mar-dim 9h30-12h30 et 14-17h30.
Sé, cathédrale, tlj. 8-12h et 17-19h, sam/dim jusqu'à 18h30.
Site celto-ibérique **Citânia da Santa Luzia**, au nord de la basilique de Santa Luzia (l'accès aux fouilles se situe derrière la pousada Santa Luzia).

2e dim de mai : **Festa das Rosas**.
15 août : **Feira de Agonia**, procession en bateau et défilés costumés.

VILA NOVA DE CERVEIRA

Rua Dr. António José Duro, tél. 251 795 787.

VILA PRAIA DA ÂNCORA

Avenida Ramos Pereira, tél. 258 911 384.

Tasquinha Ibraín, Rua das Pescadores, tél. 258 911 689.
Verdes Lírios, à la plage.

Cividade de Âncora, site pré-romain au Monte da Suvidade, entre les localités de Afife et de Lage.
Anta de Barrosa, dolmen, indiqué à partir d'Âncora (se trouve à droite de la route qui mène vers l'arrière-pays).

PORTO PATRIMONIO MUNDIAL
TA.DOS.MALVEDOS
ANTONIA

LA TABLE ET LA CAVE

La cuisine portugaise est une cuisine du terroir, simple et authentique. On y apprécie les plats uniques comme le *cozido á portuguesa*, les plats de viande, de gibier ou de poisson, grillés ou rôtis, et surtout le mets national, la morue ou *bacalhau*. La morue, séchée et marinée, peut être préparée sous 365 formes différentes, une pour chaque jour de l'année. On vous servira des frites ou du riz pour l'accompagner ou bien, sur demande, des pommes de terre à l'eau ou sautées, plus rarement des pâtes.

Les repas chauds comportent en règle générale une soupe, un ou deux plats de résistance, un dessert sucré, une salade de fruits ou des fruits de saison. Après le repas, on prend un café très fort et très sucré, le *bica*. Aux repas, les Portugais boivent du vin ou de l'eau, rarement de la bière. Lorsqu'il fait très chaud à midi, l'*alentejano* mélange volontiers son vin de table à du jus d'oranges frais, ce qui est très rafraîchissant !

Pages précédentes : autrefois, les tonneaux de porto étaient transportés sur ces bateaux, les rabelos. Ci-dessus : régal de fruits de mer !

Dans le **Minho**, un bon repas commence ou se termine par une *caldo verde*, une soupe aux choux épaisse dans laquelle nagent des tranches de *chouriço* (chorizo). On y ajoute des feuilles de chou coupées fin (d'une espèce de choux typiquement portugaise). Ensuite vient la morue ou le rôti de bœuf, le chevreau ou l'agneau. Le dessert est toujours sucré, à base de beaucoup de jaunes d'œuf et de sucre, comme l'*arroz doce* (riz au lait à la cannelle) ou encore les *regueifas* (brioches).

Dans le **Tras-os-Montes**, les hivers sont généralement rudes et on aime bien manger des soupes ravigotantes et des plats uniques comme la *feijoada transmontana* (cassoulet de haricots noirs, de viande et de saucisse), et du chevreau ou du sanglier rôti au four. Le jambon de Chaves et les goûteuses saucisses fumées servies sur du pain de maïs, *broa com paio*, sont connus dans tout le Portugal.

Dans les cuisines de **Porto**, on prépare une morue fine (brandade), *bacalhau á bras, bacalhau à gomes de sá* ou *bacalhau á zé do pipo.* Le riz accompagné de poulet, de gibier et de fruits de mer est également une des typique de la région. Les tripes, *tripas á moda do Porto*, sont la spécialité de Porto.

Dans les **Beiras**, les zones montagneuses autour de la Serra da Estrela, et le long des fleuves Douro, Coa, Zêzere et Mondego avec leurs ruisseaux, rivières et lacs, on trouve beaucoup de poissons d'eau douce, surtout des truites. Par ailleurs, on sert du bœuf, du chevreau ou du cochon de lait en broche. Le *queijo da serra,* le fromage de montagne provenant de Celorico da Beira au pied de la Serra da Estrela, est particulièrement délicieux.

Dans le **Ribatejo** et dans l'**Estremadura**, on aime les *caracóis*, de petits escargots servis en entrée. Les poissons d'eau douce, les légumes, le pain et les légumes secs sont souvent la base des soupes et plats uniques. Les plats principaux se composent le plus souvent de chevreau, d'agneau ou de bœuf grillé ou rôti. Les desserts, à base d'amandes, de miel, de jaune d'œuf et de pignons portent des noms très évocateurs comme les *bolos de noiva* ou les *bolos de toureiros* ("gâteau de la mariée" ou "gâteau des torreros").

Les spécialités de l'**Alentejo** sont les *migas* (miques), une boule de pâte à base de pain que l'on sert avec du porc, et l'*açorda*, une soupe épaisse confectionnée avec du pain, de l'huile d'olive, des œufs, du poisson ou de la viande. En été, on mange volontiers und soupe froide, la *gaspacho,* faite de légumes crus finement hachés : tomates, concombre, poivrons, oignons, ail, et de l'huile d'olive. Le plat de *carne de porco à alentejana* est connu dans tout le pays : il s'agit de moules braisées dans de l'huile avec de la viande de porc. Les desserts sucrés de l'Alentejo s'appellent *toucinho do ceú* (lard céleste) ou *barriga de freira* (ventre de nonne).

Sur la côte **Algarve**, on mange de grandes quantités de poisson et de crustacés. On utilise en cuisine la *cataplana*, une sorte d'autocuiseur en cuivre, pour cuire du poisson, de la viande ou des moules et des légumcs dans leur jus. Les petites *conquilhas* (coques) cuites ainsi avec du vin, de l'huile, de l'ail et de la coriandre fraîche sont délicieuses. L'*arroz de mariscos*, où le riz cuit avec des gambas, du crabe, des moules et des tomates, est servi dans le faitout sur la table.

Tous les plats uniques à base de poisson valent l'essai : *caldeirada de enguias* (anguille), *arroz de tamborie*, (riz à la lotte), *amassada de tamborie* (lotte aux pâtes) ; le poisson seul aussi : *pescada* (merlu), *atum* (thon), *lulas* et *chocos* (calmar), *truta* (truite). Les sardines grillées sont succulentes avec des pommes de terre vapeur et une salade de tomates.

Les desserts rappellent leurs ancêtres maures : le miel, les amandes, les figues et nombre d'œufs sont les principaux ingrédients des *bolos Dom Rodrigo.* Les figurines en pâte d'amande de couleur s'appellent *doces de Amendoa.*

Les vins portugais

Les vins de table portugais, les *vinhos maduros*, sont de bons vins simples. Ils ont en général un taux d'alcool allant de 9 à 13 degrés et sont essentiellement secs.

Vinho verde ou vin vert est le nom donné aux vins fruités et mousseux venant du **Minho,** que l'on boit jeunes à cause de leur teneur minimale en alcool. Ils peuvent être blancs ou rouges, la désignation de vert se rapportant aux feuilles vertes sous lesquelles les grappes de raisins mûrissent. Le meilleur *vinho verde* provient de la région de Monção.

Les vignobles du **Douro** produisent non seulement le fameux porto, mais aussi des vins rouges et blancs de qualité, certains vins rouges étant vinifiés dans des fûts de chêne. Les Portugais ne sont pas très férus – au contraire d'autres Européens ou même des Américains – de "mateus rosé", servi dans des bouteilles ovales et plates.

Les vins des **Beiras** sont aussi variés que leurs paysages d'origine. Les vins du Dão, en provenance de la Beira Alta, sont d'excellents vins rouges qui peuvent se mesurer aux vins français, mais aussi des vins blancs riches en arôme. Il ne faut pas oublier de mentionner les vins de **Lafões** et **Pinhel**.

Les vins Bairrada viennent de la **Beira Litoral**, zone montagneuse en bordure du littoral, et leurs vins blancs sont utilisés principalement pour le vin mousseux.

Dans l'**Estrémadure**, la tradition vinicole remonte au temps des Romains. *Corales, Carcavelos* et *Bucelas* sont des vins de qualité séculaires. Comme ces trois domaines sont situés à proximité de Lisbonne, leur existence est sérieusement en danger.

À **Colares**, au nord-ouest du massif de Sintra, on pique des plants de vigne dans les dunes en bord de mer ; ces vins ne sont à maturité qu'après 7 ou 10 ans et sont donc parmi les plus onéreux.

L'**Alentejo** pratique la viticulture depuis des siècles, mais la commercialisation n'a commencé qu'au cours des dernières années. Les principaux vignobles sont près de Portalegre, Borba, Redondo, Reguengos, Vidigueira et Moura. En raison des étés secs et très chauds, les vins rouges et blancs de l'Alentejo sont d'une douceur naturelle.

Sur l'**Algarve**, les vins rouges sont très alcoolisés, cultivés sans finesse particulière et vinifiés dans les coopératives de **Lagoa** et **Tavira**. Les forts rayons du soleil transforment immédiatement le haut taux de sucre des raisins en alcool. La production de vin blanc est infime.

Ci-contre : à votre santé... La qualité des vins portugais est en constante amélioration.

Le porto

Le porto est sans aucun doute le produit d'exportation le plus renommé du Portugal. Il est originaire de la région du Douro et de ses affluents, et fut le premier domaine viticole au monde à être délimité par décret. Cette région s'étend de Mesão Frio jusqu'à la frontière espagnole. Seulement 40 % de la production totale de vin de la région du Douro est destinée à la fabrication de porto.

Pour faire du porto, on presse des grappes de raisins noirs ou blancs et on fait toujours un alliage de divers cépages : *Touringa Nacional, Francesa, Tinta Ruiz, Amarela* et *Barroca.* Les plantations de raisin noir prédominent ; mais ces dernières années, le Porto blanc est de plus en plus apprécié en apéritif. La fermentation est stoppée en ajoutant de l'eau-de-vie, ce qui augmente ansi la teneur en alcool du vin qui atteint alors les 20 degrés. Le goût ne se développe que très lentement et exige un stockage en tonneau. Pour ce faire, on transfère le vin jeune dans des *lodges* de Vila Nova de Gaia.

Ce n'est qu'à Gaia, dans l'"Entrepot de Gaia", que l'on a le droit de conserver et de traiter le vin. L'*Instituto do Vinho do Porto* contrôle et veille de très près à ce que ces règles soient respectées.

Le traité de Methuen de 1703 assurait au Portugal un rang privilégié dans le commerce avec l'Angleterre, et permît aux Anglais de trouver de plus en plus goût aux vins du Douro. Le vin devant être exporté aussi vers les colonies anglaises, on y ajouta de l'eau-de-vie pour qu'il supporte le voyage – méthode également utilisée avec succès pour le vin de Madère.

Ce sont donc les Anglais qui fondèrent les premières entreprises d'exportation de porto. Leurs noms sont imprimés en grandes lettres sur les caves de Vila Nova de Gaia, en face de la vieille ville de Porto. Les noms célèbres

comme *Nieport, Burmester, Kopke, Cálem* ou *Ferreira* prouvent l'origine également hollandaise, allemande ou portugaise des caves. Mais ces noms se noient aujourd'hui au milieu de marques comme *Sandeman, Croft, Tayl*or ou *Graham* – même si, derrière ces noms de tradition, ce sont de nos jours des sociétés internationales qui se cachent, se chargeant surtout de la commercialisation du porto.

Le porto se boit tout aussi bien à l'apéritif qu'au dessert. Ce sont les caractéristiques de l'eau-de-vie ajoutée qui définissent la teneur en sucre et le goût du porto. Il est donc proposé dans des variantes plus ou moins sucrées qui vont d'Extra sec à Très doux. La couleur peut aussi – mais pas nécessairement – dévoiler le goût du porto ; la gamme des rouges est infinie: du rouge pâle au rouge couleur de rubis. Plus le porto est foncé, plus son goût est sucré.

Pour fabriquer le porto, on assortit des vins qui diffèrent autant en âge qu'en provenance, et c'est cette variété qui garantie une qualité constante. Ce porto mûrit dans des tonneaux et ne forme aucun dépôt dans la bouteille. Pour les *Vintage Ports*, seuls les vins de qualité supérieure d'un certain millésime sont réunis pour être entreposés dans des tonneaux pendant deux années, avant d'être mis en bouteille où ils vieilliront encore pendant au moins 5 ans. Le millésime et la date de mise en bouteille doivent être inscrits sur l'étiquette. Avant la dégustation d'un porto vieux en âge, il faut le laisser décanter, car un dépôt s'est formé au fond de la bouteille, ou on conseille même de sabrer la bouteille pour éviter que le bouchon ne s'émiette.

Le *Late Bottled Vintage (LBV) Port* est un porto tout à fait exceptionnel, qui n'est mis en bouteille qu'après une période de 4 à 6 ans dans les tonneaux. Comme le vin mûrit plus rapidement dans le tonneau, aucun dépôt ne se forme en bouteille. Le taux en tanin de ce vin est souvent plus élevé de par le stockage en tonneau, le porto est alors plus clair et moins sucré.

Pour le **porto blanc**, seuls des raisins blancs sont pressés ; les variétés Sec ou Extra Sec sont idéales pour l'apéritif.

L'ART DE LA FAÏENCE

Au Portugal, l'art a trouvé un mode d'expression unique et surprenant, inégalé dans d'autres parts du monde. Dans ce pays, les carreaux de faïence de couleur, gravés ou peints, ornent les murs, les églises, les palais, les montées d'escalier, les jardins et les fontaines ; ils décorent les bars et les restaurants, les gares et les bâtiments publics ainsi que les habitations pour le peu originales des Portugais revenus au pays. L'art de la faïence a six siècles de tradition derrière lui.

Depuis le XIVe siècle, on attribue aux célèbres carreaux le nom d'*azulejo*. Ce terme provient de l'arabe *az-zulaij*, qui signifie plus ou moins “petite pierre colorée”.

Ci-dessus et à droite : les carreaux de faïence de Sintra et Beja (couvent de Conceição), du XVe siècle, témoignages précoces de l'art de l'azulejo. Ci-contre : vers la fin du XVIe siècle, l'influence des faïences bleues et blanches de Delft se fait ressentir (Beja).

Les premiers exemplaires d'azulejos furent importés par les Maures en Péninsule Ibérique : ils décoraient les murs et les sols des mosquées ou des palais et comportaient des ornements islamiques strictement géométriques ; ces décors étaient composés d'innombrables petits carreaux de couleur. La technique fut améliorée au Moyen Âge et fut ensuite reprise par les chrétiens. Les azulejos les plus anciens que l'on puisse encore voir au Portugal datent du XVe siècle et proviennent du nord de l'Afrique, de Séville ou de Valence. Manuel Ier en avait commandé une grande quantité en Andalousie pour décorer son palais de Sintra. À cette époque, les décors étaient encore géométriques et la couleur dominante, typiquement isla-mique, était le vert.

Les carreaux de faïence étaient fabriqués selon la technique de la *corda seca* : les couleurs différentes étaient séparées les unes des autres par des ficelles graissées pour éviter qu'elles ne se mélangent. On obtenait le même effet en faisant des rainures de séparation, le motif apparaissant alors en relief.

Pour la confection de glaçures ou d'oxydes, on utilisait du cobalt (bleu), du manganèse (noir et mauve), du fer (rouge) et du cuivre (vert-rouge) : il fallait de l'étain pour obtenir la couleur blanche et du plomb ou de l'antimoine pour le jaune. Il ne reste que peu d'exemples de ce genre de technique : les sols du palais de Sintra ainsi que les merveilleux carreaux du cloître de Jesus à Setúbal, du couvent Conceição à Beja ou encore de la vieille cathédrale de Coimbra.

Au XVIe siècle, on commença à fabriquer des azulejos à Lisbonne. L'Italien Francesco Niculoso avait introduit la technique de fabrication de la faïence de Faenza selon laquelle les carreaux pré-cuits sont enduits d'une couche d'étain blanc qui peut ensuite être peinte au pinceau. Il était alors possible de représenter de nouveaux motifs et formes comme des plantes ou des animaux. On trouve de magnifiques exemplaires de cette époque à l'église São Roque de Lisbonne ; ils sont datés de 1584 par la main propre de Francisco de Matos.

À la fin du XVIe siècle, la peinture sur faïence flamande, très vraisemblablement influencée par la porcelaine chinoise de la dynastie des Ming, fit son entrée au Portugal. C'est sans doute grâce à ces faïences de Delft, très appréciées, que la couleur principale des azulejos devint le bleu. L'emploi de carreaux dans les pièces utilitaires, cuisines et couloirs, provient également de Hollande. Dans ces cas, les dessins représentaient souvent des *figuras avulsas* : un animal, une fleur ou un bateau par carreau, dont les angles sont ornés de petites vignettes, ou qui est encadré d'un cercle. On peut voir une cuisine de ce style au Palácio da Pimenta, le musée municipal de Lisbonne.

L'architecture du XVIIe siècle fut dominée par les jésuites qui construisirent des bâtiments utilitaires et d'immenses églises sobres. Le peuple compensait en décorant les églises d'azulejos et d'autels ciselés et dorés. L'importation des tapisseries flamandes avait beaucoup ralenti depuis les guerres de religion espagnoles ; ils furent remplacés par d'immenses tapis (*tapetes*) d'azulejos.

Les portions de murs rectangulaires furent recouvertes de motifs géométriques bleus, blancs et jaunes, et entourés d'un liseré. On trouve des décors de ce style particulièrement beaux dans les églises Espirito Santo, Santo Antão et São Mamede à Évora ainsi que dans la chapelle São Sebastião du palais Lumiar à Lisbonne.

L'essor économique du XVIIe siècle entraîna un véritable boom de la construction. De nombreuses églises baroques furent tapissées d'azulejos qui dépeignaient la vie des saints patrons. Les nobles préféraient les motifs mythologiques ; plus tard, ils optèrent pour les scènes bucoliques, style Watteau. De merveilleux exemples de cette forme de décoration se trouvent au palais du comte de Fronteira, à la limite de Lisbonne, au palais Quinta da Bacalhoa, dans le massif d'Arrábida, et dans les couvents São Vicente de Fora et de Graça, également à Lisbonne.

Ci-dessus: une figurine Convite de Faro, datant probablement du XVIIIe siècle. Ci-contre : au XXe siècle, les bâtiments publics (gares et marchés aux halles par ex.) furent souvent décorés de carreaux bleus (Aveiro).

C'est à cette époque qu'apparurent pour la première fois les figurines *convite*, des laquais de grandeur nature, peints sur des carreaux encastrés dans les murs des entrées ou des escaliers. Ces charmants personnages qui vous invitent du geste décorent les maisons bourgeoises et nobles jusqu'à nos jours. Des exemples représentatifs se situent à Lisbonne au numéro 38 de la rua do Comércio, au 220 de la rua de São Paulo et dans la rua de São Boaventura, au numéro 43.

À partir du XVIIIe siècle, les peintures sur carreaux de faïence ne relèvent plus de l'artisanat, mais de l'art, et les peintres gagnent en renommée. Antonio et Policarpo de Oliverias Bernardes, père et fils, Nicolau de Freitas, Gabriel del Barco, Valentim de Almeida et Antonio Vital Rifarto, le Hollandais W. van der Kloet et Antonio Pereira sont quelques-uns des artistes les plus réputés de l'art de l'azulejo.

Après le tremblement de terre de Lisbonne en 1755, il fut nécessaire de créer une chaîne de production rapide pour assurer la reconstruction intérieure des habitations. En 1767, on fonda donc la manufacture royale de faïences de Rato. Sous le règne de José Ier et de María I^e, de nombreux azulejos aux motifs rococo, ornés de bouquets floraux et de guirlandes que l'on ordonnait de façon symétrique, sortirent de cette manufacture.

Au XIXe siècle, la production prit un caractère plus industriel et les produits devinrent plus résistants aux intempéries. On pouvait désormais les utiliser également à l'extérieur. Magasins, restaurants, bureaux et entreprises décorèrent leurs entrées de panneaux ou de publicités. C'est à cette époque que remontent le bar traditionnel de Lisbonne, la Cervejaria Trindade, ainsi que les halles de Santarem.

Les peintres romantiques ne restèrent pas sans influence sur cet art. Rafael

Bordalo Pinheiro, caricaturiste et artiste, avec un fort penchant pour l'expression populaire, fonda la fabrique de céramique de Caldas da Rainha en 1875, où naquirent d'innombrables produits issus de son imagination ; la céramique d'art populaire fit son entrée dans les salons des maisons bourgeoises. Chaque année, au mois de juillet, une importante foire de la céramique se tient à Caldas.

Au début du XXe siècle, Jorge Colaço décora le palais de Buçaco, ce qui l'occupa jusqu'à sa mort en 1942. Il était le représentant de l'illustration historique, qui connut un grand succès. Il faut particulièrement mentionner son aménagement des gares de Pinhão, Aveiro et São Bento à Porto. Parallèlement, l'apparition de l'Art nouveau ouvrit de nouvelles portes à un usage plus démocratique des carreaux de faïence.

Depuis les années 1950, de nouveaux artistes font parler d'eux grâce à des styles jamais vus auparavant. Aujourd'hui encore, les stations de métro et les murs des bâtiments modernes sont volontiers décorés de carreaux de faïence. Par exemple, à Lisbonne, on peut voir ce nouveau genre dans les quartiers modernes, comme les peintures murales de María Keil, le long des montées d'escalier de l'Avenida Infante Santo, entre les numéros 64 et 72 ; ensuite celles de João Abel Manta, dans l'Avenida Calouste Gulbenkain, près de l'aqueduc d'Amoreiras ; au palais de justice, on peut admirer l'œuvre de Julio Resende. Les nouvelles stations de métro, au nord d'Amoreiras, sont aussi ornées de façon similaire : la station Colégio Militar, par Manuel Cargaleiro, Altos dos Moínhos, par Júlio Pomar, Cidade Universitária, par Vieira da Silva et la station Laranjeiras, par Sá Nogueira. Depuis 1994, le mur Ribeira Negra orne l'accès au pont D. Luis Ier.

Deux endroits témoignent au mieux de l'art de l'azulejo : le palais de Sintra, résidence royale depuis le XVe siècle, cité ci-dessus, et le Museu do Azulejo dans l'ancien cloître Madre de Deus à Lisbonne, dont l'excellente collection documente l'histoire du carreau de faïence depuis ses débuts jusqu'à nos jours.

LE STYLE MANUÉLIN

Des cordages et des nœuds de pierre qui entourent les portes, les cadres de fenêtres et les autels ne manquent jamais d'étonner l'amateur d'art venu au Portugal pour admirer de beaux édifices tels le couvent des Hyéronymites et la tour de Belém, la chapelle inachevée de Batalha ou l'église du couvent de l'ordre des chevaliers du Christ à Tomar. La désignation de "manuélin" n'existe que depuis 1840. Le professeur brésilien d'origine allemande, van Varnhagen, cherchait une description pour un style qui était apparu entre le gothique et la Renaissance, et qui avait été très prisé entre 1433 et 1521, au cours des règnes des rois Duarte, Afonso V, João II et Manuel Ier. Il donna le nom d'art manuélin à ce style enjoué qui décore les éléments de base et reflète une libération artistique en opposition aux stricts codes médiévaux. Les premiers pas dans cette direction ont été faits sous l'influence du gothique flamboyant français ; en effet, on commença à exagérer le gothique de façon maniériste, comme c'est le cas au couvent de Batalha.

Le développement ultérieur fut influencé par les premiers voyages de découverte et la nouvelle mise en valeur de la navigation. Comme nous le rapportent les chroniques de Fernão Lopes et les écrits du roi Duarte, l'art manuélin couvre de nombreuses facettes et est en lui-même une forme architecturale complexe et unique. C'est peut être la seule forme à avoir influencé la structure et l'architecture de base des monuments ; ce mode d'expression est propre au Portugal et ne constitue pas l'adaptation d'un autre style de construction européen. Les premiers bâtiments dénotent des éléments maures. Les maîtres d'œuvre des fortifications portugaises sur la côte marocaine s'étaient également inspirés de l'architecture locale. Plus tard, les motifs de navigation prédominent : nœuds, cordages et coraux. La fenêtre de Tomar représente le summum de la décoration manuéline. Pourtant, la rosace que l'on a tendance à oublier et qui est située au-dessus de cette fenêtre nous révèle parfaitement le leitmotiv de cette forme architecturale : l'artiste a réussi à sculpter une voile gonflée par le vent et retenue par des cordages.

La décoration des portails et des fenêtres ainsi que les ramifications des voûtes est considérée comme typiquement manuéline. Les clefs de voûte sont ornées des initiales royales ou de figures allégoriques. La sphère armillaire (représentation des cercles célestes depuis Platon) est un motif fréquent, utilisé comme symbole de la terre, sa rotation et son orientation dans le "nouveau monde".

Les édifices non religieux, comme les hôtels de ville de Viana do Castelo et de Guimarães, la tour de Belém et des parties du palais de Sintra sont de style manuélin. Les motifs varient selon la région. Par exemple, dans L'Alentejo, on préfère les motifs ruraux comme les céréales, artichauts, feuilles, et le cordage est remplacé par la cordelette de la chasuble franciscaine.

L'architecte manuélin le plus réputé au Portugal fut le Français Boytaca, qui fut maître d'œuvre auprès de la cour pendant plus de 20 ans. Il est à l'origine de nombreux monuments comme le couvent de Jesús à Setúbal, le cloître du silence de Santa Cruz à Coimbra, l'église de Golegã et le cloître des Hiéronymites à Belém. Manuel Fernandes construisit la chapelle inachevée de Batalha, les frères Diego et Francisco de Arrida bâtirent l'église de Tomar, la tour du port de Belém et certaines parties du palais royal de Sintra. Le Basque João de Castillo prit en charge l'achèvement du couvent de Belém après Boytaca.

Ci-contre : le cloître du monastère des Hiéronymites à Belém, magnifique exemple d'art manuélin.

LA LITTÉRATURE PORTUGAISE
De l'amour chevaleresque du XIIe siècle à la misère du travailleur rural du XXe siècle.

Les petits poèmes d'amour du XIIe siècle sont les premières œuvres littéraires du Portugal. Ces *cantigas* racontent en général des amours malheureuses sous la forme d'un dialogue entre les amants et la mère. Environ 2000 de ces poèmes médiévaux furent rassemblés 200 ans plus tard dans des livres de chants appelés *cancioneiros.*

Le premier poète connu fut Paio Soares de Paiva. Il naquit en 1141, à l'époque où Afonso Ier était le premier roi du Portugal indépendant. Cent ans plus tard, Dom Dinis se révéla être un roi poète. Il était le fondateur de l'université de Lisbonne et apportait son soutien à tout ce qui concernait les beaux-arts. Son fils naturel, Pedro, comte de Barcelos, est le dernier poète à figurer dans la précieuse collection des *cancioneiros.*

Après la bataille d'Aljubarrota et le début de règne des Aviz en 1385, le royaume éprouvait le besoin de se former une identité et de créer sa propre histoire écrite. Le roi Duarte Ier chargea alors **Fernão Lopes** (1380-1460) de rédiger une chronique qui devait remonter jusqu'à la régence de Pedro Ier, c'est-à-dire couvrir presque un siècle. L'auteur fit de l'histoire du Portugal une étude sociale et il ajouta des détails dramatiques à certains épisodes, comme par exemple l'histoire d'Inés de Castro ou bien celle de Leonor de Teles. Cette chronique fut une base d'inspiration pour les écrivains ultérieurs, tels Camões ou Herculano.

À la fin du XVe siècle, la technique de l'imprimerie fit son apparition au Portugal. Le premier livre du pays fut imprimé en 1487 à Faro. Peu après, les Portugais avaient atteint Calcutta par la voie maritime. Les découvertes de nouveaux pays et la généralisation d'ouvrages imprimés s'accélèrent parallèlement, à la même vitesse vertigineuse. En 1550, 1000 titres avaient paru, la moitié d'entre eux étant des ouvrages théologiques, et 10%, des ouvrages scientifiques.

Gil Vicente (1465-1536) est un nom célèbre de cette époque. Il était tout d'abord orfèvre à la cour, puis on lui donna la charge d'organiser les réceptions et les festivités. Cette nouvelle fonction l'incita à écrire et à mettre en scène des pièces de théâtre. On connaît 44 pièces écrites de sa main, pour la plupart des pièces bouffonnes à caractère satirique. **Antonio Ribeiro Chiado**, qui a donné son nom au quartier des artistes à Lisbonne, suivit son exemple ainsi que **Bernardim Ribeiro** (1482-1552), qui décrit son amour malheureux pour sa cousine dans l'*Historia de Menina e Moça.* À la même époque, **Francisco Sá de Miranda** (1485-1558) introduisait la poésie italienne au Portugal.

Les grandes découvertes inspirèrent **Luis Vaz de Camões** (1524-1580). Ses *Lusiades* devinrent la plus grande épopée portugaise. L'ouvrage décrit le voyage de découverte de Vasco de Gama en Orient et retrace parallèlement toute l'histoire du Portugal et sa géographie. Des pièces de théâtre et des poèmes complètent l'œuvre de Camões, qui mena une vie assez mouvementée : Il perdit un œil lors de la prise de Ceuta, et sa liaison amoureuse avec Catalina de Athayde – elle-même mariée – lui valut quelques années d'exil à Constância.

Les liens étroits unissant les littératures française et portugaise sont très apparents dans le personnage de la nonne **Mariana Alcoforado** (1640-1723) dont les *Lettres Portugaises*, des lettres d'amour adressées du couvent de Beja au marquis de Chamilly, firent, comme on peut s'imaginer, scandale. Rilke traduisit ces missives dont le contenu lui permit de prétendre que seules les femmes sont en mesure d'aimer vraiment. Aujourd'hui, l'identité de l'auteur de ces lettres est très contestée ; on les attribue au Français Gabriel-Joseph Guillerague (1636-1715).

Ci-contre : Fernando Pessoa en statue de bronze devant le café "A Brasileira" de Lisbonne.

Manoel Barbosa de Bocage (1765-1805), de Setúbal, écrivait des sonnets et des poèmes romantiques. Il fut étudiant, soldat et aventurier, vécut à Lisbonne, au Brésil et à Goa et travailla à la bibliothèque nationale. Ses satires lui apportèrent la renommée que l'on connaît.

Les romantiques de la littérature portugaise s'inspiraient des idées de la Révolution Française. Ses principaux représentants, **Juan Bautista da Almeida Garret** (1799-1854) et **Alexandre Herculano** (1810-1877) vivaient en exil, mais ils n'hésitèrent pas à revenir à Porto pour lutter contre les miguélistes qui faisaient le siège de la ville. **Camilo de Castelo Branco** (1825-1890) s'inspira de la vie de son grand-père pour son roman *Amor di Perdiçao*. Il l'écrivit à la prison de Porto où il devait expier une peine à cause d'une affaire amoureuse.

En 1862, les étudiants de Coimbra manifestèrent contre les structures archaïques de leur université. Ils exigeaient un "rayon de soleil, de liberté et de progrès et une place à la grande table des promesses libérales". Ce mouvement donna naissance au cercle littéraire de la "génération de 1870". La censure mit fin à ce cercle dont le legs est une image complète et variée de la littérature portugaise au XIXe siècle. Les sonnets d'**Antero de Quenta**l (1842-1891) ont la réputation d'être les plus parfaits, et sont une réaction contre un romantisme désuet. Les romans d'**Eça de Queiroz** (1845-1900) décrivent la décadence de la société, critiquent le pouvoir du clergé, de l'aristocratie et de la bourgeoisie. **Manuel Guerra Junqueiro** (1850-1923), influencé par la France, était lui aussi considéré comme un critique rebelle. Dans la *Mort de Dom Juan*, il dénonce les exagérations romantiques, dans l'*Âge du père éternel*, il s'engage contre l'encroûtement de l'église, dans *Patrie,*

il critique la politique provinciale, et dans *Les simples,* le progrès de la mécanisation.

Le XXe siècle commença par un retour aux anciennes valeurs, et au *saudade*, cet état d'esprit nostalgique qui est si typique des Portugais. **Antonio Nobre** (1867-1903) et **J. Teixeira de Pascoães** (1877-1852) étaient à la tête du nouveau mouvement *saudosista* avec des poèmes philosophiques aux rimes musicales et harmonieuses.

Fernando Pessoa (1888-1935) est un des grands noms de la littérature mondiale. Son œuvre est un véritable réseau littéraire qui se compose de poèmes philosophiques sur le véritable sens de la vie. Ses livres ont été publiés sous différents pseudonymes : Ricardo Reis était son nom de latiniste dans une école inspirée d'Horace, Alberto Caeiro, son nom de lyrique réaliste, Alvaro de Campos, celui d'un prétendu ingénieur poète ; mais il finit par publier sous son propre nom.

Miguel Torga, décédé récemment (1907-1995), était issu d'une famille de paysans du Tras-os-Montes. Il a travaillé au Brésil et étudié la médecine dans des conditions financières très précaires. Loin des conventions littéraires, il décrit les diverses facettes de la réalité portugaise dans des articles de journaux, des récits, des nouvelles et des poèmes. Son journal personnel est son œuvre la plus parfaite et la plus complète.

Un des plus grands poètes portugais contemporains est **José Saramago**. Né en 1922 à Azinhaga, dans le Ribatejo, il a travaillé en tant que traducteur, éditeur et journaliste. Il doit sa renommée à ses pièces de théâtre, ses poèmes et ses romans. Toutes ses œuvres transmettent une image vivante des souffrances du peuple portugais au cours de l'histoire. *Espoir dans l'Alentejo ; Le mémorial ; L'année où mourut Ricardo Reis ; Le radeau de pierre* et *L'histoire du siège de Lisbonne* sont quelques-uns de ses romans principaux. Il a récemment fait paraître un album de photos relatant un voyage touristique au Portugal, dans lequel il décrit son pays de façon sensible et nuancée. Saramago a obtenu le prix Nobel de littérature en 1998.

SAUDADE ET FADO

Au XIVe siècle déjà, le roi Duarte, "l'éloquent", qualifiait de *saudade* cette tristesse innée et profonde et cette langueur qui viennent du fin fond du cœur. Bernadim Ribeiro quant à lui donne au XVIe siècle la définition de cette vague recherche intérieure en relatant l'histoire d'un gentilhomme qui chevauche le long de la plage et trouve un bateau abandonné. Il monte dans ce bateau et se dirige vers le large à la rame.

Le vague à l'âme, l'amour malheureux, la mélancolie, l'envie de partir quand on regarde la mer – ces sentiments se retrouvent dans la poésie de tous les pays. Mais au Portugal, cette attitude mélancolique du *saudade* dans la littérature, la musique, les beaux-arts et dans les étapes de la vie quotidienne sont un trait de caractère national. C'est aussi une nostalgie, un véritable besoin de se rappeler les moments heureux ou malheureux.

Ci-dessus et ci-contre : le fado, ce sont des chants nostalgiques et mélancoliques.

Cet état d'esprit est aussi le principal thème du *fado* de Lisbonne. Il n'est aujourd'hui pas possible de dire quand le *fado* est vraiment apparu. Ce qui est sûr en revanche, c'est que des jeunes filles et des femmes du peuple le chantaient au début du XIXe siècle à la *casa de fado* de Lisbonne. Ces maisons à *fado*, répandues dans les quartiers d'Alfama et de Mouraria, étaient des sortes de cabarets faisant souvent office de maisons closes. Le *fado* devint populaire vers 1840, lorsque le jeune comte Vimioso tomba amoureux de la *fadista* María Severa, une jeune prostituée et chanteuse, et que diverses couches de la société commencèrent à s'intéresser à cette musique. Le *fado*, selon l'anthropologue Joaquím País, c'est "la nuit, la douleur, la solitude, la tragédie de la vie, les personnes vivant les unes à côté des autres sans jamais se rencontrer, mais aussi la solidarité, la pitié, la tendresse."

Alors que le *fado* de Lisbonne était essentiellement chanté par des femmes, celui de Coimbra est réservé exclusivement aux voix masculines. Des étudiants vêtus de capes noires, les *capas*, y chantent le *fado* comme des sérénades. Les textes sont plus lyriques et empreints de critique sociale.

Les *fados* des deux villes sont accompagnés des mêmes instruments : la *viola*, la guitare classique, et la *guitarra* à 12 cordes qui rappelle le luth et qui doit son origine à la *cistre*, importée d'Angleterre.

Ce n'est qu'au XXe siècle que le *fado* put faire son entrée dans les salons, grâce aux prestations d'une grande dame de ce genre, Amalia Rodrigues, sur toutes les scènes de la planète. Dès les années 1940, toujours vêtue de noir, elle remplit de sa voix résonnante et passionnée les grandes salles de concert que l'on n'avait réservées jusqu'à présent qu'aux grands interprètes classiques. Lorsqu'Amalia Rodrigues fit la conquête des scènes de la musique pop dans les années 1960, au Lincoln Cen-

ter de New York ou à l'Olympia de Paris, le *fado* devint aux yeux du monde entier le synonyme et le symbole de la culture portugaise ; il vint constituer ce que les opposants au régime Salazar appelaient les "trois F" qui abêtissent le peuple : *fado*, Fátima et football.

Un étudiant issu d'une famille simple, né en 1929, José Afonso, s'était fixé pour but de combattre cette classification du *fado* comme folklore idiot. Il commença sa carrière comme chanteur de *fado* à Coimbra, et développa bientôt un style propre avec des chants relatant les réalités du quotidien portugais. Il imposa également son style musical, qui se basait sur le *fado*, et embrassa le folklore de l'Alentejo ainsi que des nuances brésiliennes et africaines, lieux de son enfance. Ses chansons trouvaient leurs racines dans les mouvements ouvriers, et lui valurent en peu de temps une grande popularité ; ses ballades eurent bientôt la réputation d'inciter à l'agitation révolutionnaire. On pouvait acheter au noir, dans les bars étudiants de Coimbra, les enregistrements sur cassette de ses concerts. Afonso alla plusieurs fois en prison. Ce n'est pas un hasard si sa chanson *Grandola, vila morena*, fut choisie comme signal de déclenchement de la Révolution des Œillets, le 25 avril 1974. José Afonso mourut en 1987 en laissant une œuvre de taille, avec des chansons qui sont maintenant la base du folklore moderne au Portugal. Sa musique ainsi que celle d'Amália Rodrigues ont placé haut la barre de la qualité pour les nouvelles générations de musiciens et de chanteurs.

Les nouvelles voix du *fado*, comme celles de Dulce Pontes ou Misia, prouvent qu'il est possible de puiser chez les vieux maîtres, tout en ayant son propre style. Le *saudade* mélancolique transparaît tout autant dans ces chants que dans la musique instrumentale du groupe *Madredeus*, dirigé par le poète Pedro Ayres ; le groupe est merveilleusement accompagnée par la remarquable voix de Teressa Salgueiro, devenue célèbre grâce au film de Wim Wenders, *Lisbon Story*. Depuis quelques années, une jeune fadista, Mariza, semble être le nouvel espoir du *fado*.

ALTERNATIVES À L'HÔTEL
Pousadas & co.

Passer ses vacances au Portugal, c'est beaucoup plus que ce que l'on trouve dans un catalogue de vacances standard. Si vous ne recherchez que le soleil et la mer, vous trouverez les offres d'hôtel correspondantes dans tous les catalogues des grandes agences de voyage – mais alors vous vous limiterez aux zones touristiques de la côte.

À peu de kilomètres des endroits touristiques, dans l'arrière-pays ou au centre du pays, on trouve des possibilités de logements individuelles, des appartements ou des maisons de location. Les informations à ce sujet se trouvent dans les petites agences de voyage spécialisées ou sur place, au *Posto do Turismo*.

Si vous effectuez un circuit à l'intérieur du pays, vous descendrez de préférence dans les *albergarias* et *estalagens*, auberges et pensions. En-dehors de la haute saison (juillet et août) et des jours fériés (Pâques, carnaval, 25 avril, 10 juin, 5 octobre, 1er et 5 décembre), elles disposent presque toujours de chambres libres.

Ci-dessus : les pousadas du Portugal. Ci-contre : la Quinta de Pomarchão à Arcozelo ; l'ancien domaine héberge des visiteurs.

Être l'hôte des rois

Si vous tenez à réserver votre chambre à temps et ne craignez point les coûts plus élevés, vous ferez bien de choisir l'une des belles *pousadas* du pays. La traduction littérale de *pousada* est "lieu de calme et de repos", et c'est exactement ce que le visiteur y ressent lors de son séjour.

Sur les 43 *pousadas* qui ont ouvert leurs portes depuis 1942, bon nombre est installé dans des châteaux restaurés, des palais ou des couvents. C'est ici la concrétisation de l'idée qui se cachait derrière la création des *pousadas* : restaurer et conserver des bâtiments historiques en leur donnant une nouvelle fonction. On établit aussi des *pousadas* dans de vieilles maisons patriciennes au cœur des cités historiques. Ou bien, autre idée de base, on décida de créer des structures d'hébergement dans des sites isolés, mais situés dans de beaux paysages.

C'est ainsi que certains édifices plus récents, comme par exemple le bâtiment de fonction occupé par l'ingénieur en chef d'un projet de barrage, trouvèrent un nouvel usage après avoir été libérés. Certaines *pousadas* sont très petites, comme la Pousada do Castelo, à Óbidos, où il faut avoir de la chance pour obtenir une chambre. Il est très important pour les élèves diplômés des écoles hôtelières de pouvoir faire preuve de leurs qualités professionnelles en obtenant un emploi dans une *pousada*.

Si un séjour dans une *pousada* n'est pas inscrit au programme ou au budget de vos vacances, il faudra au moins aller y déjeuner ou dîner un fois, et faire bonne chère comme les rois d'antan.

Être l'hôte de la noblesse terrienne

Une alternative intéressante aux *pousadas* est le séjour dans un domaine rural, qui peut se présenter sous forme de chambre privée dans un petit palais luxueux, dans des domaines seigneuriaux ou des domaines vinicoles romantiques. Ces séjours sont organisés par le *Turismo no Espaço Rural*, l'Office du tourisme rural. Cette idée vit le jour vers 1980. Comme la plupart de ces maisons sont classées monuments historiques, mais que les propriétaires n'ont pas les moyens de les rénover et d'y faire les installations nécessaires, l'État met à leur disposition des crédits avantageux, s'ils ouvrent leur demeure au tourisme. Les transformations, les réparations et l'agencement sont effectués sous la surveillance d'architectes et historiens d'art agréés par l'État.

Ces maisons sont classées en trois catégories : *Turismo de habitação (TH)*, qui comprend les demeures seigneuriales, les petits palais et les manoirs dotés d'un bel intérieur ; par *Turismo rural (TR)*, on entend les maisons de caractère régional typique dans un cadre campagnard, dans ou à proximité d'un village ; il en va de même pour *Agroturismo (AG)*, dont les maisons et annexes rappellent nos gîtes ruraux.

Toutes ces maisons portent un insigne de cuivre à leur entrée, avec le symbole officiel *TER* de la *Direcção-Geral do Turismo*. Le nombre de ces demeures se monte de nos jours à 300 adresses, réparties dans toutes les régions, y compris Madère et les Açores. La liste des adresses peut s'obtenir sur demande auprès de la chambre de commerce et de tourisme portugais à Paris ; vous pouvez aussi vous renseigner auprès de votre agence de voyage.

Dans certaines maisons, une domestique impeccable vient servir le petit déjeuner avec beurre et miel fait maison, dans d'autres, on peut profiter du parc ou monter un cheval de l'écurie. Beaucoup ont des vélos à louer, toutes proposent un jardin et souvent une piscine. Il n'est pas rare que les propriétaires habitent une aile de leur propriété et, si on le souhaite, on peut prendre part à la vie familiale.

NATURE ET RANDONNÉE

Au cours des dernières années, le Portugal a placé plus de 40 000 ha de son territoire continental sous protection des paysages et de la nature. L'objectif de ces mesures consiste à freiner la dégradation de zones de grand intérêt culturel très fréquentées par le tourisme. C'est le cas des environs de **Cascais** et **Sintra**, de la **Serra do Açor** à l'est de Coimbra, de la zone aux fossiles de la **côte Arrábida** ainsi que de toute la côte escarpée du sud-ouest de l'**Alentejo** et de l'ouest de l'**Algarve**.

La protection est plus restrictive sur les **réserves naturelles**. Le fragile équilibre écologique des dunes de **São Jacinto**, de l'embouchure du **Tage** et du **Sado**, des régions de noue de **Sapal** près de Castro Marim, de l'estran de la **Ria Formosa**, des rives du **Mondego** ou de la **forêt méditerranéenne** de Malcata, à la frontière espagnole, est extrêmement menacé à l'heure actuelle. Il n'y a pas de sentiers de randonnée dans ces zones car elles ne doivent pas devenir le but d'excursions.

Le **Parc national de Penda-Gerês** s'étend sur les deux rives du Lima, le long de la frontière nord du Portugal. Les meilleurs points d'accès sont Castro Laboreiro, Arcos de Valdevez, Lindoso, Caldas de Gerês, et, tout à l'est et peu fréquenté, Montalegre. Peu de sentiers balisés sillonnent cette imposante région montagneuse entre lacs et ruisseaux, par contre la plupart des villages sont reliés les uns aux autres par des pistes tout à fait adaptées à la marche. On citera par exemple la randonnée de 5 heures qui mène de Cabril à Paradela et le chemin qui va du poste frontalier de Portela do Homem aux mines oubliées de Wolfram, au pied du point culminant du parc, l'Altar de Cabrões (1583 m).

Le parc naturel de **Montezinho** est peut-être le plus beau du Portugal. Cette région frontalière est boisée de chênes, de pins, de bruyère, de buissons, de rosiers, et les versants de ses montagnes se transforment en paysages doux, ornés de pâturages, de ruisseaux clairs et de villages restés authentiques. Au moins deux douzaines de moulins y ont été conservés. En partant de Vinhais ou Bragança, on peut faire des excursions d'une journée ou plus pour visiter la région.

La **Serra de Alvao** se situe au nord de Vila Real et impressionne par ses villages demeurés intacts depuis des siècles, où l'artisanat traditionnel comme le travail du chanvre ou la poterie à base de glaise noire ont subsisté. Le domaine forestier est assez solitaire et permet au randonneur de découvrir des coins tranquilles et des panoramas vraiment magnifiques.

Le **parc naturel de Serra da Estrela** englobe la quasi totalité du massif du même nom, ses formations variées et ses nombreux lieux d'excursions. En partant de Manteigas et de Gouveia, on peut se lancer dans des randonnées allant d'un à trois jours qui mènent de la vallée verdoyante d'Alva aux bizarres Penhas Dourados, en traversant le paysage montagneux sous toutes ses facettes. L'escalade du sommet du Torre (1993 mètres) est aussi possible. Il existe une excellente carte de randonnée consacrée au parc naturel.

Les **Serras de Aire et Candeeiros** sont deux chaînes de montagnes au sud de Porto do Mós et Fátima, atteignant à peine 700 mètres d'altitude ; elles constituent l'unique zone karstique du Portugal et abritent les grottes calcaires d'**Alvados**, de **Mira de Aire** et de **Santo António** ainsi que les salines romaines de Fonte da Bica.

À l'ouest de Setúbal, la **Serra da Arrábida** semble jaillir de la mer, un petit mont recouvert de maquis. Son unique route est souvent encombrée de voitures mais on est rapidement seul si on la quitte de quelques mètres. À chaque croisement et virage, on dé-

Ci-contre : en voyage au Portugal avec un sac à dos.

couvre un paysage merveilleux sur l'embouchure du Sado. La montée vers les jolis sites de villégiature près de Vila Fresca de Azeitão, sur le flanc nord, aussi bien que la descente vers les petites baies de sable sur le flanc sud sont des randonnées absolument gratifiantes.

La **Serra de São Mamede** est une zone montagneuse aride, traversée ça et là de quelques plantations de chênes-lièges, au nord-est de l'Alentejo, entre les jolies fortifications de Castelo de Vide, Marvão, Portalegre et Arronches. C'est surtout au printemps qu'il faut visiter cette région, lorsque la nature est encore verdoyante et que les ruisseaux sont remplis d'eau.

La **Serra do Caramulo** n'a pas été déclarée parc naturel, mais elle mérite que l'on y fasse quelques randonnées ; elle est située tout à côté de la magnifique région de Buçaco. Même chose pour la **Serra do Marão** qui est au nord du Douro, entre Mesão Frio et Vila Real, et se caractérise par des ruisseaux propres, des vignes, des villages accueillants et une excellente gastronomie. La **Serra de Montemuro** est un but de vacances idéal au sud du Douro, derrière Lamego. Depuis Castro Daire, on peut faire des promenades et randonnées de 30 minutes à 5 heures, toutes signalisées par des panneaux de couleur, qui vous mèneront à de vieux moulins, des lieux de baignade dans le fleuve, des petites églises romanes et des croix en pierre, de beaux sites panoramiques et des villages cachés qui pratiquent un artisanat séculaire.

Les amateurs de baignade et de plage de l'**Algarve** ne doivent pas nécessairement renoncer aux plaisirs de la randonnée. L'Algarve rocheuse offre de superbes sentiers de falaise ; entre Lagos et Salema, on peut longer la côte abrupte, et près d'Alte, Benafim et Salir, de beaux chemins de promenade conduisent à travers des forêts claires au pied de la montagne. La **Serra de Monchique** propose quelques circuits, par exemple de Monchique à la station thermale Caldas de Monchique, au sommet du Picota, sur le point culminant, le Foai (902 m), ou encore jusqu'à Pé do Frio.

PRÉPARATION AU VOYAGE

Formalités d'entrée

Pour les Européens, il n'est pas nécessaire de posséder un visa. Votre carte d'identité est suffisante pour un séjour de trois mois. Il n'y a plus de contrôles douaniers sur les avions en provenance des pays membres de l'U.E. Il est recommandé d'avoir une photocopie de sa carte d'identité dans sa valise pour pouvoir s'identifier en cas de perte.

Période de voyage / Climat

Le climat du Portugal est influencé par l'Atlantique, c'est-à-dire qu'il est doux. Il n'y a pas de grandes variations de température. Les étés sont chauds, même au nord du pays, et les pluies sont rarement longues ; par contre, le temps peut être brumeux et frais le soir (ne pas oublier de prendre un pullover !). En hiver, il peut geler dans les montagnes et les régions nord-est de Tras-os-Montes et de Beira Alta ; lorsque les température oscillent autours de 0°C, on peut y rencontrer de la neige. Pendant cette période, les pluies sont plus fréquentes dans le sud, mais elles ne durent jamais longtemps. À Lisbonne et sur la côte atlantique, la température hivernale atteint en moyenne 15°C et est souvent accompagnée de vent, alors que sur l'Algarve, un temps doux printanier domine généralement.

Pharmacie de voyage

Les pharmacies portugaises sont bien achalandées. Vous y trouverez tous les médicaments courants, bien que leurs noms diffèrent parfois du nom français. En cas de maladie chronique, il est préférable d'emporter ses propres médicaments ; conservez les emballages séparément, pour pouvoir racheter un médicament semblable en cas de besoin.

Voyager avec un animal domestique

Si vous désirez emmener votre chien, chat, il faut que vous ayez une attestation médicale récente, prouvant que votre animal a été vacciné contre la rage au cours des 12 derniers mois (et au moins un mois avant la date du départ).

SE RENDRE AU PORTUGAL

Par avion

Il y a trois aéroports internationaux sur la partie continentale du Portugal : Lisbonne, Porto et Faro. Toute l'année, Air France, les lignes portugaises TAP Air Portugal et Portugália assurent des vols réguliers quotidiens pour Lisbonne, plusieurs fois par semaine pour Porto. Faro est accessible en charter.

En voiture

De France, il faut compter entre un et deux jours de route pour se rendre au Portugal en voiture. Dans les villes espagnoles et portugaises, il est conseillé de ne pas laisser de bagages sans surveillance dans sa voiture, surtout la nuit.

Par le train

Pour aller à Lisbonne, il existe deux grandes lignes : l'une part de Genève, passe par Barcelone et Madrid, l'autre part de Paris en passant par Porto. Il y a des trains-voitures en partance de Paris pour Lisbonne ; à l'intérieur du pays, les lignes de Porto et de Lisbonne vers Faro ne sont en service qu'en été.

VOYAGER AU PORTUGAL

En voiture

Le code de la route correspond à celui du reste de l'Europe. L'alcool au volant est sévèrement puni : le seuil est de 0,5 m.p.l.

La vitesse dans les agglomérations est généralement limitée à 50 km/h, hors agglomération à 90 ou 100 km/h, et sur les autoroutes, à 120 km/h. Les enfants de moins de 12 ans doivent être assis à l'arrière de la voiture. Les ceintures de sécurité sont obligatoires, également pour les passagers à l'arrière. Les jeunes conducteurs qui ont leur permis depuis moins d'un an ne doivent pas dépasser 90 km/h.

Certaines autoroutes sont à péage (Auto Estrada) : l'autoroute *A1* va du centre du pays au nord (de Setúbal à Porto via Lisbonne). Les grands axes de circulation (Itinerário Principal = *IP*) et les routes secondaires (Itinerário Complementario = *IC*) sont bien indiquées.

Cartes routières : la carte routière Michelin N°. 437, échelle 1:400 000, est bien faite et très détaillée. Le club automobile portugais a toujours les cartes les plus récentes. Les cartes touristiques, échelle 1:600 000, sont aussi recommandées : elles indiquent tous les parcours IP et IC, les parcs naturels et les curiosités principales des diverses régions. Ces cartes sont disponibles dans les offices de tourisme.

En voiture de location

Il faut être âgé d'au moins 23 ans et être détenteur du permis de conduire depuis un an minimum pour pouvoir louer un véhicule.Toutes les grandes sociétés de location sont représentées au Portugal. Renseignements et locations avant le départ s'obtiennent aussi dans les succursales françaises. Les offres fly & drive (vol-voiture) sont souvent très avantageuses.

Dans les régions très touristiques de l'Algarve, de Lisbonne, de Costa de Prata, de Porto et dans la Costa Verde, de nombreuses sociétés régionales proposent des types de voiture similaires à des prix peu élevés.

Par le train

La société des chemins de fer portugais a agrandi son réseau de grandes lignes ces dernières années ; en revanche, certaines petites lignes ont été supprimées. Des trains express assurent les relations internationales avec le reste de l'Europe par l'Espagne, ainsi que de Porto vers Faro, via Lisbonne. Les voyageurs ayant plus de 65 ans ont droit à une réduction de 50% sur le tarif normal.

Il n'y a pas de liaison entre l'Algarve et Séville, car la ligne espagnole Ayamonte-Huelva a été supprimée.

En autobus

Toutes les grandes villes portugaises sont reliées les unes aux autres par des lignes de car express qui circulent souvent plusieurs fois par jour. Des navettes conduisent les voyageurs des petits villages vers la ville la plus proche. Les cars ne partent pas toujours d'une seule et même gare routière. Les billets doivent être achetés à l'avance. Les offices de tourisme et les cafés situés près des gares routières vous renseigneront sur les horaires.

À vélo

Au Portugal, il n'y a pas de pistes cyclables à proprement parler, mais d'innombrables petites routes secondaires qui se prêtent de façon idéale aux cyclotourisme. Les automobilistes portugais n'ont pas l'habitude des cyclistes, et ils conduisent souvent de façon risquée ; il faut donc être très prudent. Les véhicules motorisés ont la priorité sur les cycles !

En avion

Lisbonne est relié à Porto et Faro ainsi qu'aux îles Madères et aux Açores par des vols quotidiens.

COMPAGNIES AÉRIENNES :

Air France, aéroport de Lisbonne : tél. 808 202 800, fax 218 478942.

Swissair : Lisbonne, Av. de la Liberdade 38. Réservations : tél. 213 226 005. Aéroport de Lisbonne : tél. 218 483 014. Porto : 229 413 893. Faro : avec la TAP : tél. 289 800 200.

TAP-Air Portugal : Lisbonne, Praça Marques de Pombal 3, tél. 213 864 080, fax : 213 860 930. Aéroport de Lisbonne : tél. 218 489 182. Aéroport de Porto : 218 413 700. sale.conosco@tap.pt.

Portugália : aéroport de Lisbonne, Edif. 70, tél. 218 425 500, fax : 218 425 657.

LAR Linhas Aéreas Regionais : tél. 218 480 637.

Renseignements à l'aéroport de Lisbonne : tél. 218 413 700.

Service de navettes pour l'aéroport de Lisbonne: la *Linha Verde* (ligne verte) met environ 30 minutes pour aller de l'aéroport au Rossio (10 km) et à la Praça de Commercio. Les lignes 8, 22, 44 et 45 vont également de l'aéroport au centre et à Escoril / Cascais. Des taxis sont à la sortie de l'aéroport.

Navette pour l'aéroport de Faro : la ligne 18 mène à l'aéroport.

CONSEILS PRATIQUES

Achats

De nombreux articles sont meilleur marché au Portugal qu'en France : en particulier les produits textiles, le cuir de qualité, les vins, les céramiques, les carreaux de faïence et les agrumes, les amandes, les figues et l'ail, que l'ont peut facilement transporter par avion.

Les souvenirs typiques sont les objets en liège, en paille ou en osier, les nappes brodées ou tissées main, les céramiques, les coqs vernis, la porcelaine de Vista Alegre, le cristal d'Atlantis et les tapis d'Arriolos.

Banques

Les banques sont ouvertes du lundi au vendredi entre 8 heures 30 et 15 heures. Il faut présenter une pièce d'identité pour encaisser un chèque de voyage ou changer de l'argent. La plupart des distributeurs automatiques de billets acceptent les cartes de crédit courantes.

Coutumes vestimentaires

Il est recommandé de respecter les coutumes locales et de ne pas entrer dans les églises et lieux de pèlerinage en shorts, mini-jupes ou en décolleté.

Le naturisme est interdit au Portugal, mais, sur certaines plages isolées, il ne dérangera personne. Dans l'Algarve, sur les plages près de Lisbonne et de Porto, on peut s'exposer les seins nus.

Eau potable

L'eau du robinet est chlorée plus ou moins fortement dans tout le pays, mais elle est potable. Si on ne la trouve pas bonne, on peut recourir aux innombrables eaux de source, en bouteilles d'un litre et demi ou de cinq litres. On peut également acheter des bouteilles plus petites, d'eau gazeuse ou non (*agua mineral com / sem gás*).

Electricité

220V, les prises sont presque partout à norme européenne.

Heure locale

Le Portugal est à l'heure européenne occidentale, ou Greenwich Mean Time (GMT). Il faut donc retarder sa montre d'une heure lorsqu'on y va.

Heures d'ouverture

Les magasins sont habituellement ouverts de 9 à 13 heures et de 15 à 19 heures, le samedi, seulement le matin. Les centres commerciaux et les supermarchés sont ouverts tous les jours jusqu'à 22 ou 23 heures, y compris le week-end. Les heures d'ouverture des musées sont similaires – à peu d'exceptions près – dans tout le pays : de 10 à 12 heures 30 et de 14 à 17 heures. Le lundi, pratiquement tous les musées sont fermés, le mercredi, c'est le tour des palais.

Journaux

Dans toutes les grandes villes et lieux touristiques, on trouve des journaux internationaux datant en général de la veille ; cependant, on peut acheter la presse du jour à Lisbonne et sur l'Algarve.

Jours fériés

Les jours fériés nationaux sont les suivants : 1er janvier, Mardi Gras, Vendredi saint, 25 avril (jour de la Révolution des Œillets), 1er mai, jeudi de la Fête-Dieu, 10 juin (*Dia de Portugal*, anniversaire de la mort de Camões), 15 août, 5 octobre (proclamation de la République en 1910), 1er novembre, 1er décembre (indépendance du Portugal en 1640), 8 décembre (Immaculée Conception), 25 décembre. De par ailleurs, les villes et les villages ont leur fête patronale, qui donne lieu à des processions, des défilés et à de grands marchés.

Monnaie

La monnaie portugaise est l'euro.

Offices de tourisme

Pratiquement chaque localité a son office de tourisme *(posto do turismo)* qui vous aidera en cas de problème de langue, vous renseignera sur les excursions, les horaires, les foires et les fêtes, vous aidera à louer un vélo, une voiture ou une chambre et vous procurera des brochures.

Les heures d'ouverture correspondent aux heures habituelles des magasins. Dans les grandes villes et dans les centres touristiques, les offices de tourisme sont souvent ouverts toute la journée et tard le soir. Pendant la haute saison, ils sont également ouverts le week-end. Toutes les informations et brochures sont gratuites. On parle souvent l'anglais et le français.

Parcs naturels

Il y a un parc national et plusieurs parcs naturels et zones protégées au Portugal. Si vous désirez des informations plus précises, contactez le **Serviço Nacional de Parques**, Reservas e Conservação de Naturaleza, Rua Ferreira Lapa, 29, 1100 Lisboa.

Tous les parcs portugais ont des centres d'information, situés dans les bourgades avoisinantes, où vous pourrez vous renseigner sur les divers chemins de randonnée.

Pannes et accidents

L'Automobile-Club du Portugal (ACP), ayant passé des conventions avec les grands clubs d'Europe, assure des services de dépannage.

Police et services de secours : tél. 115 ; dépannage dans le sud du pays et à Lisbonne : 219 425 095, dans le nord et à Porto : 228 301 127.

Pharmacies

Les pharmacies *(farmácia)* ont des heures d'ouverture normales. On peut se procurer de nombreux médicaments sans ordonnance, comme par exemple les antibiotiques ; les pharmacies de service sont généralement indiquées aux portes des officines.

Poste

Les bureaux de poste sont ouverts du lundi au vendredi entre 8h30 et 18 heures. Par contre, ils sont fermés le samedi et le dimanche. Les kiosques portant l'emblème postal rouge vendent aussi des timbres, les cabines téléphoniques sont reconnaissables à leur signe CTT.

Pourboire

Il est normalement compris, mais il est de coutume de laisser au moins une partie de la monnaie de change. Lorsque le service ou le repas sortent vraiment de l'ordinaire, il faut laisser environ 10% de la note.

Repas

Le petit déjeuner est servi entre 8 et 10 heures, le déjeuner, entre 12 heures 30 et 15 heures, et le dîner à partir de 19 heures 30. Pour les petits creux, on peut profiter des *pastelarias* et des cafés.

Chaque restaurant est tenu de proposer ce que l'on appelle un menu touristique. Souvent, le plat du jour, *prato de dia*, de prix modeste, est servi rapidement. Si les portions sont trop importantes, on peut commander des demi-portions, *meia dose*. Avant le repas, on vous sert souvent du pain, du beurre, des olives et autres amuse-gueules qui seront facturés séparément sur la note.

Sécurité

Pendant la haute saison, les risques de vols à Lisbonne, Porto ou sur l'Algarve sont comparables à ceux d'autres régions touristiques d'Europe. Les gares, les transports publics, les marchés et les fêtes populaires sont particulièrement sensibles ; il faut s'y méfier des pickpockets et ne jamais laisser ses bagages dans sa voiture sans surveillance.

En cas de problème, les photocopies de vos documents personnels vous faciliteront les démarches. Déclarez chaque infraction (voiture, hôtel, camping) à la police qui vous remettra un duplicata pour votre assurance.

Services médicaux / Urgences

La qualité des services médicaux est bonne. Les hôpitaux ont des services de jour qui effectuent les traitements d'urgence souvent gratuitement. Dans les villes de Lisbonne, Porto et sur l'Algarve, un certain nombre de médecins parlent le français. Les consulats et les offices de tourisme disposent de leurs adresses. Le numéro d'urgence est le 112 (pharmacie de garde : 118).

Sport

Le climat constant et l'hiver doux dont bénéficie l'Algarve permettent la pratique de sport en plein air tout au long de l'année. De nombreux voyagistes portugais organisent, en partenariat avec les hôtels locaux, une série d'excursions à la journée ou à la demi-journée, en bus, en jeep ou en bateau ; le cyclotourisme, la randonnée à pied ou des forfaits de plusieurs jours alliant la jeep, le bateau et le vélo sont proposés surtout pendant la haute saison.

La **pêche** est très populaire au Portugal ; en bord de mer, on choisira entre la plage et le haut des falaises. Pour la pêche en eau douce, il faut être en possession d'un permis de pêche, valable pour une ou plusieurs régions, et que l'on obtient auprès des administrations suivantes : **Lisbonne** : Direcção Geral das Florestas, Av. João Crisostomo, 26, 1050 Lisboa, tél. 213 547 307, fax 213 146 740 ; **Porto** : Direcção Geral das Florestas, Av. De Fança, 291, tél. 228 175 96, fax 228 228 21 ; **Algarve** : Direcção Geral das Florestas, Rua Jerónimo Osório 1, 8000 Faro, tél. 289 822 273, fax 289 824 048.

Golf : il existe plus de 30 terrains de golf au Portugal, plus de la moitié d'entre eux étant situés dans l'Algarve. Le golf le plus ancien fut fondé au XIXe siècle, près de Porto.

Chasse : de nombreux domaines de chasse portugais sont ouverts aux touristes. Le permis de chasse est délivré par : **Instituto Florestal**, Av. João Crisostomo, 26, 1050 Lisboa, tél. 213 146 304, fax 213 124 981. Ce permis de chasse ne peut être obtenu que sur présentation d'une pièce d'identité ainsi que du permis de chasse de votre pays d'origine.

Parapente et **deltaplane** : vous pouvez obtenir des informations sur ces sports dans le nord du pays auprès de **Aluente / Desporto e Natureza,** Sentinela-Lanhelas, 4910 Caminha, tél./fax 238 727 017. Sur la Costa de Prata, adressez-vous aux clubs suivants : **Escola de Parapente de Alcobaça**, Praia do Salgado (entre Nazaré et S. Martinho do Porto), Tel. 244 450 111 et **Pára-Clube Naciconal Os Boinas Verde**, Major Casaca Ferreira, Escola de Tropas Aerotransportadas, 2275 Vila Nova da Barquinha, tél. 249 935 51/2/3, fax 249 321 720.
Parapente sur l'Algarve : **Desportos Aquaticos da Quinta do Lago**, 8135 Almansil, tél./fax 289 394 929. **Polvo Desportos Aquaticos**, Marina de Vilamoura, 8125 Quarteira, tél./fax 289 388 149. **Vila Sol Golf**, Alto do Semino, EN 396, km 24,8. 8125 Quarteira, tél. 289 301 295, fax 289 301 299. **Ski Molhado Limitada**, Vivenda Chico da Oura, Apartado 518, Areias de S. João, 8200 Albufeira, tél. 289 513 222, fax 289 542 116.

Rafting : **Escola de Rafting Atlantico**, R. Leandro Braga, 2-1°, 1070 Lisboa, tél. 213 855 413, et **Afluente / Desporto e Natureza**, Sentinela-Lanhelas, 4910 Caminha, tél./fax 238 727 017.

Équitation : vous pouvez monter dans tous les centres hippiques situés dans les environs des grandes villes, mais aussi dans les grands domaines de l'Algarve, dans l'Alentejo (www.moitanova.com) et le Ribatejo. Certains voyagistes proposent des séjours équitation.

Voile : un des sports favoris des Portugais. L'industrie de location de voiliers est en train de se constituer. Du nord au sud, le long de la côte, vous trouverez les Marinas de Viano do Castelo, Leixões / Porto, Figueira da Foz, Nazaré, Peniche, Lisbonne, Sines, Lagos et Vilamoura. C'est là que vous pourrez vous renseigner sur les possibilités de location.

Surf et planche à voile : toutes les stations balnéaires de l'Algarve ont des écoles de surf. Les domaines les plus intéressants pour pratiquer ce sport se situent le long de la côte ouest ; les vents les plus forts soufflent près de Sagres.

La plage de Guincho, au nord de Lisbonne, près de Cascais, est le point de rencontre des véliplanchistes internationaux ; de grandes compétitions y ont lieu. Pour les surfeurs, les vagues les plus fascinantes sont entre Peniche et Baleal. Écoles de surf sur l'Algarve : **Associação Naval Infante Sagres**, L. do Dique Av. 2, 8500 Portimão, tél. 282 222 92 et 282 417 529, **Polvo Desportos Aquáticos**, Marina de Vilamoura, 8125 Quarteira, tél./fax 289 388 149, **Luz Ocean Club**, Praia da Luz, 8600 Lagos, tél./fax 282 789 764.

Stations services

Un nombre suffisant de stations services proposent de l'essence sans plomb. Elles sont ouvertes jour et nuit sur les autoroutes, les routes principales, dans les grandes villes et les centres touristiques (ou du moins jusqu'à minuit). Gazole : *gasoleo,* super sans plomb : *gasolina sem chumbo*. L'essence normale, *normal,* n'est pas recommandée pour les véhicules européens récents, vu son faible taux d'octane.

Taxis

Les taxis présentent beaucoup d'avantages au Portugal ; ils sont bon marché, pratiques et prennent moins de temps que les transports en commun – surtout dans les grandes villes comme Lisbonne et Porto, où les parkings sont rares et où il est plus pratique de se déplacer sans sa voiture. Si vous faites des trajets en taxi en dehors des villes, par exemple pour vous rendre à l'aéroport de Faro, vous devrez payer aussi le trajet du retour.

Téléphone

Le meilleur marché est de téléphoner de la poste ou de cabines téléphoniques à carte, portant l'inscription de *crediphone*. Les télécartes, à partir de 50 unités, s'achètent dans les bureaux de poste, les magasins de journaux et les kiosques. Les communications avec l'étranger sont assez onéreuses. Pour appeler la **France**, composez le : 0033, pour la **Suisse**, le 0041, puis, dans les deux cas, le numéro sans le premier 0. Pour appeler le **Portugal**, composez le 00351, puis le numéro désiré.

Le **numéro des urgences**, gratuit, est au Portugal le 112.

Toilettes

Presque toutes les localités ont des toilettes publiques convenables. Des panneaux signalent leur emplacement : il suffit de suivre les indications *sanitarios* ou *lavabos*, on fait la différence entre les hommes, *homem* ou *senhores,* et *senhoras* ou *mulheres* pour les femmes.

ADRESSES

Ambassades et consulats

Ambassade de France : Rua Santos o Velo 5, 1249-079 Lisboa.
Tél. : 213 939 100, fax 213 939 151, www.ambafrance-pt.org.

Consulat Général de France : 123 Calçado de Marqués de Abrantes, 1200-718 Lisboa, tél. : 213 939 292, fax

213 939 222. **Porto** : Rua Antonio Bessa Leite, 1430-1er étage, 4150-0174 Porto. tél. : 226 078 220, fax 226 078 221, www.consulfrance-porto.org.

Ambassade de Suisse : 17 Traversa do Jardim, 1350-185 Lisboa, tél. 213 944 090, fax 213 955 945.

Ambassade de Belgique : 14 Praça Marques de Pombal, 6e étage,1200 Lisboa, tél. 213 170 510, fax 213 561 556, www.portugalvirtual.pt/ambabel

Ambassade du Portugal en France : 3 rue de Noisiel, 75116 Paris, tél. 01 47 27 35 29, fax 01 44 05 94 02, www.embaixada-portugal-fr.org

Offices du tourisme portugais

Office du commerce et du tourisme portugais : 135 boulevard Haussmann, 75008 **Paris**, tél. 01 56 88 30 80, fax 01 56 88 30 89, www.portugal-icep.fr ; 5 rue Joseph II, BP 3 1000, **Bruxelles**, tél. (02) 230 52 50, fax (02) 231 04 47, www.portugal.org ; Badenerstr. 15, 8004 **Zurich**, tél. (01) 241 03 00, fax (01) 241 00 12, www.portugalinsite.pt.

GLOSSAIRE

Alcáçar . . . . château
Alcáçova . . . . castel arabe
Anta . . . . dolmen
Barragem. . . . . lac de retenue
Câmara Municipal . . . hôtel de ville
Castelo . . . . castel
Castro . . . . . village celto-ibérique
Chafariz. . . . . . . fontaine baroque
Chromleque . . . . cromlech
Citânia . . . . village lusitanien
Convento . . . . couvent
Cruzeiro . . . . croix
Ermida. . . . . . . petite église isolée
Espigueiro . . grenier à grain en pierre
Fonte . . . . source
Igreja Matriz . . . . église paroissiale
Janela. . . . . vitrail
Judiaria. . . . . quartier juif
Manuelino . . . . style Renaissance très chargé
Menhir. . . . . menhir
Monte . . . . . ferme dans l'Alentejo
Mudejar architecture arabo-chrétienne
Padrâo grosse pierre commémorative
Parragem . . . . arrêt, station
Pelourinho. . . . . pilori
Quinta. . . . . grande ferme
Reconquista . . reconquête chrétienne
Romaria . . . . . . fête de pèlerinage
Sé. . . . . cathédrale
Serra . . . . montagne
Solar . . . . . . demeure seigneuriale
Talha dourada . Autel en bois sculpté doré, baroque flamboyant
Torre Menagem . . . . donjon

LEXIQUE

office du Tourisme . *posto do turismo*
poste. . . . . *correio*
médecin . . . . *médico*
toilettes . . . . . . *sanitarios, lavabos*
homme / femme . . . *homem / mulher*
Monsieur / Madame. *senhor / senhora*
carte postale / timbre. . . *postal / selo*
oui / non . . . . *sim / não*
merci (pour un homme) . . . *obrigado*
merci (pour une femme). . . *obrigada*
bonjour (jusqu'à midi) . . . . *bom dia*
bonjour (de 12h jusqu'à 20h) *boa tarde*
bonne nuit . . . . *boa noite*
excusez-moi . . . . *desculpe*
droite / gauche . . . *direita / esquerda*
avec / sans . . . . *com / sem*
beaucoup / peu . . . . . *muito / pouco*
plus / moins . . . . *mais / menos*
grand / petit. . . . . *grande / pequeno*
chaud / froid . . . . *quente/frio*
bon / mauvais. . . . . *bom / mal*
blanc / noir . . . . *branco / preto*
rouge / jaune . . . *vermelho / amarelo*
bleu / vert . . . . *azul / verde*
bon marché / cher . . . . *barato / caro*
ouvert / fermé . . . . *aberto / fechado*
tirer / pousser . . . . . *puxe / empurre*
je ne comprends pas . *não comprendo*
Où est...? . . . . *Onde é...?*
Combien coûte... . . . *Quanto custa?*
rue / chemin. . *rua, estrada / caminho*
place . . . . *largo, praça*
quartier . . . . *bairro*
station, arrêt . . . . *paragem*

marché aux puces . . . *feira da ladra*
antiquités . . . *velharias*
point de vue . . . *miradouro*
corrida . . . *tourada*
change . . . *cambio*
station service . . . *posto de gasolina*
sans plomb . . . *sem chumbo*
gazole . . . *gasoleo*
chambre / lit . . . *quarto/cama*
salle de bains . . . *casa do banho*
mal à la tête (à la gorge, à l'estomac) . . . *dores de cabeça (garganta, estômago)*
médecin . . . *médico*

Jours de la semaine

lundi . . . *segunda feira (2)*
mardi . . . *terça feira (3*
mercredi . . . *quarta feira (4*
jeudi . . . *quinta feira (5)*
vendredi . . . *exta feira (6)*
samedi . . . *sábado*
dimanche . . . *domingo*
semaine / mois . . . *semana / mês*

Nombres

un /deux . . . *um, uma / dois, duas*
trois / quatre . . . *três / quatro*
cinq / six . . . *cinco / seis*
sept / huit . . . *sete / oito*
neuf / dix . . . *nove /dez*
onze / douze . . . *onze / doze*
vingt . . . *vinte*
cent . . . *cem, cento*
cent vingt . . . *cento e vinte*
mille . . . *mil, conto*
deux mille . . . *dois mil, dois contos*

Au restaurant

carte . . . *ementa*
menu touristique . . . *ementa turistica*
serviette . . . *guardanapo*
couteau / fourchette / cuillère . . . *faca / garfo / colher*
assiette / tasse . . . *prato / chávena*
plat du jour . . . *prato do dia*
petit déjeuner . . . *pequeno almoço*
déjeuner . . . *o almoço*
dîner . . . *o jantar*
table de nuit . . . *sobremesa*
de la maison . . . *á casa, caseiro*
l'addition, s.v.p. . . . *a conta, faz favor*
pain / beurre . . . *pão / manteiga*
sucre / sel . . . *açucar / sal*
citron / orange . . . *limão / laranja*
huile / ail . . . *azeite / alho*
bouillon / soupe . . . *caldo / sopa*
jambon cru . . . *presunto*
jambon cuit . . . *fiambre*
olives . . . *azeitonas*
riz / pâtes . . . *arroz / massas*
pommes de terre . . . *patatas*
fromage . . . *queijo*
viande . . . *carne*
porc . . . *porco*
viande de bœuf . . . *bife, vaca*
veau . . . *vitela*
agneau . . . *borrego*
cochon de lait . . . *leitão*
lapin . . . *coelho*
volaille . . . *aves*
poulet / poule . . . *frango / galinha*
dinde / canard . . . *peru / pato*
poisson . . . *peixe*
thon . . . *atum*
sole . . . *linguado*
saumon . . . *salmão*
anguille . . . enguia
morue . . . *bacalhau*
lamproie . . . *lampreia*
colin . . . *pescada*
espadon . . . *espada*
truite . . . *truta*
crabe . . . *camarão*
langouste . . . *lagosta*
homard . . . *lavagante*
seiche / poulpe . . . *lula / polvo*
légumes . . . *legumes*
haricots verts . . . *feijão verde*
carottes / oignon . . . *senoras/cebolas*
salade composée . . . *salada mista*
boissons . . . *bebidas*
verre / bouteille . . . *copo / garrafa*
vin rouge / blanc . . . *vinho tinto/branco*
vin de la maison . . . *vinho da casa*
bière . . . *cerveja*
eau minérale . . . *agua mineral*
eau gazeuse . . . *agua com gás*
jus . . . *sumo*
café au lait . . . *café com leite*
thé citron . . . *chá com limão*
glace . . . *gelado*

AUTEURS

Dr. Gabriel Calvo, professeur de littérature espagnole et scénariste, a fait ses études à Bilbao et Madrid, et a enseigné à Cadiz, Séville, Nuremberg et Bayreuth. Aujourd'hui journaliste et écrivain, il vit à Madrid et en Allemagne. Ses études l'ont incité à entreprendre de nombreux voyages dans la Péninsule Ibérique et au Portugal. Ses textes solidement fondés sur l'histoire et la culture ont déjà enrichi les ouvrages *Nelles Guide Espagne du Nord* et *Espagne du Sud.*

Dr. Sabine Tzschaschel, chef de projet des deux guides Nelles *Espagne du Nord* et *Espagne du Sud*, auteur de nombreux articles de voyages, a fait ses études de géographie à Munich et a longtemps enseigné à l'université. Ses travaux portent essentiellement sur les aspects culturels et économiques du Portugal et de l'Espagne. Écrivain, elle a longtemps vécu à Madrid ; elle travaille aujourd'hui à l'Institut géographique de Leipzig.

Robin Daniel Frommer, journaliste de voyages, s'est chargé de l'actualisation de ce titre. Dans le cadre de ses recherches, il séjourne fréquemment au Portugal qu'il connaît particulièrement bien.

Jürgen Bergmann, archéologue et historien, est actuellement accompagnateur de voyages, auteur et rédacteur freelance auprès de diverses éditions de guides de voyages. Ses recherches sur place lui ont permis d'actualiser le chapitre consacré à Lisbonne.

CRÉDITS PHOTOGRAPHIQUES

Amberg, Gunda 36
Archiv für Kunst und Geschichte Berlin 12, 24, 27
Begsteiger, A. M. 115, 121, 150
Bergmann, Jürgen 65
Bondzio, Bodo 10
Calvo, Gabriel 17, 18, 19, 20, 29, 30, 42, 48, 59, 70/71, 75, 83, 88, 94, 95, 97, 99, 122, 130, 134, 135, 136R, 137, 138, 139, 140, 142, 143, 151, 161, 173, 175, 177, 186, 196, 198, 199, 204/205, 214, 224, 227, 228R, 229, 230, 231
Castor, Dietlind 241
Day, Roger 239
Ender, Klaus 92
Fischer, Peter 34/35, 43, 61, 235
Galikowski, Elisabeth 21, 74, 81, 159, 174, 237
Gaßner, Andreas 77, 96, 104, 128/129, 183, 185, 190/191, 197, 200, 201, 210, 218
Gruschwitz, Bernd 168, 228L, 233
Hackenberg, Klaus (Mainbild) 8/9
Heinicke, Mette 16, 119
ICEP Portugiesisches Touristikamt, Frankfurt 238
Janicke, Volkmar E. 79
Lyons, David 80
Master (PhotoPress) 64
Rein, Udo 26, 45, 49, 54, 102, 108/109, 120, Cover
Riethmüller, Robert 14, 47
Scheibner, Johann 33, 46, 52, 84
Skupy-Pesek, Jitka 136L
Stankiewicz, Thomas 222/223, 236
Stuhler, Werner 25, 160, 166/167
Thiele, Klaus 110, 114, 117
Thomas, Martin 100, 123, 154, 155, 187
Wackenhut, Jürgen 141, 146/147, 148, 156, 172, 176, 182, 184, 192, 206, 208, 209, 211, 215, 216, 217
Zegers, Michael 31, 56, 60.

HÉBERGEMENT

Les catégories hôtelières correspondent aux tarifs suivants :

ⓈⓈⓈ 80-200 €
ⓈⓈ 40-80 €
Ⓢ 20-40 €

Camping

Le guide du camping au Portugal est réédité tous les ans. On peut l'acheter sur place ou le commander à : **Roteiro Campista**, Apartado 3168, 1304 Lisboa.
Chaque terrain y est décrit minutieusement et doté d'une à quatre étoiles. La plupart des campings peuvent recevoir des caravanes, certains louent des chalets ou des bungalows.
Une organisation privée propose de nombreux terrains : **Orbitur**, renseignements et réservations, Rua Diogo do Conto 1, 1100 Lisboa, tél. 218 154 871, fax 218 148 045.
Liste très complète **de campings** sur le web : www.roteiro-campista.pt/listafr.htm.

Hôtels

Les hôtels sont classifiés par étoiles selon leur taille et leur confort : entre 1 étoile (très simple) et 5 étoiles (luxe).
Les autres catégories sont les suivantes:
Albergaria – auberge de campagne, studios.
Estalagem – hôtel de campagne de qualité.
Residencial – résidence, hôtel garni.
Pensão – pension
Casa de hóspedes – pension très simple.
Dormidas – possibilité de passer la nuit.
Selon la loi, chaque lieu d'hébergement est tenu d'avoir un livre de plaintes. Ce livre est remis à l'hôte sur demande.

Auberges de jeunesse

Pour pouvoir passer la nuit dans une auberge de jeunesse portugaise,(*pousada de juventude*), il faut avoir la carte internationale des auberges de jeunesse. Il y a des auberges dans toutes les grandes localités et les villes, ainsi que dans le parc national de Peneda-Gerês, le parc naturel de Serra Estrela et au cap de Sagres. Centrale de réservation au Portugal : Movijovem, Av. Duque D'Avila, tél. 213 596 000, fax 213 596 001, movijovem@mail.telepac.pt.

Pousadas

Depuis septembre 2003, le groupe hôtelier Pestana gère la majorité des pousadas (renseignements : www.pestana.com/EN), le reste étant encore entre les mains d'une organisation publique. Les pousadas sont classifiées en quatre catégories : les bâtiments plus récents, situés dans un bel environnement, ont la désignation B, dans un environnement historique, C, dans un site particulièrement beau (soit sur le plan historique, soit sur le plan du paysage) C Sup, et ceux qui sont situées dans des monuments historiques, CH. Les **prix** (2005) s'échelonnent entre environ 90 (B) et 165 € (CH) en hiver, entre 115 (B) et 205 € (CH) en été pour une chambre double avec petit déjeuner.
Certaines agences de voyage proposent des séjours dans des pousadas, aussi pour les voyageurs individuels. Réservations : **ENATUR**, Av. Santa Joana Princesa, 10, 1749 Lisboa, té l: 218 481 221, fax 218 058 46, ou bien par Internet : www.pousadas.pt.

Tourisme rural

TURISMO NO ESPAÇO RURAL (TER) est la désignation donnée aux quelque 400 chambres privées et appartements situés dans d'anciennes maisons seigneuriales, de grands domaines viticoles et des palais de nobles. Ces édifices ont été sélectionnés par une organisation publiqe et les travaux nécessaires ont été effectués sous contrôle. Toutes ces demeures portent la même plaquette. Elles sont classifiées en trois catégories différentes selon leur environnement et leur confort : *turismo de habitação* (TH, ⓈⓈⓈ) pour les maisons seigneuriales ou palais avec un bel intérieur, *turismo rural* (TR, ⓈⓈⓈ) pour les domaines et *agroturismo* (AT, ⓈⓈ) pour les grandes fermes et leurs annexes.
Un catalogue réédité tous les ans peut être acheté auprès de : **DGT – Direcção Geral do Turismo**, Av. António Augusto de Aguiar, 86, 1004 Lisboa Codex. Sur Internet : www.infocid.pt/turismorural.
De nombreux tours-opérateurs proposent ces demeures en programme individuel. On peut réserver directement chez le propriétaire ou bien auprès des associations de propriétaires : **PRIVETUR,** Associação Portugesa do Turis-

mo de Habitação, Travessa de Cima dos Quartéis, 24, 1200 Lisboa, tél. 258 743 923, fax 258 741 493, privetur@mail.telepac.pt.
TURIHAB, Associação de Turismo de Habitação, Pr. Da República, 4900 Ponte de Lima, tél. 258 942 729, fax 258 741 444, www.turihab.pt, info@turihab.pt.

2 LISBONNE

LISBONNE

ⓈⓈⓈ **Hotel da Lapa**, Rua do Pau da Bandeira 4, tél. 213 950 005, fax 213 950 665. Un ancien palais rénové dans le luxe, emplacement calme, le plus bel établissement de la capitale. **Hotel Avenida Palace**, Rua 1er de Decembro 123, tél. 213 460 151, fax 213 422 884. Bel édifice 1900, donnant sur le Rossio. **Albergaria Senhora do Monte**, Calçada do Monte 39, tél. 218 866 002, fax 218 877 783, élégant, belle vue.
Quinta Nova da Conceição, S. Domingos de Benfica, Rua da Cidade de Rabat 5, tél./fax 217 780 091. **Sofitel**, Avenida da Liberdade 127, tél. 213 429 202, fax 213 429 222, grand hôtel moderne, avec la meilleure brasserie de la ville, la Cais de Avenida.
ⓈⓈ **Hotel Rex**, Rua Castilho 169, tél. 213 882 161, fax 213 887 581. Hôtel soigné, très bon restaurant. **Hotel Miraparque**, Av. Sidonío Pais 12, tél. 213 524 286, fax 213 578 920, rue adjacente au Parque Eduardo VII. **Hotel Britânia**, Rua Rodrigues Sampaio 17, tél. 213 155 016, fax 213 155 021.
Ⓢ **Hotel Suiço Atlantico**, Rua da Glória 3, tél. 213 461 713, fax 213 469 013, bon hôtel. **Hotel International**, Rua da Betesga 4, tél. 213 466 401, fax 213 478 635. **Residencial Dom João**, Rua José Estevão 43, tél. 213 144 171, fax 213 524 569, dans le quartier Estefanía. **Residencial Dinastía**, Rua D. João V, tél. 213 880 670, fax 213 885 420, convenable.
⛺ **Monsanto**, Estr. Circunvalação, 1400 Lisboa, tél. 217 602 061, fax 217 607 474.

BELÉM ET LES BANLIEUES DE QUELUZ ET ODIVELAS

Belém

ⓈⓈ **Hotel da Torre**, Rua dos Jerónimos, 8, tél. 213 630 161, fax 213 636 262.

Queluz

ⓈⓈⓈ **Pousada D. Maria Ie**, Largo do Palácio de Queluz, tél. 214 356 158.

3 ENVIRONS ET PLAGES DE LISBONNE

LE NORD DE LISBONNE

TURISMO NO ESPAÇO RURAL (*TER*) = vacances en chambres d'hôtes, à la campagne. TH : maisons seigneuriales et palais (ⓈⓈⓈ), TR : domaines et manoirs (ⓈⓈⓈ), AT : fermes et annexes (ⓈⓈ).

Arruda dos Vinhos

TER : TH **Quinta de São Sebastião**, A do Barriga, tél. 219 512 340, fax 219 512 389.

Caldas da Rainha

ⓈⓈ **Hotel Caldas Internacional**, R. Dr. Figueiroa Rego, tél. 262 832 307, fax 262 844 482.
Ⓢ **Pensão Central**, Rua Dr. José Barbosa 22, tél. 262 831 914.
TER : TH **Quinta da Foz**, Foz do Arelho, tél. 262 979 369.
⛺ **Munícipal Foz do Arelho**, tél. 262 979 197, fax 262 978 333, (15.1-15.12).

Cascais

ⓈⓈⓈ **Hotel Albatroz**, Rua Frederico Arouca 100, tél. 214 832 821, fax 214 844 827.
ⓈⓈ **Hotel Baia**, Estrada Marginal, tél. 214 831 033, fax 214 831 095. **Hotel Nau**, R. Dra. Iracy Doyle, tél. 214 832 861, fax 214 832 866.
Ⓢ **Pensão Casa Lena**, Av. Eng. Adelino Amaro da Costa, tél. 214 868 743.
⛺ **Orbitur**, Guincho, tél. 214 871 014, fax 214 872 167.

Colares

Ⓢ **Hotel Miramonte**, Colares, tél. 219 291 230, fax 219 291 480.
TER : TH **Quinta da Capela**, Estrada de Monserrate, tél. 219 290 170, fax 219 293 425, (15.5-15.10). TR **Casa da Arcada**, Banzão-Colares, tél. 219 290 721.

Ericeira

ⓈⓈ **Hotel de Turismo**, Rua Porto Revez, tél. 261 864 045, fax 261 862 321.

Hotel Viazul, Calçada da Baleia, tél. 261 860 000, fax 261 862 927, www.hotelvilazul.net.

Mil Regos, Casal do Moinho Velho, tél. 261 862 706.

Estoril

Palácio do Estoril, Rua do Parque, tél. 214 680 400, fax 214 684 867.

Hotel Inglaterra, Av. de Portugal, tél. 214 684 461, fax 214 682 108.

Grande Hotel, Av. de Sabóia 488, tél. 214 663 301, fax 214 684 834.

Pensão Smart, Rua José Viana 63, tél. 214 682 164.

Lourinha

Estalagem Bela Vista, Rua D. Sancho Ier, tél. 261 414 161, fax 261 414 138.

Res. Figueiredo, Largo Mestre Anacleto Marcos da Silva, tél. 261 422 537.

TER : TH **Quinta de Santa Catarina**, Rua do Visconde de Palma de Almeida, tél./fax 261 422 313. AT **Quinta do Bom Successo**, Moita dos Ferreiros, tél./fax 261 459 520. TH **Quinta da Moita Longa**, Toxofal de Cima, tél. 261 422 385, fax 261 423 324.

Praia Branca, tél. 261 412 199, (1.6-30.9).

Mafra

Hotel Castelão, Av. 25 de Abril, tél. 261 812 050. **Pensão D. Fernando**, Quinta da Calada, tél. 261 855 204, fax 261 855 264.

Sobreiro, tél. 261 852 525, fax 261 813 333.

Óbidos

Pousada do Castelo, tél. 262 959 105. Estalagem Convento, R. D. João de Ornelas, tél. 262 959 217, fax 262 959 159.

Hotel Mansão da Torre, Casal do Zambujeiro, tél. 262 959 247, fax 262 959 051.

Pensão Martim de Freitas, EN. 8, tél. 262 959 185.

TER : TR **Casa do Poço,** Trav. da Rua Nova, tél. 262 959 358.

Peniche

Hotel Atlantico Golfe, tél. 262 750 700, fax 262 750 717. **Hotel da Praia Norte**, Av. Monsenhor Bastos, tél. 262 781 166, fax 262 781 165. *TER :* AT **Quinta das Tripas**, Atouguia da Baleia, tél. 262 750 250, fax 262 759 733.

Pinhal da Lagoa, tél. 262 789 529, fax 262 789 684. **Peniche Praia**, tél. 262 783 460, fax 262 789 447.

Rio Maior

TER : TH **Casa do Floral**, Rua da Boavista, tél. 243 992 610, fax 243 992 611.

Sintra

Hotel Palácio Seteais, tél. 219 233 200, fax 219 234 277.

Hotel Vale do Lobos, tél. 219 623 401, fax 219 623 419.

Hotel Central, Pr. da República 35, tél. 219 230 963.

Almornos, tél. 219 273 960.

AU SUD DU TAGE

Alcochete

Hotel Al Foz, Av. D. Manuel Ier 22, tél. 212 341 179, fax 212 341 190.

TER : TR **Casa de Mouzém**, Largo Gago Coutinho 1-2, tél. 212 342 066.

Azeitão

Estalagem Quinta das Torres, tél. 212 180 001, fax 212 190 607.

Hotel Club de Azeitão, tél. 212 182 267, fax 212 191 629.

Parque de Picheleiros, tél. 212 181 322.

Costa de Caparica

Hotel Costa da Caparica, tél. 212 910 310, fax 212 910 687.

Pensão Restauranta Capa Rica, Rua dos Pescadores 9, tél. 212 900 242, fax 213 541 427.

Inatel, Mata de S. João, tél. 212 900 306, fax 212 911 553, (16.1-15.12). **Almada**, Praia da Saúde, tél. 212 902 272, fax 212 911 633. **Piedense**, Praia da Mata, tél. 212 902 620, fax 212 914 518. **Orbitur**, Caparica, tél. 212 901 366, fax 212 900 661.

Montijo

Hotel Montijo Parque, Av. João XXIII 193, tél. 212 313 374, fax 212 315 261. **Pensão Havaneza**, Rua Manuel Neves, Nunes

Almeida 7, tél./fax 212 303 457. *TER :* **Palácio de Rio Frio**, tél. 212 319 701, fax 212 319 633.

Palmela

$$$ **Pousada de Palmela**, tél. 212 351 226.
$$ **Pensão Varanda Azul**, Rua Hermenegildo Capelo 3, tél. 212 331 451, fax 212 331 454.
TER : TR **Quinta do Chaparro**, Orvidais, tél. 212 350 431.

Sesimbra

$$$ **Hotel do Mar**, Rua Gen. H. Delgado 10, tél. 212 233 326, fax 212 233 888. **Est. dos Zimbros**, Cabo Espichel, tél. 212 684 954, fax 212 684 956.
$$ **Pen. Nautico**, Bairro Infante D. Henrique 3, tél./fax 212 233 233.
$ **Pen. Quinta do Rio**, Alto das Vinhas, tél. 212 081 043.
Forte do Carvalo, tél. 212 233 905, fax 212 232 862 (1.4-31.10).

Setúbal

$$$ **Pousada de São Filipe**, tél. 265 523 844.
$$ **Pensão Setúbalense**, Rua Major Afonso Pala 17, tél. 265 525 790, fax 265 525 789.
$ **Motel Campanile Setúbal**, Antiga Estrada de Algeruz, tél. 265 752 672, fax 265 772 464.
Parque Municipal, Praia da Saúde, tél. 265 522 475.

4 ALENTEJO

TURISMO NO ESPAÇO RURAL (*TER*) = vacances en chambres d'hôtes, à la campagne. TH : maisons seigneuriales et palais ($$$), TR : domaines et manoirs ($$$), AT : fermes et annexes ($$).

Alcácer do Sal

$$$ **Pousada D. Afonso II**, tél. 265 613 070. **Pousada do Vale do Gaia in Torrão**, tél. 265 669 610.

Aljustrel

$ **Residencial Meia Encosta**, Rua D. Filipa de Vilhena 30, tél. 284 601 760.
TER : AT **Monte Aguentinha do Campo**, tél. 284 655 506.

Alvito

$$$ **Pousada do Castelo de Alvito**, Largo do Rosio tél. 284 458 383, fax 284 485 383.
TER : TR Quinta dos Prazeres, Largo das Alcaçarias, tél. 284 485 170.
Parque da Markádia, Barragem de Odivelas, tél. 284 736 141, fax 284 763 102.

Arraiolos

$$$ **Pousada de Nossa Senhora da Assunção**, tél. 266 419 340.
TER : AT **Monte da Oliveiras**, Herdade da Oliveiras, tél. 266 499 507, fax 266 499 508. AT **Solar Cor de Rosa**, Rua de Melo Mexia 29, tél. 266 419 431.

Avis

TER : TR **Solar Santa Terezinha**, Rua de Machado dos Santos 24, tél. 242 412 588, fax 242 412 269. AT **Monte do Padrão**, Figueira-Barros, tél. 242 465 153, fax 242 465 327.

Beja

$$$ **Pousada de São Francisco**, Largo D. Nuno Álvares Pereira, tél. 284 328 441.
$$ **Pensão Cristina**, Rua de Mértola 71, tél. 284 323 035, fax 284 329 874.
Parque Municipal, Av. Vasco da Gama, tél. 284 324 328, fax 284 327 225.

Castro Verde

$$ **Aparthotel do Castro**, Rua Seara Nova, tél. 286 327 213.

Cavaleiro

$$ **Moita Nova**, tél. 283 647 357, fax 283 647 167, appartements avec cheminée, centre équestre, équitation et cours sur des pur-sang arabes, beau site, dunes, falaises, baie de sable, www.moita-nova.de.

Coruche

$$ **Pensão Quinta do Lago Verde**, Estrada da Lamarosa, tél. 243 617 560, fax 243 617 000.
TER : AT **Quinta Moura**, Fazenha dos Pelados, tél. 243 606 168.

Elvas

$$$ **Pousada Santa Luzia**, Av. da Badajoz, tél. 268 622 194.

$$ **Hotel Brasa**, Estr. de Badajoz, tél. 268 621 070, fax 268 621 072.
$ **Pensão Luso-Espanhola**, Rui de Melo, tél. 268 623 092.

Estremoz

$$$ **Pousada Rainha Santa Isabel,** tél. 268 332 075, fax 268 332 079.
$$ **Hotel Imperador**, Fonte do Imperador, tél. 268 332 727, fax 268 332 720.
$ **Pensão Restaurante Estremoz**, Rossio do Marquês de Pombal 15, tél. 268 228 343.
TER : AT **Herdade da Barbosa**, S. Bento do Cortiço, tél. 268 324 510, fax 268 333 675.

Évora

$$$ **Pousada dos Lóios**, Largo Conde Vila Flor, tél. 266 704 051, fax 266 707 248, www.pousadasofportugal.com/portugal/evora.html.
Evorahotel, Quinta do Cruzeiro, tél. 266 743 030, fax 266 744 284.
$$ **Hotel Santa Clara**, Trav. da Milheira 19, tél. 266 704 141.
$ **Pensão Giraldo,** Rua dos Mercados 27, tél. 266 705 833.
TER : TH **Casa de S. Tiago**, Largo Alex. Herculano 2, tél. 226 000 357, fax 226 000 357.
Orbitur, Estrada das Alcaçovas, tél. 266 705 190, fax 266 709 830.

Grândola

$$ **Pensão Vila Morena**, Av. Jorge Nunes, tél. 269 422 095.
$ **Pensão Restaurante Paraíso do Alentejo**, Rua D. Nuno Álvares Pereira, tél. 269 456 405.
TER : TR **Monte Cabeço do Ouro**, tél. 269 451 292.
Praia da Galé, tél. 269 979 100, fax 269 979 105.

Mértola

$ **San Remo**, Av. Aureliano Mira Fernandes.
TER : TR **Casa das Janelas Verdes**, Rua Dr. Manuel Francisco Gomes 40, tél. 286 612 145.

Monsaraz

$$$ **Estalagem de Monsaraz**, Largo de S. Bartolomeu, tél. 266 557 112, fax 266 557 101, www.maisturismo.pt/monsaraz. $$ **Hotel Rural Horta da Moura**, Estrada Monsaraz-Mourão, tél. 266 505 100, fax 266 505 108, www.hortamoura.pt.

Montemor-o-Novo

$$ **Pensão Sampaio**, Av. Gago Coutinho 12, tél. 266 892 237, fax 266 892 107.
$ **Casa Mateus**, Foros da Rosenta, tél./fax 266 892 763.
TER : AT **Herdade Comenda da Igreja**, (seulement du 15.8-15.2), tél. 266 847 104 et 214 831 946.

Moura

$ **Hotel de Moura**, Pr. Gago Coutinho 1, tél. 285 251 090, fax 285 251 091.

Odemira

$$ **Residencial Ondazul**, Zambujeiro, tél. 283 961 450.
$ **Pensão Rita**, tél. 283 322 531.
TER : TR **Monte da Alcaria do Clemente**, tél. 283 958 628, fax 283 958 659.
Parque do Sitava, tél. 283 899 343, 283 899 571.

Redondo

$$$ **Hotel Convento de S. Paulo**, Serra de Ossa, Aldeia da Serra, tél. 266 999 100, fax 266 999 104.
TER : AT **Quinta da Talha**, Estrada do Freixo, tél. 266 999 468, fax 213 963 753.

Santiago do Cacém

$$$ **Pousada de São Tiago**, tél./fax 269 822 459. $$ **Pensão Residencial Gabriel**, Rua Prof. Egas Moniz 24, tél. 269 822 245, fax 269 826 102, 23 chambres spacieuses.

Serpa

$$$ **Pousada de S. Gens**, tél. 284 544 724, fax 284 544 337.
$ **Pensão Beatriz**, Largo do Salvador 10, tél. 284 544 423, fax 284 543 100.
Municipal, près du stade de football, tél. 284 544 290, fax 284 540 109.

Sines

$$ **Aparthotel Sinerama**, Rua Marquês de Pombal, tél. 269 862 520, fax 269 634 551.
Pensão Veleiro, Rua Sacadura Cabral 19, tél. 269 634 751, fax 269 634 803.

Ⓢ **Carvalo**, Rua Gago Coutinho 13, tél. 269 632 019.

⛺ **Municipal**, Estr. do Farol, tél. 269 862 531, fax 269 632 992, (15.1-15.12).

Vidigueira

Ⓢ **Pensão Aveirense**, Rua Fialho de Almeida 36, tél. 284 841 31.

Vila Nova de Milfontes

ⓈⓈ **Pensão Quinta das Varandas**, tél. 283 996 155.

Ⓢ **Pensão do Cais**, Rua dos Carris 9, tél. 283 966 268.

⛺ **Campiférias**, tél. 283 996 409, fax 283 996 581. **Fontemira**, tél. 283 996 140, fax 283 996 104.

Vila Viçosa

ⓈⓈⓈ **Pousada Dom João IV**, tél. 268 980 742, fax 268 980 747.

TER : TH **Casa de Peixinhos**, Conceição, tél. 268 980 472, fax 268 881 348. TH **Casa dos Arcos**, Pr. de Martim Afonso de Sousa 16, tél. 268 985 18.

5 ALGARVE

TURISMO NO ESPAÇO RURAL (TER) = vacances en chambres d'hôtes, à la campagne. TH : maisons seigneuriales et palais (ⓈⓈⓈ), TR : domaines et manoirs (ⓈⓈⓈ), AT : fermes et annexes (ⓈⓈ).

Albufeira Ville

ⓈⓈⓈ **Hotel Boavista**, Rua Samora Barros, 20, tél. 289 589 175, fax 289 589 180.

ⓈⓈⓈ **Hotel Rocamar**, Largo Jacinto D'Ayet, tél. 289 586 990, fax 289 586 998.

Clube Albufeira, Alpouvar, tél. 289 5897627, fax 289 589 393, studios.

Pensão Vila Recife, Rua Miguel Bombarda, 6, tél. 289 587 182.

Ⓢ **Hotel Baltum**, Av. 25 de Abril, 26, tél. 289 589 102, fax 289 586 146.

⛺ **Clube Albufeira**, Alpouvar, tél. 289 589 505, fax 289 587 633.

Albufeira Areias S. João

ⓈⓈⓈ **Hotel Montechoro**, Av. Dr. F. Sá Carneiro, tél. 289 589 423, fax 289 589 947.

ⓈⓈ **Hotel da Aldeia**, Av. Dr, Sá Carneiro, tél. 289 588 861, fax 289 588 864.

Albufeira Falésia

ⓈⓈⓈ **Hotel Pine Cliffs Sheraton**, Pinhal do Concelho, tél. 289 500 100, fax 289 500 102. **Hotel Falésia**, Pinhal do Concelho, tél. 289 501 237, fax 289 501 270.

ⓈⓈ **Appartements do Parque**, Rua do Parque, tél. 289 502 812, fax 289 502 930.

Ⓢ **Aldeia Olympica**, Pinhal do Cocelho, tél. 289 501 267, fax 289 501 243.

Albufeira Galé

ⓈⓈⓈ **Hotel Galé Praia**, tél. 289 591 762, fax 289 591 436.

Aljezur

ⓈⓈⓈ TR **Corte de Pero Jacques**, Bordeira, tél./fax 282 968 583 ou 0931-503161.

Ⓢ **Hotel Vale da télha**, Aljezur, tél. 282 998 180.

⛺ **Serrão**, Aldeia Velha, tél./fax 282 998 612. **Municipal Aljezur**, tél. 282 998 444, (1.4-30.9).

Alte

ⓈⓈⓈ TR **Casa de Alte**, Largo da Igreja, tél./fax 289 478 426.

AT **Casa D'Alvada**, Benafim, tél. 289 472 153, fax 289 472 148.

ⓈⓈ **Hotel Alte**, Montinho, tél. 289 478 523, fax 289 478 646.

Alvor

ⓈⓈⓈ **Hotel Pestana Alvor Praia**, Pr. Três Irmãos, tél. 282 458 900, fax 282 458 975.

ⓈⓈ **App. Quinta Nova**, Sítio da Dourada, tél. 282 458 813, fax 282 459 313.

⛺ **Dourada**, tél. 459178, fax 282 458 002.

Armação de Pêra

ⓈⓈⓈ **Vilalara**, Praia das Gaivotas, tél. 282 314 910, fax 282 314 956.

Pestana Viking, Porches, tél. 282 320 500, fax 282 320 550.

ⓈⓈ **App. Rosamar**, R. D. João II, tél. 282 312 377, fax 282 315 008.

⛺ **Parque da Praia**, EN 269, tél. 312260, fax 282 315 379. **Canelas**, EN 125, tél. 282 312 612.

Carvoeiro

$$$ **Hotel Almansor**, Vale do Covo, tél. 282 358 026, fax 282 358 770.

Aparthotel Cristal, Vale de Centeanes, tél. 282 358 601, fax 282 358 648.

$$ **Algar Seco**, App. et villas, Rua das Flores, tél. 282 358 415, fax 282 358 299.

Faro

$$$ **Hotel Eva**, Av. da República, tél. 289 803 354, fax 289 802 304.

$$ **Casa da Lumea**, Praça Alex. Herculano 17-27, tél. 289 801 990, fax 289 804 019.

$ **Hotel Ibis**, Pontes de Marchil, tél. 289 806 771, fax 289 806 930.

Ferragudo

$$$ **Hotel Casabela**, Vale de Areia, tél. 282 461 580, fax 282 461 581.

Ferragudo, tél. 282 461 121, fax 282 461 355.

Lagoa

$$$ **Hotel Vila Vita Parc**, Alporcinhos, tél. 282 310 100, fax 282 315 333, www.vilavitaparc.com.

$$ **Motel Parque Algarvio**, EN 125, tél. 282 352 265, fax 282 352 278.

$ **Pensão São Nuno**, Estombar, tél. 282 352 385.

Lagos

$$$ **Hotel de Lagos**, Rua Nova da Aldeia, tél. 282 769 967, fax 282 769 920.

Alb. Marina Rio, Av. dos Descobrimentos, tél. 282 769 859, fax 282 769 960.

$$ **Hotel Meia Praia**, tél. 282 762 001, fax 282 762 008.

$ **Pensão Mar Azul**, Rua 25 de Abril, 13, tél. 282 769 143, fax 282 769 960.

Trindade, tél. 282 763 893, fax 282 762 558. **Espiche**, tél. 282 789 431, fax 282 788 578.

Loulé

$$ **Hotel Loulé Jardim**, Pr. Manuel de Arriaga, tél. 289 413 094, fax 289 463 177.

$ **Pensão Cíden**, Travessa do Mercado, 1, tél. 289 415 553.

Quarteira, Orbitur, tél. 289 302 821, fax 289 302 822.

Monchique

$$$ **Albergaria do Lageado**, Caldas do Monchique, tél. 282 912 616.

$ **Pensão Estrela de Monchique**, Rua do Poço Fundo, 46, tél. 282 913 111.

Monte Gordo

$$$ **Hotel Casablanca**, Rua 7, tél. 281 511 444, fax 281 511 999.

$$ **Hotel dos Navegadores**, Rua Gonçalo Velho, tél. 281 512 490, fax 281 512 872.

$ **Pensão Prómar**, Rua D. Francisco de Almeida, tél. 281 542 250.

Monte Gordo, tél. 281 542 588, **Cacela**, tél. 281 951 195, fax 281 951 548.

Olhão

$ **Hotel Ria Sol**, Rua General Humberto Delgado, 37, tél. 289 705 267, fax 289 705 268.

Fuseta, tél. 289 793 459, fax 289 794 034.

Portimão

$$$ **Meridien Hotel Penina Golf**, Penina, tél. 282 415 415, fax 282 415 000.

$$ **Hotel Tropimar**, Estrada do Alvor 84, tél. 282 415 034, fax 282 416 526.

$ **Pensão Afonso III**, Rua Bento Jesús Caraça, 7-9, tél. 282 414 504, fax 282 414 269.

Autres pensions à Portimão sur : www. portimo.de/algarve/pensionen.html

Praia da Rocha

$$$ **Hotel da Bela Vista**, Av. Tomás Cabreira, tél. 282 240 055, fax 282 415 369.

$$ **Hotel Jupiter**, Av. Tomás Cabreira, tél. 282 415 041, fax 282 415 319.

$ **Pensão Oceano**, Av. Tomás Cabreira, tél. 282 424 309.

Sagres

$$$ **Pousada do Infante**, Ponte da Atalaia, tél. 282 624 222, fax 282 624 225. $$ **Hotel da Baleeira**, Baleeira, tél. 282 624 212, fax 282 624 425. $ **Pensão Mira Sagres**, Vila do Bispo, tél. 282 639 160.

Silves

$$$ **Alb. Solar da Moura**, Horta da Pocinho Santo, tél. 282 442 627, fax 282 443 111. *TER :* AT **Quinta da Figueirinha**, tél. 282 442 671, fax 282 444 226.

Tavira

Hotel Eurotel, Quinta das Oliveiras, tél. 281 324 324, fax 281 325 571.
Pedras d'el Rei, Sta. Luzia, tél. 281 325 352, fax 281 324 020.
TER : TH **Convento de S. António**, Atalaia 56, tél./fax 281 325 632.
Ilha de Tavira, tél. 23505, fax 281 324 752.

Vale do Lobo / Quinta do Lago

Hotel Quinta do Lago, tél. 289 396 666, fax 289 396 393. **Hotel Le Méridian Dona Filipa**, Vale do Lobo, tél. 289 394 141, fax 289 394 288.
Aldeia do Mar, tél. 289 302 635, fax 289 302 642.

Vilamoura

Tivoli Marinotel Vilamoura, tél. 289 313 889, fax 289 389 869. **Estal. da Cegonha**, tél. 289 302 577.
Motel Vilamoura, tél. 289 302 975, fax 289 380 023.
Pensão Romeu, Quarteira, Rua Gonçalo Velho, 38, tél. 289 314 114.

Vila Real de Santo António

Estal. Oasis, Manta Rota, tél. 281 511 152, fax 281 951 660.
Hotel Guadiana, Av. da República, tél. 281 511 492, fax 281 511 478.
Hotel Apolo, Av. Bombeiros Portugueses, tél. 281 512 448, fax 281 512 450.

6 SUR LES RIVES DU TAGE

Abrantes

Hotel de Turismo, Largo de Santo António, tél. 241 361 261, fax 241 365 218.
Pensão Central, Pr. Raimundo Soares 15, tél. 241 362 422.
TER : AT **Quinta dos Vales,** Tramagal, tél. 217 976 175.
Martinchel, Castelo do Bode, tél. 241 849 262, fax 241 849 244, (18.1-16.11).

Castelo Branco

Colina do Castelo, Rua da Piscina, tél. 272 329 856, fax 272 329 759.
Hotel Rainha Amelia, R. de Santiago 15, tél. 272 326 315, fax 272 326 390.
Pensão Caravela, Rua do Saibreiro 24.
Municipal, EN 18, tél. 27221615, (2.1-21.11).

Castelo de Vide

Hotel Garcia d' Orta, Estrada de S. Vicente, tél. 245 961 100, fax 245 961 200.
TER : AT **Quinta da Bela Vista**, tél. 245 968 125, fax 245 968 132.
AT **Casa da Meada**, Herdade de Sto. Isidro, tél. 245 968 351, fax 245 968 116.

Constância

Pensão João Chagas, Rua João Chagas, tél. 249 739 403, fax 249 739 423.
TER : TH **Quinta de Sta. Barbara**, ancien couvent, tél. 249 739 214, fax 249 739 373.

Crato

Pousada Flôr da Rosa, tél. 245 997 210, fax 245 997 212.
TER : TH **Palacete Flor da Rosa**, Rua da Cruz 19, tél. 245 996 451, fax 245 997 286.

Entroncamento

Pensão Gameiro, Rua Abílio César Afonso, tél. 249 726 844, fax 249 718 708.

Fátima

Hotel de Fátima, Rua João Paulo II, tél. 249 533 351, fax 249 532 691.
Hotel Pax, Rua Francisco Marto 175, tél. 249 533 012, fax 249 532 618. **Pensão Floresta**, Estr. Batalha Cova Iria, tél. 249 531 466, fax 249 533 138.
Pensão Casa Vitoria, Rua Santa Ana 13, tél. 249 531 269, fax 249 532 099.

Golegã

TER : TH **Casa da Azinhaga** (Azinhaga), tél. 249 957 146. TH **Casa de Santo António da Azinhaga**, tél. 249 957 162, fax 249 957 122.
Parque de Campismo Municipal, tél. 249 976 222.

Marvão

Pousada de Santa Maria, tél. 245 993 201, fax 245 993 440. **Pensão Sever**, Portagem, tél. 245 993 318, fax 245 993 412.

Pensão Casa Dom Dinis, Rua Dr. Matos Magalhães, tél. 245 993 957, fax 245 993 959.
TER : AT **Quinta do Curral da Nora**, tél. 245 993 558, fax 245 993 765.

Ponte de Sôr

TER : TR **Herdade da Sanguinhera**, Longomel, tél. 242 283 379.
⛺ **Parque Campismo Municipal**, Barragem de Montargil, tél. 242 901 207, fax 242 901 220.

Portalegre

ⓈⓈ **Hotel D. João**, Av. da Liberdade, tél. 245 330 192, fax 245 330 444. **Pensão Quinta da Saúde**, tél. 245 202 324, fax 245 207 234.
Ⓢ **Nova**, tél. 245 331 212, fax 245 330 493.
TER : TR **Quinta da Fonte Fria**, tél. 24525471.
⛺ **Orbitur**, Quinta de Saúde, tél. 245 308 384, fax 245 308 385, (16.1-15.11).

Santarém

ⓈⓈⓈ **Grande Hotel de Santarém**, Av. Madre Andaluz, tél. 243 309 500, fax 243 309 503.
ⓈⓈ **Pensão O Beirante**, Rua Alex. Herculano 5, tél./fax 243 333 845. **Pensão Vitória**, R. 2. Visconde de Santarém 21, tél. 243 330 130, fax 243 328 202.
Ⓢ **Pensão Muralha**, Rua Pedro Canavarro 12, tél. 243 322 399, fax 243 329 477.
TER : TH **Quinta da Sobreira**, Vale da Figueira, tél. 243 420 221. TR **Quinta do Mocho**, tél. 243 351 822, fax 243 351 857.

Tomar

ⓈⓈⓈ **Hotel dos Templarios**, Largo Cândido dos Reis, tél. 249 321 730 fax 249 322 191. **Estalagem Sta. Iria**, Parque de Mouchão, tél. 249 321 236, fax 249 321 238.
ⓈⓈ **Pen. Cavaleiros de Cristo**, Rua A. Herculano 7, tél. 249 321 203, fax 249 321 192. **Pen. Restaurante Luanda**, Av. Marquês de Pombal 13, tél. 249 323 200, fax 322145.
Ⓢ **Pen. Restaurante Bonjardim**, Praceta de Santo André, tél. 249 316 136, fax 249 322 196.
TER : TR **Casa da Avó Genoveva**, Rua 25 de Abril 16, tél. 249 982 219, fax 249 981 235. TR **Quinta da Anunciada Velha**, Cem Soldos, tél. 249 345 218, fax 24934569. AT **Quinta de São Pedro**, S. Pedro de Tomar, tél. 249 382 333, fax 249 382 335.
⛺ **Municipal**, tél. 249 322 607, fax 249 321 026.

Torres Novas

ⓈⓈ **Hotel dos Cavaleiros**, Pr. 5 de Outubro, tél. 249 812 420, fax 249 812 052.
TER : TR **Horta do Avô**, Soudos, tél. 249 791 116, fax 218 472 737.

7 COSTA DE PRATA

TURISMO NO ESPAÇO RURAL (TER) = vacances en chambres d'hôtes, à la campagne. TH : maisons seigneuriales et palais (ⓈⓈⓈ), TR : domaines et manoirs (ⓈⓈⓈ), AT : fermes et annexes (ⓈⓈ).

Águeda

ⓈⓈⓈ **Hotel Palácio**, tél. 234 601 977, fax 234 601 976. ⓈⓈ **Motel Primavera**, EN 1, Vale do Grou, tél. 234 666 161, fax 234 667 197. Ⓢ **Pensão/Restaurante Parreira**, Passadouro, Agueda de Baixa, tél. 234 666 326.
⛺ **Rossio**, tél. 234 666 327 (1.6-30.9)

Alcobaça

Ⓢ **Pensão Restaurante Corações Unido**, R. Frei António Brandão 39-45, tél. 262 582 142.
TER : TH **Challet Fonte Nova**, Rua da Fonte Nova, tél. 262 598 300, fax 262 598 430.
⛺ **Municipal**, tél. 262 582 265, (1.6-30.9)

Aljubarrota

TER : TR **Casa da Padeira**, tél./fax 262 508 272.

Arganil

ⓈⓈⓈ **Residencial Canario**, R. Oliveira Matos 13, tél. 235 202 457 et 235 205 364.
Ⓢ **Hotel Arganil**, Av. das Forças Armadas, tél. 235 205 959. **Estalagem do Piódão**, tél. 235 730 100.

Arouca

ⓈⓈ **Pensão São Pedro**, Av. Reinaldo de Noronha, tél. 256 944 580, fax 256 943 054.
TER : AT **Quinta do Bloco**, tél. 256 944 169, fax 256 949 510.

Aveiro

ⓈⓈⓈ **Hotel As Américas**, R. Eng. Von Aff, 20. tél. 234 384 640, fax 234 384 258.
ⓈⓈ **Hotel Imperial**, Rua Dr. Nascimento Leitão, tél. 234 380 150, fax 234 380 151.
Ⓢ **Hotel Arcada**, R. Viana do Castelo 4, tél. 234 423 001, fax 234 421 886.
Residencial Beira, R. José Estevão 18, tél. 234 424 297.
⛺ **Orbitur**, S. Jacinto, tél. 234 838 284, fax 234 838 122.

Batalha

ⓈⓈⓈ **Pousada Mestre Afonso Domingues**, tél. 244 765 260, fax 244 765 247.
Ⓢ **Pensão Gladius**, Pr. Mouzinho de Albuquerque, tél. 244 765 760.
TER : TH **Quinta do Fidalgo**, tél. 244 765 114, fax 244 767 401.

Coimbra

ⓈⓈⓈ **Hotel Quinta das Lagrimas**, Santa Clara, tél. 239 441 615, fax 239 441 695.
ⓈⓈ **Hotel Astória**, Av. Emídio Navarro 21, tél. 239 853 020, fax 239 822 057.
ⓈⓈ **Hotel International**, Av. Emídio Navarro 4, tél. 23925503. **Pensão Jardim**, Av. Emídio Navarro 65, tél. 239 825 204.
⛺ **Municipal**, Pr. 25 de Abril, tél. 239 701 497.

Condeixa

ⓈⓈⓈ **Pousada de Sta. Cristina**, Quinta do Palácio, tél. 239 324 545.

Figueira da Foz

ⓈⓈⓈ **Hotel Mercure**, Av. 25 de Abril, tél. 233 403 900, fax 233 403 901.
Alb. Nicola, R. Bernardo Lopes 85, tél. 233 422 359.
ⓈⓈ **Hotel Costa de Prata**, Largo Coronel Galhardo 1, tél. 233 426 620, fax 233 426 610.
Ⓢ **Pen.-Rest Astoria**, Rua B. Lopes 45, tél. 233 422 256.
TER : TR **Casa da Azenha Velha**, Caceira da Cima, tél. 233 425 041, fax 233 429 704.
⛺ **Municipal**, Estrada de Tavarede, tél. 233 402 810.

Ílhavo

ⓈⓈ **Hotel Barra**, Barra, tél. 234 369 156, fax 234 360 007.
TER : TH **Paço da Ermida**, S. Salvador, tél. 234 322 496.
⛺ **Costa Nova**, tél. 234 369 822, fax 234 360 008. **Barra**, tél. 234 369 425.

Leiria

ⓈⓈⓈ **Residencial Ramalhete**, R. Dr. Correia Mateus 30, tél. 244 812 802, fax 244 815 099.
ⓈⓈ **Hotel D. João III**, Av. D. João III, tél. 244 812 500, fax 244 812 235.
Ⓢ **Hotel S. Luis**, R. Henrique Sommer, tél. 244 813 197, fax 244 813 897.
TER : TR **Quinta da Serrada**, Vale do Horto, tél./fax 244 872 800.

Lousã

Ⓢ **Pensão Bem Estar**, Av. Coelho da Gama 11, tél. 239 991 445, fax 239 993 915.
TER : TR **Casa Branca do Rio**, Foz de Arouce, tél. 239 993 029.
⛺ **Municipal**, tél. 239 991 052, fax 239 991 156, (1.4-30.10)

Luso-Buçaco

ⓈⓈⓈ **Hotel Palace do Buçaco**, tél. 231 930 101, fax 231 930 101, fax 231 930 509, chambres de luxe immenses.
ⓈⓈ **Hotel Eden**, R. Emídio Navarro, tél. 231 930 191, fax 231 930 193.
Ⓢ **Pensão Portugal**, Rua Dr. Marinha Moura Pimenta, tél. 231 939 158. *TER :* TH **Vila Aurora**, Luso, tél. 231 930 150, fax 231 930 193.

Marinha Grande

ⓈⓈⓈ **Albergaria Nobre**, R. Alexan. Herculano, tél. 244 568 770.
ⓈⓈ **Hotel Cristal**, Rua de Leiria 112, tél. 244 560 100, fax 244 560 065.
Ⓢ **Pens. Clara**, Rua Padre Franklin 12, tél. 244 695 128.
⛺ **Praia da Vieira**, tél. 244 695 334.

Mira

ⓈⓈ **Residencial A Canhota**, Rua Dr. António José de Almeida 104-106, tél. 231 480 580, fax 231 451 286. Ⓢ **Pensão Arco Íris**, tél. 231 471 202. **Hotel Quinta da Lagoa**, tél. 231 458 688, fax 231 458 180.
⛺ **Municipal**, tél. 231 471 234, fax 231 472 047, (1.5-30. 9).

Orbitur, Praia da Mira, tél. 231 451 524, fax 231 451 861, (16.1-15.11).
Vila Caia, Lagoa de Mira, tél. 231 451 524, fax 231 451 861.

Montemor-o-Velho

ⓈⓈ **Pensão Abade João**, R. Combatentes da Grande Guerra 15, tél. 239 689 458, fax 239 689 468.

Murtosa

ⓈⓈⓈ **Pousada da Ria**, E.N. 327, Tourreira, tél. 234 460 180, fax 234 838 333. **Estalagem Riabela**, Tourreira, Quintas do Sul, tél. 234 838 137, fax 234 838 147.
ⓈⓈ **Res. Albertina**, Travessa Arrais Faustino, tél. 234 838 306, fax 234 838 206.

Nazaré

ⓈⓈⓈ **Albergaria Miramar**, Rua Abel da Silva, tél. 262 561 333, fax 262 561 734.
ⓈⓈ **Hotel da Nazaré**, Largo Afonso Zuquete, tél. 262 561 311, fax 262 561 238.
Ⓢ **Hotel Dom Fuas**, Av. Manuel Remígio, tél. 262 561 351, fax 262 561 500. **Pensão/Restaurante Ribamar**, Rua Gomes Freire 9, tél. 262 551 158, fax 262 562 224.
TER : TH **Quinta do Campo**, Valado dos Frades, tél. 262 577 135, fax 262 577 555.
Golfinho, EN 242, tél. 262 553 680, (13.7-13.9).

Oliveira de Azeméis

ⓈⓈⓈ **Hotel Deighton**, Rua Dr. Albino dos Reis, tél. 256 682 191, fax 256 682 248. **Estalagem S. Miguel**, Parque de La-Salette, tél. 256 681 049, fax 256 685 141. **Albergaria do Campo**, Rua de S. Miguel, tél. 256 682 745, fax 256 682 385.
TER : TH **Casa de Cidacos**, Cidacos, tél. 256 682 723.
La-Salette, tél. 256 674 373.

Ovar

ⓈⓈⓈ **Albergaria S. Cristóvão**, R. Aquilino Ribeiro 1, tél. 256 575 105, fax 256 575 107.
Furadouro, tél. 256 591 471, fax 256 591 335, à environ 3 km de Ovar, nombreuses places ombragées.
Camping **Esmoriz**, tél. 256 752 709, fax 256 753 717.

Pombal

ⓈⓈ **Hotel Pombalense**, Rua Alexandro Herculano 26, tél. 236 200 990, fax 236 200 991.
Residencial do Cardal, Largo do Cardal.
Pensão Senhora de Belém, Av. Heróis do Ultramar 6, tél. 236 200 800.
Ⓢ **Pensão Terrabela**, Rua 1. de Maio 16, tél. 236 212 260.

São Martinho do Porto

ⓈⓈⓈ **Alb. Santo António da Baía**, R. Independência, tél. 292 989 666, fax 262 989 838.
ⓈⓈ **Pensão Americana**, R. Dr. José de Saldanha 2, tél. 262 989 179, fax 262 989 349.
Ⓢ **Pensão do Parque**, Av. Marechal Carmona 3, tél. 262 989 505, fax 262 989 105.
Colina do Sol, tél. 262 989 588, fax 262 989 763.

8 PORTO ET LA VALLÉE DU DOURO

TURISMO NO ESPAÇO RURAL (TER) = vacances en chambres d'hôtes, à la campagne.
TH : maisons seigneuriales et palais (ⓈⓈⓈ), TR : domaines et manoirs (ⓈⓈⓈ), AT : fermes et annexes(ⓈⓈ).

PORTO ET LA CÔTE

Espinho

ⓈⓈⓈ **Hotel Praia Golfe**, Rua 6, tél. 227 313 385, fax 227 313 397.
ⓈⓈ **Hotel Apart. Solverde**, Rua 21, Nr. 77, tél. 227 313 144, fax 227 313 193.
Ⓢ **Pensão de Espinho**, Rua 19, Nr. 326, tél. 227 200 002, fax 227 312 636.
Munic., tél. 227 343 718, fax 227 321 110.

Matosinhos

ⓈⓈ **Hotel Amadeos**, Rua Conde Alto Mearim, 1229, tél. 229 385 113, fax 229 385 112.
Ⓢ **Pensão Central**, tél. 229 380 664, fax 229 372 121.
Pensão Luso-Brasileira, Leça de Palmeira, Rua Dr. Cardia Pires 54-70, tél. 229 953 860.
Angeiras, tél. 229 270 571, fax 229 271 178, (1.3-31.12).

Porto

ⓈⓈⓈ **Hotel Infante de Sagres**, Praça D. Filipa de Lencastre, tél. 223 398 500, fax 223 398

599. **Le Méridien**, Av. da Boavista 1466, tél. 226 001 921, fax 226 002 031.

Hotel Boa Vista, Esplanada do Castelo 58, tél. 226 183 175, fax 226 173 818.

Pensão Pão de Açucar, Rua do Almada, 262, tél. 222 011 589, fax 222 050 239.

Residencial Rex, Praça d. Republica 117, tél. 222 074 590.

Parque da Prelada, tél. 228 312 616.

Póvoa De Varzim

Hotel Vermar, tél. 252 615 566, fax 252 615 115. **Est. Sto. André**, Ver-o-Mar, tél. 252 615 666, fax 252 615 866.

Grande Hotel da Póvoa, Largo do Passeio Alegre 20, tél. 252 615 464, fax 252 615 565.

Hotel Luso-Brasileiro, tél. 252 690 710, fax 252 690 719.

Rio Alto, tél. 252 615 699, fax 252 611 540.

Vila Do Conde

Est. Brasão, Av. Dr. João Canavarro, tél. 252 642 016, fax 252 642 028.

Motel Santana, Azuara, tél. 252 641 717, fax 252 642 693.

Pensão Santa Marinha, Via José Regio 1330, tél. 2529271520.

Praia Labruge, tél. 229 271 457, fax 229 271 384.

Vila Nova de Gaia

Hotel Casa Branca Praia, Rua da Béigica 98, Praia de Lavadores, tél. 227 813 516, fax 22781369.

Resid. Davilina, Av. da República 1571, tél. 223 752 523, fax 223 757 571.

Salgueiros, tél. 227 810 500, (1.5-30.9). **Marisol**, tél. 227 135 942.

LA VALLÉE DU DOURO

Alijó

Pousada do Barão de Forrester, Rua José Rufino, tél. 259 959 215.

Pensão Oásis, Av. Dr. Francisco Sá Carneiro, tél. 259 959 334.

Amarante

Alb. Dona Margarida, R. Cândido Reis 53, tél. 255 432 110.

L

Hotel Navarras, Rua António Carneiro, tél. 255 431 036, fax 255 431 991.

TER : TR **Casa Zé da Calçada**, R. 31 de Janeiro, tél. 255 422 023.

Municipal, Quinta dos Frades, tél. 255 432 133.

Castelo de Paiva

TER : TR **Casa Rodrigues dos Santos**, Fornos, tél. 227 110 574. TR **Quinta do Lameiro**, Escamarão, tél. 255 699 495.

Cinfães

TH **Casa de Rebolfe**, Porto Antigo, tél./fax 255 562 334. **Encosta do Moínho**, Gralheira, tél. 255 571 159.

Lamego

Alb. do Cerrado, EN. 2, Lugar do Cerrado, tél. 254 613 164, fax 254 615 464.

Pensão Império, Travessa dos Loureiros 6, tél. 254 612 742.

Hotel Parque, Parque N. Sra. dos Remédios, tél. 254 612 105, fax 254 615 203.

TER : TH **Casa de Santo António de Britiande**, tél./fax 254 699 346.

TR **Casa de Cimo de Vila**, Samodães, tél. 254 665 044.

TR **Quinta da Timpeira**, Penude, tél. 254 612 811, fax 254 615 176.

Marco de Canaveses

Pensão das Caldas de Canavezes, tél. 255 522 336. **Pensão Marco**, Rua Dr. F. Sá Carneiro 684, tél. 255 522 093.

Pensão Quinta dos Agros, tél. 255 581 473. *TER* : TH **Casa da Boavista**, Livração, tél./fax 255 530 262. TR **Casa das Vendas**, Tabuado, tél. 255 523 957.

Mesão Frio

Pousada Solar da Rede, tél. 254 890 130, fax 254 890 129.

Hotel Panorama, Av. Conselheiro José Maria Alpoim 525, tél. 254 891 536.

TER : TH **Casa das Torres de Oliveira**, tél. 254 336 743.

Mondim de Basto

TER : TR **Casa das Mouroas**, Rua José de Carvalho Camões, tél. 255 381 394. AT **Quin-**

ta do Fundo, Vilar de Viando, tél. 255 381 291, fax 255 382 017.

Montão, Norte do Rio Cabril, tél. 255 381 650 (16.1-15.12).

Peso da Régua

Residencial Columbano, Av. Sacadura Cabral, tél. 254 323 704.

Pinhão

Vintage House, tél. 254 730 230, fax 254 730 238.

Ponto Grande, Rua Central 103-105, tél. 254 732 456.

Douro, Largo da Estação, tél. 254 732 404.

Resende

Residencial California, R. Dr. Francisco Sá Carneiro, tél. 254 877 252.

Pensão Restaurante Quinta da Granja, tél. 254 870 130.

TER : TH **Quinta do Carujeiro**, Miomães, tél. 254 875 214, fax 222 003 889.

TR **Casa de São Gens**, tél. 254 877 270. AT **Casal de Santo Amaro e Fundo d'Aldeia**, Caldas de Aregos, tél. 254 875 290, 227 622 371.

Torre de Moncorvo

Residencial Campos Monteiro, Rua Visconde Vila Maior 55, tél. 279 254 055, fax 279 254 280. **Pensão Brasília**, EN 220, tél. 279 254 094, fax 279 254 255.

Pensão Passarinho, Rua Infante D. Henrique 23, tél. 279 252 319.

TER : TR **Casa de Avó**, Rua Manuel de Seixas 12, tél. 279 252 401. TR **Quinta das Aveleiras**, tél. 279 253 137, 226 109 613.

Vila Nova de Foz Côa

Res. Marina, Av. Gago Coutinho 4, tél. 279 762 112. **Res. Avenida**, Av. Gago Coutinho, tél. 279 762 175.

Vila Real

Hotel Mira Corgo, Av. 1. de Maia 76, tél. 259 325 001, fax 259 321 006.

Hotel Cabanelas, R. D. Pedro de Castro, tél. 259 323 106, fax 259 323 028.

TER : TH **Casa Agrícola da Levada**, Timpeira, tél. 259 322 190, fax 259 346 955. TR **Casa da Quinta de São Martinho**, Mateus, tél. 323986, fax 259 321 299.

Municipal, Av. Dr. Manuel Cardona, tél. 259 324 724.

9 MASSIFS DU CENTRE

Almeida

Pousada Senhora das Neves, tél. 271 547 283.

Pensão Morgado, Bairro de S. Pedro, tél. 271 574 412.

Arganil

Residencial Canario, R. Oliveira Matos 13, tél. 235 202 457, fax 235 205 368.

Hotel Arganil, Av. das Forças Armadas, tél. 235 205 959, fax 235 205 123.

Orbitur, tél. 235 205 706, fax 235 205 423.

Belmonte

Hotel Belsol, Quinta do Rio, tél. 275 912 206, fax 275 912 315.

Pensão Altitude, Rua Pedro Alvares Cabral, tél. 275 911 170.

Rossio de Valhelhas, tél. 275 487 160, (1.5-30.9).

Caramulo

Pousada de S. Jerónimo, tél. 232 861 291, vaste, luxe, grands jardins et piscine.

Castro Daire

Hotel Montemuro, Termas do Carvalhal, tél. 232 381 154, fax 232 381 112.

TER : AT **Casa Campo das Bizarras**, Fareja, tél. 232 386 107, fax 232 382 044.

Orbitur, Termas do Carvalhal , tél./fax 254 613 918 (1.5-31.10).

Celorico da Beira

Hotel Mira Serra, Bairro de Santa Eufémia, tél. 271 742 604, fax 271 741 382.

Pensão Parque, Rua Andrade Corvo 48, tél. 271 742 197. *TER :* TH **Casa dos Osórios**, Largo do Tabolado, tél. 271 743 211 et 212 596 119.

Monte Alto, tél. 271 741 265.

Covilhã

Varanda dos Carqueijais, tél. 275 319 120, fax 275 319 124.

Hotel Serra da Estrela, Penhas da Saúde, tél. 275 313 809, fax 275 323 789.

Parque do Pião, tél. 275 314 312.

Fundão

Estalagem da Neve, Cal. de S. Sebastião, tél./fax 275 752 215.

Hotel Samasa Fundão, Rua Vasco da Gama, tél. 275 751 299, fax 275 751 809.

Quinta do Convento, tél. 275 753 118, fax 275 331 450.

Gouveia

Pensão Estrela, Rua da República 36, tél. 238 492 171.

TER : TH **Casa da Capela**, Rio Torto, tél. 238 852 197, fax 238 486 423.

TH **Casa Rainha**, Toural, Rua Direita 68, tél. 238 492 132, fax 213 877 314.

Curral do Negro, tél. 238 491 008.

Guarda

Hotel de Turismo, tél. 271 223 366, fax 271 223 399.

Pensão Gare, Av. João de Ruão 104, tél. 271 239 488.

TER : TH **Solar de Alarcão**, Rua de D. Miguel de Alarcão 25-27, tél. 271 211 275.

Orbitur, Parque Guarda, tél. 271 211 406, (16.1-15.11).

Lousã

Parque de Bungalows A.C.M., tél. 239 991 539.

Pensão Bem Estar, Av. Coelho da Gama 11, tél. 239 991 445, fax 239 993 915.

TER : **TH Casa da Quinta da Saúde**, Rua Dr. Pires de Carvalho, tél. 239 991 240.

Parque de Campismo da Lousã, tél. 239 991 052, ouvert toute l'année, à la limite du village, près de la Pensão Bem Estar.

Manteigas

Pousada de São Lourenço, tél. 275 982 450.

Pensão Berne, Quinta de Santo António, tél. 275 981 351, fax 275 982 114.

Pensão Estrela, Rua Dr. Sobral 5, tél. 275 981 288.

TER : TR **Casa de São Roque**, Rua de Santo António 51, tél. 275 981 125.

Monsanto

Pousada de Monsanto, Rua da Capada 1, tél. 277 314 471, fax 277 314 481.

Barragem Marechal Carmona, Idanha-a-Nova, tél. 277 202 793, fax 277 202 945.

Oliveira do Hospital

Pousada de Santa Bárbara, Póvoa das Quartas, tél. 238 609 652, fax 238 609 645.

Hotel S. Paulo, Rua Prof. Antunes Varela, tél./fax 238 609 001.

TER : TR **Casa do Algas**, tél. 235 731 464 et 212 746 720.

Quinta do Vale da Cabra, tél. 238 602 096, fax 238 602 096.

Sabugal

Residencial Pelicano, EN 233, tél. 271 647 560.

São Pedro do Sul

Hotel das Termas, tél. 232 723 442, fax 232 723 026.

Pensão Romana, Termas, tél. 232 711 524.

TER : TH **Quinta da Lagarteira**, tél. 232 711 322. AT **Quinta do Pendão**, Sta. Cruz da Trapa, tél. 232 799 539, fax 226 170 887.

Parque de Serrazes, tél. 232 711 557.

Seia

Estalagem de Seia, Av. A. Costa, tél. 238 315 866. **Alb. Senhora do Espinheiro**, Rua Dr. Afonso Costa, tél. 238 315 073. *TER :* TH **Casa das Tílias**, São Romão, tél. 238 390 055, fax 238 390 123.

Sorthela

TER : TR **Casa da Cerca**, Largo de Santo António, tél./fax 271 388 113. TR **Casa do Pátio**, tél. 271 388 113. TR **Casa do Vento que Soa**, Largo do Curro, tél. 271 388 182.

Viseu

Hotel Montebelo, Urb. Quinta do Bosque, tél. 232 420 000, fax 232 415 400.

Hotel Moinho de Vento, Rua Paulo Emílio 13, tél. 232 424 116, fax 232 429 662.

Pensão Rossio Parque, Rua Solar de Cima 55, tél. 232 421 286.

TER : AT **Casa dos Gomes**, São João de Lourosa, tél. 232 461 341, fax 232 469 118.

▲ **Orbitur**, Parque do Fontelo, tél. 232 436 146, fax 232 436 076, (ouvert seulement du 1.4-30.9).

10 ENTRE-OS-RIOS ET TRAS-OS-MONTES

TURISMO NO ESPAÇO RURAL (*TER*) = vacances en chambres d'hôtes, à la campagne. TH : maisons seigneuriales et palais (ⓈⓈⓈ), TR : domaines et manoirs (ⓈⓈⓈ), AT : fermes et annexes (ⓈⓈ).

Arcos de Valdeves

ⓈⓈ **Residencial D. António**, Rua Dr. Germano de Amorim, tél. 258 521 010, fax 258 521 065, **Residencial Tavares**, Rua Padre Manuel José da Cunha Brito, tél. 258 516 253, fax 258 522 851.

TER : TH **Casa de Requeijo**, Lugar de Requejo, tél. 258 515 272, fax 258 513 310. TH **Paço da Glória**, Madalena, tél. 258 947 177, fax 258 947 497.

Barcelos

ⓈⓈ **Pensião Conde de Barcelos**, Av. Alcaide de Faria, tél. 273 811 061.

Ⓢ **Pensião Arantes**, Av. Liberdade, tél. 273 811 326.

TER : TH **Casa de Abade do Neiva**, Lugar da Igreja, tél. 273 811 553. TR **Quinta do Tarrio**, Tamel, tél. 273 881 558, fax 273 882 773. TR **Casa do Monte**, Abade de Neve, tél. 273 811 519.

Braga

ⓈⓈⓈ **Hotel do Elevador**, Parque do Bom Jesús do Monte, tél. 253 676 611, fax 253 676 679. **Hotel Turismo de Braga**, Praceta João XXI, tél. 253 612 200, fax 253 612 211.

ⓈⓈ **Hotel Carandá**, Av. Liberdade 96, tél. 253 614 500, fax 253 614 550.

Ⓢ **Pensião Inácio Filho**, Rua Francisco Sanches 42, tél. 253 263 849.

TER : TH **Casa dos Lagos**, Tenões, Bom Jesús, tél./fax 253 676 738. TH **Castelo do Bom Jesús**, tél. 253 676 566, fax 253 677 691.

▲ **Parque Municipal da Ponte**, tél. 253 273 355, fax 253 613 387.

Bragança

ⓈⓈⓈ **Pousada de S. Bartolomeu**, tél. 273 331 493. **Residencial Classis**, Av. João da Cruz 102, tél. 273 331 637.

ⓈⓈ **Hotel Bragança**, Av. Sá Carneiro 11-15, tél. 273 331 578.

TER : TR **Moinho do Caniço**, Castrelos, tél. 273 323 577.

▲ **Cepo Verde**, tél. 273 331 535.

Caminha

ⓈⓈ **Hotel Porta do Sol**, Av. Marginal, tél. 258 722 340, fax 258 722 347.

Ⓢ **Pensão Galo de Ouro**, Rua Corredoura 15, tél. 258 921 160.

TER : TH **Quinta da Graça**, Caminha-Vilarelho, tél. 258 921 157, TR **Casa de Esteiró**, Lugar de Esteiró, tél./fax 258 921 356.

▲ **Orbitur**, Mata do Camarido, tél./fax 258 921 473, Parque Natural. **Vilar do Mouros**, tél./fax 258 727 472.

Chaves

ⓈⓈⓈ **Hotel Aquae Flaviae**, Pr. do Brasil, tél 276 309 000, fax 276 309 010, www.hoteis-arco.pt.

ⓈⓈ **Residencial Brites**, Av. Duarte Pacheco, tél. 276 332 777, fax 276 332 221.

Ⓢ **Pensão Bom Caminho**, Campo da Fonta, tél. 276 322 743. *TER* : TR **Quinta da Mata**, Apartado 194, tél. 276 340 030, fax 340038. AT **Quinta do Lombo**, tél./fax 276 321 404.

▲ **Quinta do Rebentão**, tél./fax 276 322 733, fermé en décembre.

Esposende-Fão

ⓈⓈⓈ **Hotel Sopete Ofir**, tél. 253 981 383, fax 253 981 871.

ⓈⓈ **Hotel Suave Mar**, Esposende, Av. Eng. Arantes de Oliveira, tél. 253 965 445, fax 253 965 249.

Ⓢ **Pensão Acrópole**, Esposende, Pr. D. Sebstiao 57, tél. 253 961 941, fax 253 964 238.

▲ **Campismo Fão**, Praia Ofir, tél. 253 981 777.

Gerês

ⓈⓈⓈ **Pousada de S. Bento**, Caniçada, tél. 253 647 190. **Estalagem S. Bento da Porta Aberta**, Seara, tél. 253 391 106, fax 253 391 117.

ⓈⓈ **Hotel das Termas**, Av. Manuel Francisco da Costa, tél. 253 391 141, fax 253 391 102.
Ⓢ **Pensão da Ponte**, Rua Boavista, tél. 253 391 121.
⛺ **Campo do Gerês**, Terras do Bouro, tél./fax 253 351 005. **Montalegre**, Eiredo-Borralha, tél. 253 659 292.

Guimarães

ⓈⓈⓈ **Pousada de Santa Marinha**, Parque da Penha, tél. 253 514 453.
ⓈⓈ **Hotel Fundador D. Pedro**, Av. D. Afonso Henrique 740, tél. 253 513 781, fax 253 513 786.
Ⓢ *TER* : TH **Casa de Sezim**, Apartado 410, Santo Amaro, tél. 253 523 000, fax 253 523 196.
⛺ **Parque de Penha**, tél. 253 515 912, Caldas de Taipas, tél. 253 576 274.
Caldas das Taipas, tél. 253 576 274.

Melgaço

ⓈⓈ **Pensão Boavista**, EN 202, tél. 251 416 464. *TER* : TH **Vila da Calçada**, tél. 251 402 547, (15.7-30.9).
⛺ **Termas do Peso**, tél. 251 402 327, fax 251 402 667.

Miranda do Douro

ⓈⓈⓈ **Pousada Santa Catarina**, tél. 273 431 225, fax 273 431 065.
ⓈⓈ **Residencial Planalto**, Rua 1 de Maio, tél. 273 431 362, fax 273 432 780.
Ⓢ **Pensão Vista Bela**, Rua do Mercado 63, tél. 273 432 054.

Monção

ⓈⓈⓈ **Albergaria Atlantico**, Rua General Pimenta de Castro 15, tél. 251 652 355, fax 251 652 376.
ⓈⓈ **Pensão Esteves**, Rua Gen. P. de Castro, tél. 251 652 386.
TER: TH **Casa das Rodas**, Lugar das Rodas, tél. 251 652 105.

Ponte de Barca

Ⓢ **Pensão Os Poetas**, Jardim dos Poetas, tél. 258 453 578.
TER : TH **Torre de Quintela**, tél. 258 452 238, TH **Casa da Agrela**, EN 101, tél. 258 452 313. AT **Quinta da Prova**, tél. 258 452 163.

⛺ **Entre-Ambos-os-Rios**, tél. 258 588 361, fax 258 452 450.

Ponte de Lima

ⓈⓈ **Pensão Império do Minho**, Av. dos Plátanos, tél. 258 741 510, fax 258 942 567.
Ⓢ **Pensião São João**, Rua do Rosário 6, tél. 258 941 288. *TER* : TH **Casa das Pereiras**, Largo das Pereiras, tél. 258 942 939. TH **Casa de Pomarchão**, Arcozelo, tél. 258 741 742 et 293 204 625. AT **Quinta do Paço de Calheiros**, tél. 258 947 164, fax 258 947 294.

Valença do Minho

ⓈⓈⓈ **Pousada de S. Teotónio**, Baluarte de Socorro, tél. 251 824 242.
ⓈⓈ **Residencial Val Flores**, Esplanada, tél. 251 824 106, fax 251 824 129. Ⓢ **Pensião Monte Faro**, Ganfei, tél. 251 825 807.

Viana do Castelo

ⓈⓈⓈ **Pousada do Monte de Santa Luzia**, Monte Sta. Luzia, tél. 258 800 370, fax 258 828 892. **Estalagem Casa Melo Alvim**, Av. Conde do Carreira 28, tél. 258 808 200, fax 258 808 220.
ⓈⓈ **Residencial Alambique**, R. Manuel Espregueira 86, tél. 258 823 894, fax 258 821 364.
Ⓢ **Pensão Vianamar**, Av. Combatanes de Grande Guerra, 215, tél./fax 258 828 962.
TER : TH **Casa do Ameal**, Meadela, tél. 258 822 403.
⛺ **Inatel**, Parque Cabedelo, tél. 258 322 042, fax 258 331 502. **Orbitur**, Parque Cabedelo, tél. 258 322 167, fax 258 321 946.

Vila Nova de Cerveira

ⓈⓈⓈ **Pousada de D. Dinis**, tél. 251 795 601, forteresse médiévale datant de l'époque de Dom Afonso III.

Vila Praia da Âncora

ⓈⓈⓈ **Albergaria Quim Barreiros**, Av. Dr. Ramos Pereira, tél. 258 959 100, fax 258 959 109.
ⓈⓈ **Hotel Meira**, Rua 5 de Outubro 56, tél. 258 911 111, fax 258 911 489.